Das Buch der amerikanischen Biologin und Physikerin Evelyn Fox Keller nimmt sich den jahrhundertealten und tiefverwurzelten Aberglauben vor, der Objektivität, Verstand und Geist als männlich und Subjektivität, Gefühl und Natur als weiblich darstellt. Bei dieser Aufteilung in emotionale und intellektuelle Arbeit waren die Frauen die Garanten und Beschützerinnen des Persönlichen, des Emotionalen und des Besonderen, während die Wissenschaft als Domäne des Unpersönlichen, des Rationalen und des Allgemeinen den Männern vorbehalten war. Die Folge einer solchen Aufteilung ist nicht nur der Ausschluß der Frauen von der Wissenschaftspraxis. Dieser Ausschluß ist ein Symptom für eine breitere und tiefere Kluft zwischen männlich und weiblich, subjektiv und objektiv, ja sogar zwischen Liebe und Macht – er bedeutet eine Spaltung des menschlichen Gefüges, sanktioniert durch ein objektivistisches Wissenschaftsverständnis.

An bedeutsamen Stationen der abendländischen Wissenschaftsgeschichte – der Philosophie Platons, der mittelalterlichen Alchimie, der neuzeitlichen empirischen Naturforschung, der Quantentheorie und schließlich an der modernen Biogenetik – beschreibt die Autorin den Mechanismus dieser Dichotomie, um dann zu zeigen, daß aktuelle feministische Kritik und Wissenschaftstheorie in Einklang gebracht werden könnten als der gemeinsame Versuch, diese Dichotomie aufzuheben.

Evelyn Fox Keller, geboren 1936 in New York, studierte an der Harvard University und lehrt heute am Massachusetts Institute of Technology. Sie ist durch wichtige Forschungsarbeiten zur Molekularbiologie und mathematischen Biologie sowie zahlreiche Aufsätze zu einer feministischen Wissenschaftstheorie hervorgetreten. Der bedeutenden Nobelpreisträgerin Barbara McClintock hat sie die Biographie *A Feeling for the Organism* (1983) gewidmet.

Evelyn Fox Keller

Liebe, Macht und Erkenntnis

Männliche oder weibliche Wissenschaft?

Aus dem Amerikanischen
von Bettina Blumenberg

Carl Hanser Verlag

Titel der Originalausgabe:
Reflections on Gender and Science
© 1985 Yale University Press, New Haven-London

ISBN 3-446-14652-0
Alle Rechte vorbehalten
© 1986 Carl Hanser Verlag München Wien
Umschlag: Rambow Lienemeyer Van de Sand,
unter Verwendung einer Collage von Hannah Höch,
Die starken Männer, 1931
Satz: Fotosatz Otto Gutfreund, Darmstadt
Druck und Bindung: Ebner Ulm
Printed in Germany

Inhalt

Danksagung 7
Einleitung 9

Ester Teil
Historische Verbindungen von Geist und Natur 21
1. Kapitel: Liebe und Sexualität in Platons Erkenntnistheorie . . 27
2. Kapitel: Baconische Wissenschaft: Die Kunst von Herrschaft
   und Gehorsam 40
   Bacons Metapher 41
   Die männliche Geburt der Zeit 45
   Interpretation und Schlußfolgerung 48
3. Kapitel: Geist und Verstand bei der Geburt der modernen
   Wissenschaft 51
   Widerstreitende Vorstellungen von der Neuen Wissenschaft . 53
   Der Niedergang der Renaissance-Alchimie 62
   Wissenschaft und Hexen 63
   Hexerei und Sexualität 66
   Verschiebungen in der Geschlechterideologie 68
   Implikationen für die Wissenschaft 71

Zweiter Teil
Die innere Welt der Subjekte und Objekte 73
4. Kapitel: Geschlechtsspezifik und Wissenschaft 80
   Die Entwicklung von Objektivität 86
   Die Entwicklung von Geschlechtsspezifik 91
   Die Entwicklung von Wissenschaftlern 96
   Schlußfolgerung 98
5. Kapitel: Dynamische Autonomie: Objekte als Subjekte 101
   Bedeutungen von Autonomie 105
   Herrschaft 110
   Autonomie und Geschlechtsspezifik 112
   Väterliche Autorität 115
   Schlußfolgerung 118
6. Kapitel: Dynamische Objektivität: Liebe, Macht
   und Erkenntnis 121

Dritter Teil
**Der Einfluß von Theorie, Praxis und Ideologie auf das
Entstehen von Wissenschaft** 135

  7. Kapitel: Kognitive Verdrängung in der heutigen Physik 148
  8. Kapitel: Die Bedeutung des Schrittmacherbegriffs
     in Theorien zur Aggregation beim zellulären Schleimpilz . . . 160
  9. Kapitel: Eine Welt der Differenz 168
     Komplexität und Differenz 172
     Erkenntnisvermögen und Wahrnehmung 176
     Was zählt als Wissen? 178
     Transposition und zentrales Dogma 181
     Das Problem der Geschlechtsspezifik 184

Epilog 189

Anhang

Anmerkungen 195
Literaturverzeichnis 206
Personenregister 214

Danksagung

Die vielen Freunde und Kollegen, die zur Entwicklung der Ideen dieses Buches beigetragen haben, in angemessener Weise zu erwähnen, würde eine umfassendere und bewußtere Beschäftigung mit meiner eigenen Entwicklung erfordern, als ich sie hier beabsichtige. Der Anfang dieses Buches liegt schon zehn Jahre zurück, als ich, inspiriert durch andere Arbeiten aus der feministischen Forschung, zum ersten Mal das Thema Geschlechtsspezifik und Wissenschaft für eine Untersuchung ins Auge faßte. Während der folgenden Jahre, in denen ich mich um gangbare Wege bemühte, um die Fragen stellen zu können, die für dieses Thema von Bedeutung sind, suchte ich bei allen Leuten, die ich kannte, und in allem, was ich las, nach Unterstützung. Mein Dank gilt also einer Gruppe von Leuten, die von engen Freunden und Kollegen bis zu denjenigen reicht, die alle zu dem gemeinsamen Bemühen um feministische Theorien beigetragen haben, die gerade zu der Zeit im Entstehen begriffen waren.

Wirklich alle Freunde, die dazu bereit waren, wurden herangezogen, frühe Entwürfe der ersten Artikel, die ich schrieb, zu lesen. Bell Chevigny, Christine Grontkowski, Lebert Harris, Helene Moglen, Sara Ruddick und Seth Schein waren nur einige von denen, die mir in der Zeit, bevor irgendeine öffentliche Reaktion auf meine Arbeit ablesbar war, unschätzbare Unterstützung und geduldige Kritik entgegengebracht haben. Als ich dann Vorlesungen über dieses Thema hielt und in Fachzeitschriften zu veröffentlichen begann, halfen mir die Reaktionen vieler anderer Leute, mein Denken zu klären und zu schärfen. Irgendwann in dieser Zeit befreundete ich mich mit Thomas S. Kuhn, und auch er wurde hinzugezogen. Mein Dank an Kuhn für die sorgfältige Lektüre und anregende Kritik der Entwürfe zu dem gesamten Material dieses Buches ist unermeßlich.

Während der letzten zwei Jahre haben mir diejenigen zusätzliche Unterstützung gewährt, die das endgültige Manuskript abgeschrieben, geordnet und geglättet haben. Ich danke Carolyn Cohen, N. Katherine Hayles, Hilde Hein, Martin Krieger, Ruth Perry, Sharon Traweek, Marilyn Young und anderen für die kritische Durchsicht einzelner Kapitel. Die Unterstützung von Myra Jehlen ist vor allem verantwortlich für die letzte Vervollständigung des Manuskripts. Ihre tägliche Ermutigung und ihr intelligenter Rat während des Sommers 1983 halfen mir über die schwierigste Hürde überhaupt hinweg, nämlich die Aufgabe, das Manuskript in eine endgültige Ordnung zu bringen.

Nachdem das Manuskript fertiggestellt war, wurde es von Susan Contratto, Thomas S. Kuhn, Helene Moglen, William und Sara Ruddick und Silvan S. Schweber gelesen – in einigen Fällen sogar mehrmals. Ihre Ermutigung gab mir die zusätzliche Energie, die ich für letzte Überarbeitungen brauchte, und ihre Vorschläge gaben die Grundlage für diese Überarbeitungen. Doch mein größter Dank in diesem Stadium der Arbeit gilt der Einfühlsamkeit und uneingeschränkten Unterstützung meiner Lektorin Jehane Burns Kuhn. Vor allem ihr untrüglicher Blick für den Ausdruck half mir, wie schon einmal, meine Gedanken klarer zu formulieren, sie sogar klarer zu denken.

Gladys Topkis von der Yale University Press zeigte Engagement und Enthusiasmus – und gab editorische Hinweise – in einem Maße, wie Autoren es sich immer wünschen. Carl Kaysen dehnte die Gastfreundschaft des Forschungsprojekts für Wissenschaft, Technologie und Gesellschaft am Massachusetts Institute of Technology großzügig aus, und Dean Astro und andere Kollegen trugen dazu bei, mir eine Arbeitsatmosphäre zu schaffen, die die Beendigung dieses Buches möglich machte.

Meine Lehrer waren zahlreich, doch keiner hat mir mehr beigebracht als meine Kinder. Der Mut und die Seelenstärke meiner Tochter in ihren jugendlichen Konflikten waren mir eine große Inspiration, und die unerschöpfliche Unterstützung meines Sohnes für ein Projekt, das so weit entfernt ist von seinen eigenen Vorhaben, diente mir als Vorbild für liebevolle Großzügigkeit. Ihnen widme ich dieses Buch.

Einleitung

> Die Darstellung der Welt, wie die Welt selbst, sind ein Werk der Menschen; sie beschreiben sie aus ihrem Blickwinkel, den sie mit der absoluten Wahrheit verwechseln.
>
> Simone de Beauvoir, *Das andere Geschlecht*

Vor zehn Jahren ging ich völlig auf in meiner Arbeit als mathematische Biophysikerin (wenn ich auch nicht immer zufrieden war). Ich glaubte mit voller Überzeugung an die Gesetze der Physik und an ihren Wissen und Erkenntnis krönenden Rang. Irgendwann in den siebziger Jahren – von einem Tag auf den anderen – erhielt eine neue Fragestellung den Vorrang, die mein gesamtes intellektuelles Wertesystem aus dem Gleichgewicht brachte: In welchem Maße ist die Beschaffenheit der Wissenschaft mit der Vorstellung von Männlichkeit verknüpft, und was würde es für die Wissenschaft bedeuten, wenn es anders wäre? Lebenslange Einübung hat diese Frage ganz einfach für absurd erklärt; doch als ich sie jetzt tatsächlich ernst nahm, konnte ich sie nicht länger umgehen, nicht als Frau und nicht als Wissenschaftlerin. Schritt für Schritt erforschte ich in einer Reihe von Essays die Beziehung zwischen Geschlechtsspezifik und Wissenschaft; in dem vorliegenden Band sind neun dieser Aufsätze versammelt.

Vor kurzem wollte einer meiner früheren Professoren, der von meiner Arbeit über dieses Thema gehört hatte, von mir wissen, was ich denn über die Frauen herausgefunden hätte. Ich versuchte, ihm zu erklären, daß es »nicht die Frauen sind, über die ich so viel Neues erfahre, sondern die Männer, und viel mehr noch ist es die Wissenschaft«. Der Unterschied ist bedeutsam, und das Mißverständnis (nicht nur das seine) entlarvend.

Die weitverbreitete Annahme, daß die Beschäftigung mit Geschlechtsspezifik und Wissenschaft nur ein Forschungsgebiet für Frauen sei, setzt mich in Erstaunen: Wenn Frauen zu dem gemacht worden sind, was sie sind, und nicht dazu geboren, dann gilt dasselbe sicherlich auch für Männer. Es gilt ebenso für die Wissenschaft. Die Essays in diesem Buch basieren auf der Einsicht, daß beide, Geschlechtsspezifik und Wissenschaft, gesellschaftlich bedingte Kategorien sind. Wissenschaft ist die Bezeichnung für eine Gesamtheit von Verfahrensweisen und einen Wissensbestand, die von einer Gemeinschaft festgelegt worden sind, und sie ist nicht nur durch die Erfordernisse logischer Beweisführung und experimenteller Nachprüfbarkeit definiert. Dem vergleichbar sind männlich und weiblich Kategorien, die von einer Kultur und nicht von biologischer Notwendigkeit definiert werden. Frauen, Männer und Wissenschaft sind allesamt Schöpfungen einer komplexen Dynamik von kognitiven, emotionalen und sozialen Kräften, die alle miteinander verwoben sind. Der gemeinsame Schwerpunkt der vorliegenden Aufsätze liegt auf dieser Dynamik und der Art und Weise, wie sie die historische Verbindung von Wissenschaft und Männlichkeit und die ebenso historische Trennung von Wissenschaft und Weiblichkeit befördert. Mein Thema sind also nicht die Frauen an sich oder gar Frauen und Wissenschaft, sondern: die Prägung von Männern, Frauen und Wissenschaft, oder, noch genauer, die Frage, in welcher Weise sich die Prägung von Männern und Frauen auf die Prägung der Wissenschaft ausgewirkt hat.

Dieses Vorhaben entsteht zu einer Zeit, da zwei scheinbar unabhängige Entwicklungen in der neuesten Forschung zusammentreffen: Feministische Theorie und sozialgeschichtliche Wissenschaftsforschung. Die letztere hat unser Denken über den Zusammenhang von Wissenschaft und Gesellschaft verändert – ohne jedoch die Rolle der Geschlechter in Betracht zu ziehen –, und die erstgenannte hat unser Denken über den Zusammenhang von Geschlechtsspezifik und Gesellschaft verändert, sich aber nur am Rande mit Wissenschaft beschäftigt. So produktiv diese Entwicklungen jeweils für ihre eigenen Bereiche waren, so hinterläßt doch jede für sich bedenkliche Lücken in unserem Verständnis, die von der jeweils anderen gefüllt werden könnten. Die Verbindung beider Forschungszweige gibt uns die Möglichkeit, die entscheidende Rolle der Geschlechterideologie zu erkennen, indem sie eine Vermittlung zwischen Wissenschaft und sozialen Formen herstellt. Darum werde ich mit einer kurzen Zusammenfassung dieser Entwicklungen beginnen und die Fortschritte aufzeigen, die bereits erzielt worden sind, und die Probleme, die noch immer bestehen.

Die sozialgeschichtliche Wissenschaftsforschung verlegt die Aufgabe einer Ortsbestimmung der wissenschaftlichen Entwicklung in ihren sozialen und politischen Kontext. Ein entscheidender Anstoß für dieses Vorhaben ging vor mehr als zwanzig Jahren von Th. S. Kuhns Veröffentlichung *The Structure of Scientific Revolutions*, 1962 (dt. *Die Struktur wissenschaftlicher Revolutionen*, 1967) aus. Kuhns Hauptanliegen war es, durch die Untersuchung geeigneter Beispiele aus der Wissenschaftsgeschichte zu zeigen, daß wissenschaftliche Revolutionen nicht durch das Aufkommen einer besseren Theorie, gemessen an einfachen wissenschaftlichen Kriterien, erklärt werden können. Er schreibt: »Gewöhnlich braucht es sehr viel Zeit, nachdem das neue Paradigma entwickelt, akzeptiert und angewendet worden ist, bis wirklich entscheidende Schlußfolgerungen daraus gezogen werden.« (S. 156) Nach Kuhns Ansicht ist Wissenschaft nur in dem Sinne fortschrittlich, als der Einsatz von wissenschaftlicher Energie produktiv ist: Sie produziert im Laufe der Zeit Theorien von einer größeren Erklärungspotenz, als sie ohne diesen Aufwand zustandegekommen wären. Doch der Richtungswechsel, den neue Theorien erzwingen, die Veränderung der Weltsicht, die sie herbeiführen, liegt nicht nur in ihnen selbst und ihrer inneren Logik begründet. Andere Faktoren, die oberhalb und unterhalb von empirischer Evidenz und theoretischer Notwendigkeit liegen, bestimmen die Entscheidung einer Gemeinschaft für die »beste Theorie«.

Die unmittelbare Auswirkung eines solchen Anspruchs ist, daß nicht nur unterschiedliche Faktensammlungen und unterschiedliche Brennpunkte des wissenschaftlichen Interesses möglich sind, sondern auch unterschiedliche Organisationsformen des Wissens und unterschiedliche Erklärungen der Welt, und daß sie alle mit dem in Einklang stehen, was wir Wissenschaft nennen.

Kuhns Untersuchung, die die Schlußfolgerungen aus den Überlegungen zahlreicher Wissenschaftler miteinander konfrontiert, erschien genau zum richtigen Zeitpunkt. Sie bedeutete eine willkommene Alternative zu der Sichtweise, an der die Wissenschaftler selbst festhielten und die bis dahin von den meisten Historikern unverändert übernommen worden war: die Ansicht nämlich, daß Wissenschaft autonom und absolut fortschrittlich sei und sich immer mehr einer vollständigen und richtigen Beschreibung der Wirklichkeit, »wie sie ist«, annähere.

Obwohl Kuhn selbst es sich nicht zur Aufgabe gestellt hatte, den Einfluß anderer, außerwissenschaftlicher Faktoren aufzuzeigen, die die Entscheidung für wissenschaftliche Theorien bestimmen, haben andere dies unternommen. In den letzten Jahren hat eine wachsende Zahl von Historikern und Wissenschaftssoziologen, die Kuhns Werk als eine Untermauerung der These verstanden haben, daß wissenschaftliche Neutralität in höherem Maße Ideologie widerspiegelt als die tatsächliche Geschichte, versucht, die politischen und sozialen Kräfte herauszufinden und zu benennen, die das Anwachsen der wissenschaftlichen Erkenntnisse beeinflussen.

Die Fülle der Literatur, die aus diesem Forschungsvorhaben hervorgegangen ist, hat das Denken vieler Menschen, vor allem von Nichtwissenschaftlern, über die Wissenschaft unwiderruflich verändert. Kuhns ursprünglich so provozierende Schlußfolgerung ist offenbar ein Gemeinplatz geworden – für viele sogar noch zu vorsichtig formuliert. Die Annahme, daß die Wissenschaft Ursache für die Beeinflussung bestimmter Interessen sei, hat sich in manchen Bereichen relativiert und zu der Auffassung geführt, daß Wissenschaft nichts anderes als der Ausdruck bestimmter Interessen sei. Während unsere Empfindlichkeit für die Einflußnahme politischer und sozialer Kräfte gewachsen ist, hat sich unser Verständnis für ihre unmittelbaren Auswirkungen auf die Produktion wissenschaftlicher Theorien nicht entwickelt.

Dieser Mangel hatte auch zur Folge, daß die Wirkung der sozialgeschichtlichen Wissenschaftsforschung auf die Denkweise der meisten Wissenschaftler in bezug auf ihre eigene Arbeit nur marginal war. Praktisch tätige Wissenschaftler werden dem zustimmen, daß politischer Druck den Verwendungszweck und auch die Zielsetzungen der wissenschaftlichen Forschung beeinflußt. Aber sie sehen nicht, in welchem Maße solche Pressionen ihre Resultate beeinflussen können: die Beschreibung der Natur, die an ihren Schreibtischen und in ihren Labors entsteht. Die meisten von ihnen teilen weiterhin die Auffassung, die Stephen Weinberg so formuliert hat: »Die Naturgesetze sind so unpersönlich und frei von menschlichen Wertungen wie die Gesetze der Arithmetik. Wir haben es nicht gewollt, daß sie so sind, aber sie sind so.« (1974, S. 43)

Das Ergebnis ist, daß der Diskurs über die Wissenschaft von den meisten weiterhin auf zwei nichtkommunizierenden Ebenen geführt wird: Auf der einen wird eine zunehmend radikale Kritik formuliert, die der Effektivität der Wissenschaft keineswegs Rechnung trägt, auf der anderen geht es um eine Rechtfertigung, die aus dieser Effektivität ihr Selbstvertrauen bezieht, um eine traditionelle und im wesentlichen unveränderte Wissenschaftsphilosophie aufrechtzuerhalten. Was wir brauchen, ist eine Denk- und Redeweise über die Wissenschaft, die diese sehr unterschiedlichen Perspektiven in einen sinnvollen Zusammenhang bringt – die die Realitäten, die beide Sichtweisen widerspiegeln, glaubwürdig macht und die Unterschiede in der Wahrnehmung begründen kann.

Die politischen Unruhen der sechziger Jahre trugen dazu bei, die jüngsten Entwicklungen in den Sozialwissenschaften voranzutreiben, und sie gaben den Anstoß für die Frauenbewegung und die Entwicklung der feministischen Theorie. Es war eine der Hauptaufgaben der feministischen Theorie, der Abwesenheit von Frauen in der Geschichte des sozialen und politischen Denkens ein Ende zu machen. Dieses Bemühen hat eine Art der Aufmerksamkeit entstehen lassen, die wie unter einem Vergrößerungsglas eine spezielle Frage in den Brennpunkt stellt: Was bedeutet es, daß ein Aspekt der menschlichen Erfahrung männlich und ein anderer weiblich genannt wird? Wie beeinflussen solche Etikettierungen die Art und Weise, in der wir unsere erfahrbare Welt strukturieren, ihre verschiedenen Bereiche mit Wertungen belegen, und wie beeinflussen sie Ausbildung und Geltung von Männern und Frauen in der Wirklichkeit? Im Laufe der letzten zehn Jahre haben diese Fragen zu einer radikalen Kritik an den traditionellen Forschungsdisziplinen geführt, in der eine genaue Überprüfung vieler grundlegender Voraussetzungen gefordert wird, die in der Psychologie, den Wirtschaftswissenschaften, der Geschichte und der Literaturwissenschaft vorherrschen – in allen Bereichen der Geistes- und Sozialwissenschaften. Erst in den letzten Jahren haben feministische Wissenschaftlerinnen, ermutigt durch die jüngsten Entwicklungen in der Wissenschaftsgeschichte und -soziologie, begonnen, ihre Aufmerksamkeit den Naturwissenschaften (oder den »harten« Wissenschaften) zuzuwenden.

Der unmittelbare Ausgangspunkt für eine feministische Perspektive in Hinblick auf die Naturwissenschaften ist der weitverbreitete und tief verwurzelte Aberglaube, der Objektivität, Verstand und Geist als männlich, Subjektivität, Gefühl und Natur als weiblich darstellt. Bei dieser Aufteilung in emotionale und intellektuelle Arbeit waren die Frauen die Garanten und Beschützerinnen des Persönlichen, des Emotionalen und des Besonderen, während die Wissenschaft als Domäne des Unpersönlichen, des Rationalen und des Allgemeinen den Männern vorbehalten war.

Die Folge einer solchen Aufteilung ist nicht nur der Ausschluß der Frauen von der Wissenschaftspraxis. Dieser Ausschluß ist ein Symptom für eine breitere und tiefere Kluft zwischen weiblich und männlich, subjektiv und objektiv, ja sogar zwischen Liebe und Macht – er ist eine Spaltung des menschlichen Gefüges, die uns alle betrifft, als Frauen und Männer, als Mitglieder der Gesellschaft und auch als Wissenschaftler.

Diese Aufteilung beeinträchtigt auch die Ausdrucksweise, in der

Wissenschaftskritik formuliert worden ist. Man kann sagen, daß eben diese Aufteilung für zwei erhebliche Auslassungen in den meisten wissenschaftssoziologischen Studien verantwortlich ist. Der erste Mangel liegt darin, daß nicht ernsthaft von der Tatsache Notiz genommen worden ist, daß Wissenschaft von einer bestimmten Gruppe von Menschen hervorgebracht worden ist – und das sind fast ausschließlich weiße Männer der Mittelschicht –, und es ist auch nicht Notiz davon genommen worden, daß die wissenschaftliche Evolution unter dem prägenden Einfluß eines bestimmten Männlichkeitsideals stattgefunden hat. Für die Gründungsväter der modernen Wissenschaft war die Abhängigkeit von einer geschlechtsspezifischen Sprache offensichtlich: Sie suchten nach einer Philosophie, die würdig war, »männlich« genannt zu werden, die sich von ihren ineffektiven Vorläufern durch ihre »virile« Kraft unterschied, durch ihre Fähigkeit, die Natur in den Dienst des Menschen zu stellen und sie zu seinem Sklaven zu machen (Francis Bacon).

Der zweite, eng damit verbundene Mangel liegt in der Tatsache, daß in sozialwissenschaftlichen Studien, in denen der Versuch einer Identifizierung der außerwissenschaftlichen Determinanten für das Anwachsen wissenschaftlicher Erkenntnisse unternommen worden ist, zumeist der Einfluß jener Kräfte ignoriert wurde, die in der individuellen menschlichen Psyche wirksam sind (sie wurden sogar als idiosynkratisch und transsozial ausgeklammert). Wissenschaft ist nicht eine reine Verstandestätigkeit, für die sie früher gehalten wurde, und sie ist nicht so unpersönlich, wie wir denken: Wissenschaft ist eine zutiefst persönliche und zugleich soziale Tätigkeit.

Mit anderen Worten, die sozialgeschichtliche Forschung hat, trotz ihrer Ablehnung einer »wissenschaftlichen Neutralität«, ihre Kritik weiterhin in solchen Begriffen formuliert, die stillschweigend die Trennung zwischen öffentlich und privat, unpersönlich und persönlich, männlich und weiblich aufrechterhalten: Abgrenzungen, die die Autonomie der Wissenschaft weiterhin absichern sollen. Eine feministische Sichtweise gibt uns die Möglichkeit, ganz anders vorzugehen. Sie verhilft uns dazu, diese Trennungen als Zentrum der Grundstruktur moderner Wissenschaft und Gesellschaft zu erkennen. Wir sehen, daß unsere Welt durch eine Vielzahl von konzeptuellen und sozialen Dichotomien gespalten ist, die sich gegenseitig sanktionieren, gegenseitig unterstützen und gegenseitig definieren: öffentlich *oder* privat, männlich *oder* weiblich, objektiv *oder* subjektiv, Macht *oder* Liebe. So wird die Trennung zwischen objektiver Tatsache und subjektiver

Empfindung gestützt durch die Verbindung der Objektivität mit Macht und Männlichkeit und ihren Abstand von der Welt der Frauen und der Liebe. Und umgekehrt: Die Disjunktion des Männlichen vom Weiblichen wird gestützt durch die Verbindung der Männlichkeit mit Macht und Objektivität und ihre Unverbundenheit mit Subjektivität und Liebe. Und so weiter.

Eine feministische Sicht auf die Wissenschaft konfrontiert uns mit der Aufgabe, nach den Wurzeln, den Bewegungsabläufen und Konsequenzen dieses Geflechts aus wechselseitig sich beeinflussenden Verbindungen und Unverbundenheiten zu forschen – alle Faktoren zusammen ergeben das, was wir das »Wissenschaft-Geschlechter-System« nennen könnten. Es führt uns zu der Frage, wie Geschlechterideologie und Wissenschaftsideologie sich in ihrer jeweiligen Ausprägung durchdringen, wie diese Ausprägung in unseren sozialen Übereinkünften funktioniert und wie sie Männer und Frauen, Wissenschaft und Natur beeinflußt. Der Feminismus verschafft uns nicht nur ein Subjekt, er gibt uns auch eine spezielle Analysemethode zur Erforschung dieses Subjekts an die Hand. Da diese Methode meine eigene Vorgehensweise sehr stark beeinflußt, muß ich zur Frage der Logik der feministischen Analyse etwas weiter ausholen.

Vor zehn Jahren war »Das Persönliche ist politisch« ein Aphorismus – wohl der deutlichste Ausdruck dessen, was den modernen Feminismus ausmacht. Heute sehen feministische Theoretikerinnen in der Verbindung des Persönlichen und des Politischen mehr als einen Aphorismus: Sie sehen darin eine Methode. Catherine MacKinnon schreibt:

»Das Persönliche als das Politische ist kein Gleichnis, keine Metapher und keine Analogie... Es bedeutet, daß sich die besondere Erfahrung von Frauen als Frauen in einer Sphäre vollzieht, die im sozialen Leben als die persönliche angesehen wird – privat, emotional, verinnerlicht, partikular, individualisiert, intim –, so daß man sagen kann, das Politische der Situation der Frau zu kennen, heißt, das persönliche Leben von Frauen zu kennen.« (1982, S. 534)

Die Umkehrung dessen müßte heißen: Das Politische der Situation des Mannes zu kennen, bedeutet, das unpersönliche Leben von Männern zu kennen. Das Leben der Männer ist unpersönlich, *weil* es politisch ist, und zwar in dem Maße, wie das Leben der Frauen persönlich ist. Das unpersönliche Politische des in der Öffentlichkeit stehenden Mannes hängt immer noch entscheidend von seiner Heirat mit einer häuslichen, privaten Frau ab. Seine Rationalität setzt ihre

Fähigkeit voraus, die Emotion zu verkörpern, von der sein Verstand gereinigt ist. Mit anderen Worten, das Politische enthüllt seinen persönlichen Gehalt durch seine Abhängigkeit von einer programmatischen Trennung zwischen öffentlich und privat, einer Trennung, die eine politische Konstruktion mit persönlicher Bedeutung ist. Die Abgrenzung zwischen öffentlich und privat steckt nicht nur die Grenzen des Politischen ab und verteidigt sie, sondern fördert auch die Ausprägung seines Gehalts und seines Ausdrucks. Feministische Analysen begannen damit, daß sie diese Abgrenzung zurückwiesen, indem sie aufzeigten, in welcher Weise das Private auf dem Öffentlichen lastet, ebenso wie das Öffentliche auf dem Persönlichen; sie entlarvten das Persönliche als politisch und das Politische als persönlich.

Die Arbeit vieler feministischer Wissenschaftlerinnen ermutigt uns jetzt, die Logik dieser Analyse auf die nächsthöhere Ebene zu heben: Dieselbe Abgrenzung, aber noch leidenschaftlicher verteidigt, fordert uns heraus, die Abhängigkeiten zwischen Subjektivität und Objektivität, zwischen Gefühl und Verstand herauszufinden. Kurz gesagt, die logische Fortsetzung dessen, das Persönliche als politisch anzusehen, ist es, das Wissenschaftliche als persönlich anzusehen.

Diese Logik, sofern sie systematisch verfolgt wird, stellt unserem kritischen Denken über die Wissenschaft eine Denkweise zur Seite, von der oft gesagt wird, »typisch Frau«, während zugleich die Arbeitsteilung aufgehoben wird, auf der ein solches Urteil basiert. Der Feminismus macht ein einziges Zugeständnis an die eher traditionelle Wissenschaftsforschung; er ermutigt zum Gebrauch der Fachkenntnisse, die traditionell den Frauen vorbehalten waren – nicht nur als eine weibliche Sichtweise, sondern als ein kritisches Instrument zur Erforschung der Wurzeln jener Dichotomien, durch die diese Sichtweise isoliert und in ihrer Legitimation negiert wird. Der Feminismus versucht, unser Verständnis für die Geschichte, Philosophie und Soziologie der Wissenschaft zu erweitern, indem er nicht nur Frauen und ihre tatsächlichen Erfahrungen einbezieht, sondern auch die Bereiche menschlicher Erfahrung, die den Frauen zugewiesen waren: vor allem das Persönliche, das Emotionale und das Sexuelle.

Das Interesse auf die persönlichen, emotionalen und sexuellen Dimensionen der Bedingungen und der Akzeptanz von wissenschaftlichen Erkenntnissen und ihren Zielsetzungen zu richten, heißt, gerade weil sie traditionell so männlich zentriert sind, das Interesse auch auf die persönlichen, emotionalen und sexuellen Dimensionen einer männlichen Erfahrung zu richten. In gewissem Sinne heißt das, eine Binsenweisheit ernst zu nehmen, die Mary Ellmann so überzeugend ausgesprochen hat. Konfrontiert mit der Behauptung, daß »Frauen immer persönlich werden«, kontert sie: »Ich würde sagen, Männer werden immer unpersönlich. Wenn man ihre Gefühle verletzt, machen sie ein Boylesches Gesetz daraus!« (1968, S. XIII)

Diese Umkehrung von persönlich und unpersönlich stellt einen weitaus radikaleren und entsprechend problematischeren Angriff auf die herkömmliche Auffassung von Objektivität dar, als die neueste historische und soziologische Wissenschaftsforschung es beabsichtigt hatte. Diese Kritik geht davon aus, daß unsere »Naturgesetze« mehr sind als nur der Ausdruck von objektiven Forschungsergebnissen oder von politischen und sozialen Zwängen: Sie müssen auch auf ihren persönlichen – und traditionellerweise männlichen – Gehalt hin untersucht werden. In ihm offenbart sich der persönliche Einsatz, den Wissenschaftler in aller Unpersönlichkeit erbringen. Die Anonymität des Bildes, das sie abgeben, entlarvt sich als eine Art persönlicher Signatur.

Diese Umkehrung bedeutet aber auch eine Überbrückung der Kluft zwischen den Forderungen, die aus den Reihen der Wissenschaftler selbst kommen, und denen der Kritiker, die außerhalb stehen – das heißt, zwischen einem »internen« und einem »externen« Wissenschaftsdiskurs. Die Aufmerksamkeit gegenüber der innerpersonalen Dynamik der »theoretischen Entscheidung« erhellt die subtilen Mittel, mit denen sich Ideologie in der Wissenschaft manifestiert – selbst wenn man die besten Absichten seitens der Wissenschaftler voraussetzt. Diese Aufmerksamkeit macht es uns möglich, das anhaltende Vertrauen der meisten Wissenschaftler in die Objektivität ihres Unternehmens, selbst wenn sie unter dem ständigen Druck der Kritik stehen, besser zu verstehen (ohne es unbedingt zu teilen). Das bedeutet, daß der psychologische Zusammenhang, aus dem der Impuls zur Unpersönlichkeit hervorgeht, auf eine Verkettung von Ideologie, persönlicher Motivation und unpersönlichem Ergebnis schließen läßt. Diese Verkettung ist erstens dafür verantwortlich, daß bestimmte Menschen für das von der Wissenschaft entworfene Bild besonders empfänglich sind, und zweitens dafür, daß diese Menschen für bestimmte Interpretationen der Wissenschaft und der Natur (häufig unbewußt) besonders empfänglich sind. Das bedeutet unter anderem, daß Wissenschaftler, die »die Neigung haben, aus einer persönlichen Existenz in die Welt der objektiven Wahrnehmung und Erkenntnis zu flüchten« (Einstein, zit. bei Holton 1974, S. 69), sich ein Bild von der Wirklichkeit machen – sich sogar ein Bild aussuchen –, das »so unpersönlich und frei von menschlichen Wertungen sein soll wie die Gesetze der Arithmetik«; diese Wissenschaftler finden bestimmte Bilder und Theorien überzeugender und einleuchtender als andere, weil gerade diese Bilder und Theorien mit ihren vorgeprägten emotionalen Bindungen, Erwartungen und Wünschen im Einklang stehen.

Dennoch darf man die Tatsache nicht vergessen, daß das Boylesche Gesetz nicht falsch ist. Eine sinnvolle Wissenschaftskritik muß den unbestreitbaren Erfolgen der Wissenschaft ebenso Rechnung tragen wie den Bedingungen, die diese Erfolge möglich gemacht haben. Wenn Menschen sich zur Wissenschaft hingezogen fühlen, entweder durch den Wunsch (oder die Notwendigkeit), dem Persönlichen zu entfliehen, oder durch die Versprechungen einer quasi-religiösen Gemeinschaft, so sind sie auch von einem anderen, ebenso persönlichen, aber vielleicht universelleren Ehrgeiz angetrieben: Es ist die Suche nach einem zuverlässigen, mitteilbaren Wissen über die Welt, die uns umgibt. Der Anteil der Wissenschaftler an der Verantwortung für die Ermöglichung einer verbindlichen Naturerkenntnis und für ihre Abhängigkeit von experimenteller Reproduzierbarkeit und logischer Kohärenz ist eine unerläßliche Vorbedingung für die Effektivität von wissenschaftlichen Vorhaben überhaupt. Was unbedingt verstanden werden muß, ist, wie diese bewußten Abhängigkeiten (die wir alle haben können) gefördert, entwickelt und manchmal auch untergraben werden von engstirnigen sozialen, politischen und emotionalen Abhängigkeiten (bewußten oder unbewußten) einzelner Personen oder bestimmter Gruppen.

Das Boylesche Gesetz liefert uns eine zuverlässige Darstellung des Verhältnisses von Druck und Volumen bei Gasen unter hohen Temperaturen, eine Darstellung, die der Überprüfung von experimenteller Reproduzierbarkeit und logischer Kohärenz standhält. Es ist dabei wichtig zu erkennen, daß es sich um eine Aussage über einen bestimmten Phänomenkomplex handelt, die im Hinblick auf bestimmte Interessen aufgestellt worden ist und deren Darstellung in Übereinstimmung mit bestimmten vereinbarten Kriterien für Zuverlässigkeit und Anwendbarkeit steht. Ein Urteil darüber, welche Phänomene einer Erforschung wert sind, welche Ergebnisse signifikant sind – wie auch die Entscheidung, welche Theorien oder Beschreibungen dieser Phänomene die angemessensten, befriedigendsten, sinnvollsten und eben zuverlässigsten sind –, hängt entscheidend von den sozialen, sprachlichen und wissenschaftlichen Praktiken derjenigen ab, die dieses Urteil fällen. Diese Abhängigkeit wird in der Einleitung zum dritten Teil dieses Buches (und auch in den einzelnen Kapiteln dieses Abschnitts) ausführlicher behandelt. Jetzt ist es mir zunächst wichtig festzustellen, daß der Erfolg des Boyleschen Gesetzes so verstanden werden muß, daß er begrenzt war und eingeschränkt durch die Bedingungen, unter denen er entstanden ist.

Voreingenommenheit, die auf emotionalen (wie auch sozialen und politischen) Abhängigkeiten beruht, drückt sich gerade in dem Bereich der sozialen und sprachlichen Praxis aus, die dazu beiträgt, innerhalb der wissenschaftlichen Gemeinschaft Interessenprioritäten und Erfolgskriterien festzulegen. Diese tagtägliche Praxis ist es, die für die Wahl von bevorzugten theoretischen Beschreibungen und für die Ablehnung von weniger geeigneten verantwortlich ist; hier wird die wahrhaft subversive Kraft von Ideologien spürbar.

Eine objektivistische Ideologie, die vorschnell Anonymität, Uneigennützigkeit und Unpersönlichkeit für sich in Anspruch nimmt und das Subjekt radikal ausschließt, legt einen Schleier über diese Handlungsmuster; sie verschleiert weniger durch Geheimhaltung als durch Tautologien. Eine scheinbare Selbstevidenz macht die Handlungsmuster unsichtbar und daher der Kritik unzugänglich. Das Streben nach Universalität kreist in sich selbst, und die Engstirnigkeit ist gerechtfertigt. Auf diese Weise täuscht die Ideologie der wissenschaftlichen Objektivität über ihre eigenen Ziele hinweg, indem sie die Bedeutung und das Potential der wissenschaftlichen Forschung untergräbt.

Wenn das Streben nach wissenschaftlicher Erkenntnis als ein universelles Ziel gefordert werden soll, dann müssen auch bestimmte Merkmale dieses Strebens als konstant und unabdingbar anerkannt werden. Es gibt aber auch Merkmale, die sich in Wissenschaftsgruppierungen herausgebildet haben, die ziemlich engstirnig sind – unbewußt angenommene und ebenso unbewußt internalisierte Haltungen, die als selbstverständlich erachtet werden. Insofern leben und arbeiten Wissenschaftler aller Disziplinen unter Voraussetzungen, die als Konstanten empfunden werden (»das macht gute Wissenschaft aus«), die in Wirklichkeit aber Variablen sind und, sofern der richtige Anstoß kommt, Veränderungen unterliegen. Solche Engstirnigkeiten, wie jedes Gemeinschaftsverhalten sie aufweist, kann man nur im Licht der Differenz klar erkennen, indem man sich außerhalb der Gemeinschaft stellt.

Als Frau und Wissenschaftlerin kam mir der Status der Außenseiterin gratis zu. Der Feminismus gab mir die Möglichkeit, diesen Status als Privileg zu benutzen. Ich begann, das Gewebe der Geschlechterbeziehungen in der typischen Wissenschaftssprache weder als natürlich, noch als selbstverständlich anzusehen, sondern als zufällig und erschreckend. Ich erkannte außerdem, daß dies nicht nur Verzierungen auf der Oberfläche der wissenschaftlichen Rhetorik waren; sie sind tief eingebettet in die Struktur der Wissenschaftsideologie, mit erkennbaren Implikationen für die Praxis. Die Essays dieses Buches untersuchen dieses Beziehungsgeflecht und stellen es in Frage: im ersten Teil historisch, im zweiten psychoanalytisch und im dritten Teil wissenschaftlich und philosophisch. Es ist klar, daß diesen Untersuchungen ein Urteil zugrunde liegt, ein Wunsch meinerseits nach Veränderung – und zwar einer Veränderung der Wissenschaftspraxis und auch einer Veränderung in der Stellung, die die Wissenschaft in unserer Kultur einnimmt. Mein Interesse an Veränderungen, an alternativen Szenerien und Verlagerungen in der Sprache ist durchweg offensichtlich, aber die Veränderungsmöglichkeiten, die ich für die Wissenschaft sehe – die natürlichen Folgen der Veränderungen in der Sprache nehme ich als gegeben an –, werden hauptsächlich in den Essays des dritten Teils behandelt. Die Essays aller drei Teile zusammen genommen umreißen und skizzieren ein Terrain, das auf eine Psychosoziologie der wissenschaftlichen Erkenntnis hinausläuft.

Jedes Kapitel ist mehr oder weniger in sich abgeschlossen und mit einer bestimmten Zielsetzung geschrieben, wobei die Fragen aus einer bestimmten Perspektive gestellt sind. Die Unterschiedlichkeit der Fragen war mir sehr hilfreich. Das mag auch für den Leser von Nutzen sein. Ich nehme an, daß die Vielfalt der Sichtweisen aufgrund der Komplexität dieses neuen Terrains sogar für seine genaue Bestimmung notwendig ist. Mehrere Essays waren bereits veröffentlicht und sind hier mit leichten Veränderungen wieder abgedruckt. Mir scheint, daß der Versuch, sie neu zu schreiben, um eine einheitliche Sichtweise vorzuführen, ihr Anliegen teilweise unterlaufen hätte.

Die drei Teile – ein historischer, ein psychologischer und ein wissenschaftlich-philosophischer – sind so geordnet, daß sich die größtmögliche Folgerichtigkeit ergibt. Die Themen eines jeden Essays sind oft in direkter oder indirekter Weise in den folgenden Essay eingegangen. Jedem Teil ist eine Einleitung vorangestellt.

Erster Teil
Historische Verbindungen von Geist und Natur

> Natur ist für den Menschen, was immer er mit diesem Namen bezeichnen möchte. Er wird die Natur den Namen entsprechend wahrnehmen, die er ihr gibt, und der Beziehung und Perspektive entsprechend, die er wählt.
>
> Ernest Schachtel, *Metamorphosis*, S. 202

Die Benennung der Natur ist die spezielle Aufgabe der Wissenschaft. Theorien, Modelle und Deskriptionen sind solche ausgearbeiteten Benennungen. In diesem Akt der Benennung konstruiert der Wissenschaftler die Natur und schließt sie zugleich ein, »der Beziehung und Perspektive entsprechend, die er wählt«. Der einzelne Wissenschaftler wählt natürlich seine »Beziehung und Perspektive« nicht frei; sie sind Teil seines Sozialisationsprozesses innerhalb der wissenschaftlichen Gemeinschaft und der Kultur, deren Teil diese Gemeinschaft ist. Beziehung und Perspektive konstituieren die erste Ebene der Benennung: Auf dieser Ebene wird der Rahmen des sprachlichen Apparates festgelegt, der dem Wissenschaftler zur Verfügung steht.

Wenn es die spezielle Aufgabe der Wissenschaft ist, die Natur zu benennen, dann liegt es in der Verantwortung der Gesellschaft, die Wissenschaft zu benennen. Überall haben Menschen nach Formen des verbindlichen Wissens über die Welt gesucht. Wenn wir Wissenschaft so definieren, wie der Begriff gewöhnlich verwendet wird, nämlich aufgrund dessen, was jene Leute tun, die wir heute Wissenschaftler nennen, dann sprechen wir von einer speziellen Form, die diese Tätigkeit in der westlichen Welt angenommen hat, einer Form, die sich seit dem 17. Jahrhundert entwickelt hat. Obwohl eine präzise Abgrenzung dieser Tätigkeitsform dadurch erschwert ist, daß eine Vielfalt von Praktiken unter die Rubrik *Wissenschaft* subsumiert wird, sind ihre normativen Dimensionen – die Wertvorstellungen, Zielsetzungen und Annahmen, die alle die Ideologie der modernen Wissenschaft umfassen – relativ klar. Um zu verstehen, in welcher Weise diese Normen die Erlangung wissenschaftlicher Erkenntnisse beeinflussen, ist es sinnvoll, zurückzugehen und zu untersuchen, welche Formen vergleichbare Unternehmungen in der Vergangenheit angenommen haben. Wenn wir das tun, werden wir nicht nur feststellen, daß unsere Vorstellung davon, wie ein verbindliches Wissen über die natürliche Welt zu erlangen sei, sich über Zeit und Raum verändert hat, sondern auch, daß unsere Definitionen von Wissen und Natur sich mit ihr verändert haben.

Neben diesen Veränderungen ist es die vorrangige Frage für alle Auffassungen von Wissenschaft, wie wir etwas wissen können. Diese Frage stellt sich in zwei Hinsichten, erstens in theoretischer: Was macht Erkenntnis möglich? Und zweitens in praktischer: Wie machen wir es möglich, diese Erkenntnis zu erlangen? Unvermeidlich sind beide Antworten durch die zugrunde liegenden Vorstellungen von Geist und Natur, von Subjekt und Objekt miteinander verbunden. Diese Vorstellungen diktieren die Beziehung zwischen Geist und Natur, von der ausgegangen werden muß, um Erkenntnis möglich zu machen; ist diese Beziehung einmal vorausgesetzt, so leitet sie unausweichlich die Forschung. Ohne Vermittlung, Gemeinsamkeit oder Verbindung zwischen Subjekt und Objekt ist Erkenntnis nicht möglich.

Eine der gebräuchlichsten Metaphern in der abendländischen Geschichte für eine solche Vermittlung ist die sexuelle Beziehung: Erkenntnis ist eine Form der Befriedigung, wie Sex eine Form der Erkenntnis ist. Beide werden vom Begehren getrieben. Ob in der Phantasie, der Erfahrung oder in sprachlichen Bildern, die sexuelle Vereinigung bleibt das zwingendste und ursprünglichste Beispiel für den Erkenntnisakt. Die Erfahrung des Erkennens wurzelt im Körperlichen, auch wenn sie durch die Metapher unerkannt bleibt. Doch bleibt diese Erfahrung dort nicht stehen. Was herkömmlicherweise Erkenntnis ausmacht, ist ihr Drang weg vom Körper: ihr Bestreben, das Körperliche zu transzendieren. Geist ist nicht einfach der Materie immanent, er transzendiert sie. Alle Vorstellungen von Erkenntnis müssen sich zwangsläufig mit der Dialektik von Transzendenz und Immanenz auseinandersetzen. Dabei ist besonders auffallend, wie häufig das metaphorische Feld für diese Auseinandersetzungen sich aus Sexus und Genus zusammensetzt und wie tiefgreifend diese Metaphern die Wissensdisziplinen beeinflußt haben.

Während die sexuelle Zentriertheit von Erkenntnisbegriffen in der abendländischen Kulturtradition nicht variiert, ist die Bedeutung von Sexus und Genus variabel. In jeder Kultur reflektieren die Vorstellungen von Sexus und Genus die Sehnsüchte und Ängste der Menschen, die ihnen Stimme gaben, ebenso wie sie sich im Charakter der Gesellschaften spiegeln, die sie sich zu eigen gemacht haben. Um anschaulich zu machen, wie sich Unterschiede in den Auffassungen von Sexus und Genus auf die Vorstellungen von Erkenntnis auswirken, habe ich drei Beispiele aus der abendländischen Geistesgeschichte ausgewählt, die drei unterschiedliche Sichtweisen und Beziehungen zur Natur vorführen, die in der Vorgeschichte und frühen Geschichte der Wissenschaft vorherrschend waren. Jedes Beispiel illustriert ein anderes Wissenschaft-Geschlechter-System. Alle drei geschichtlichen Momente, die eng miteinander verwoben sind, existieren noch immer in unserem neuzeitlichen Erbe, doch was von ihnen verlorengegangen ist, dient uns als Schlüssel für die Erkenntnis dessen, was für die besondere Beziehung von Geist und Natur, auf der unsere Wissenschaft basiert, kulturell spezifisch ist.

Der erste Essay in diesem Teil, das 1. Kapitel, untersucht die sexuelle Bildsprache in Platons Dialogen. Diese Bildsprache, die durch die sexuellen Sitten der athenischen Kultur geprägt ist, stellt eine wichtige Substruktur für Platons philosophisches Werk dar. Eine Analyse dieser Bildsprache deckt die Zweiteilung der Sexualität in Eros und Aggression in der Platonischen Erkenntnistheorie auf, die sich dauerhaft auf die abendländische Geistesgeschichte ausgewirkt hat. Platons eigener Gebrauch dieser Aufteilung war jedoch ein anderer. Indem er Erkenntnis auf den Bereich der Theorie (im Unterschied zum Experiment) beschränkt und die Natur ins Reich der Ideen (im Unterschied zur Materie) verweist, kann er einen Weg zur Erkenntnis aufzeigen, der von der Liebe geleitet und von der Aggression abgeschnitten ist, den er und seine Kultur mit wahrnehmbarer, materieller und weiblicher Natur verbinden.

Mehr als zweitausend Jahre später bietet Francis Bacon die Beschreibung eines anderen Weges zur Erkenntnis. Bacons Erkenntnisideal ist experimentell und nicht theoretisch. Der Erkenntnisgegenstand, den er im Sinn hat, ist die konkrete, gegenständliche Welt und nicht die Welt der abstrakten Formen. Bei Bacon wie bei Platon ist die Hauptmetapher eine sexuelle. Doch Bacons Metapher ist, anders als bei Platon, eine heterosexuelle Beziehung und nicht eine homoerotische: eine heterosexuelle Beziehung, die sich tatsächlich kaum von einer typischen Ehe der Platonzeit unterscheidet. Bacons Ehebild transportiert viel von der Aggression, die Platon zu vermeiden versucht hatte. Daher bleibt eine entscheidende Ambiguität in Bacons Schriften erhalten: Seine Bildsprache ist nicht rein heterosexuell oder völlig männlich. Im 2. Kapitel, *Baconische Wissenschaft: Die Kunst von Herrschaft und Gehorsam*, werden diese Ambiguitäten anhand einer Analyse von Bacons Sprache untersucht. Die Originalfassung dieses Essays wurde 1980 veröffentlicht.

Im 3. Kapitel wird die Sprache von Sexus und Genus untersucht, die in den Debatten um die »Geburt« der modernen Wissenschaft vorherrschend war. Der Schwerpunkt liegt auf der Kontroverse zwischen den beiden unterschiedlichen Auffassungen von einer »Neuen Wissenschaft«, die in den Jahrzehnten unmittelbar vor der Gründung der Royal Society in England stattgefunden hat. Die beiden Positionen lassen sich grob als die mechanistische und die hermetische Philosophie beschreiben. Ich behaupte, daß die »mechanistisch«-philosophische Richtung, die die Oberhand gewann, sowohl ein Reflex als auch ein Beitrag zur Verfestigung der Polarisierung von männlich und weiblich war. Diese Polarisierung war von entscheidender Bedeutung für die Formierung der frühkapitalistischen Industriegesellschaft. Das Hauptanliegen dieses Kapitels besteht darin, deutlich zu machen, daß die Geschlechterideologie als entscheidender Mittler zwischen den sozialen, politischen und intellektuellen Ursprüngen der modernen Wissenschaft angesehen werden kann.

1. Kapitel:
Liebe und Sexualität in Platons Erkenntnistheorie

> Man muß die Schriften und Lehrsätze der großen Lehrmeister der Antike, Platon und Aristoteles, nicht kennen, man muß nicht einmal ihre Namen gehört haben, dennoch steht man im Bann ihrer Autorität... Unser gesamtes Denken, die logischen Kategorien, in denen es sich bewegt, die sprachlichen Muster, die es verwendet (von denen es folglich beherrscht wird), all das... ist vor allem die Leistung der großen Denker der Antike.
> Gomperz, zit. bei Schrödinger,
> *Nature and the Greeks*

Platon war der erste Schriftsteller der abendländischen Geistesgeschichte, der expliziten und systematischen Gebrauch von der Sprache der Sexualität für die Erkenntnis gemacht hat. Seine Verwendung einer sexuellen Sprache, die in direktem Verhältnis zu der Annäherung des Wissenden an das zu Wissende expliziter wird, legt eine philosophische Funktion für seine sexuellen Metaphern nahe, die der Erklärung bedarf. Darum ist es sinnvoll, zunächst Platons philosophische Überlegungen in einen historischen Kontext zu stellen und sie zu der Problematik in Beziehung zu setzen, die er aus seiner Kultur ererbt hat.

Für Platon wie für frühere griechische Denker waren Geist und Natur durch eine gemeinsame Substanz verbunden und durch eine substantielle Differenz getrennt. Ihre Gemeinsamkeit war durch das garantiert, was man als Sprachgarantie bezeichnen könnte. Die Verwendung des Wortes *logos* (das sich zugleich auf eine Eigenschaft des Geistes wie auf eine Eigenschaft der Welt bezieht) reflektiert und sanktioniert die begriffliche Verbindung zwischen beiden. Seine doppelte Bedeutung besteht in der Ambiguität des Wortes *rational* fort. *Logos* bezieht sich zugleich auf das, was berechenbar oder meßbar ist, und auf den Denkmodus, der Argumente oder Begründungen hervorbringt. Die frühen griechischen Denker »hatten die physische Natur selbst mit Verstandesattributen ausgezeichnet... Sie waren in die Entdeckung, daß die Natur rational sei, so vertieft, daß sie niemals aufhörten, zwischen den Kategorien der Einsehbarkeit und der Einsicht zu unterscheiden... Logos meint im aktiven Sinn das In-Betracht-

Ziehen und im objektiven Sinn das Wesen der Dinge, das sie in die Lage versetzt, so betrachtet zu werden«. (Vlastos 1970, S. 89) Diese Eigenschaft der Rationalität, eine Eigenschaft, die auch Geist und Natur besitzen, stellte eine symmetrische Verbindung zwischen beiden her. Der Geist war naturhaft und die Natur war von Geist durchdrungen. »Die griechische Naturwissenschaft basierte auf dem Prinzip, daß die natürliche Welt von Geist durchdrungen und erfüllt ist. Griechische Denker betrachteten die Anwesenheit von Geist in der Natur als die Quelle jener Regelhaftigkeit und Geordnetheit in der natürlichen Welt, deren Existenz eine Wissenschaft von der Natur möglich machte.« (Collingwood 1945, S. 3)

Die Natur ist nicht vollständig durch den Logos gebunden: Sie verbleibt in einer essentiellen Dualität. Steht sie einerseits im Licht von Vernunft und Ordnung, so ist sie andererseits unauflöslich verstrickt in die dunklen Kräfte von Unvernunft und Unordnung. Die Kräfte der Unvernunft, die in der griechischen Mythologie und in der Tragödie zumeist durch Erdgottheiten oder Furien verkörpert werden, lassen sich niemals vollständig besiegen, selbst wenn sie unterworfen sind. Der Verstand, der sich niemals völlig vom Körper befreit, kann und muß kämpfen, um die Seele aus den Klauen der Leidenschaft und des Fleisches zu befreien. Der Vernunft mag es sogar gelingen, wie etwa in Aischylos' *Orestie*, die Unvernunft zu überzeugen. Aber in der Tiefe des Erdinneren behalten die Furien ihre Macht.

Platon hatte es sich zur Aufgabe gestellt, eine Theorie der Erkenntnis zu erdenken, die gegen die subversiven Kräfte des Irrationalen immun ist und daher dem Verstand gestattet, Transzendenz zu erlangen, während er gleichzeitig durch Immanenz gefährdet bleibt. Platons Lösung ist radikal: Sie geht davon aus, daß der eigentliche Gegenstand der Erkenntnis als völlig außerhalb des Bereichs einer zeitlich und materiell bestimmten Natur liegend definiert werden muß. Der Geist erfährt eine entsprechende Reinigung: So wie die Natur entmaterialisiert wird, so wird der Geist vom Körper befreit. Für Platon ist Wahrheit nur im Reich des reinen und absoluten Seins erreichbar; dieses Reich ist nicht dadurch zu erlangen, daß man das Auge des Geistes von der Materie abwendet, sondern indem man lernt, durch das Reich des rein Körperlichen hindurch und über es hinaus zu sehen. Nur dann kann eine wirkliche Begegnung oder Verbindung von Geist und Natur stattfinden. Erkenntnis ist eine Art des Wiedererkennens, die auf Vorstellung basiert. Wie das Auge einen Gegenstand durch die Bündelung von Lichtstrahlen erkennt, die von beiden ausgehen, so wird das

Erkennen der Idee durch den Geist durch die Vereinigung zweier verwandter Substanzen erreicht[1]. Der Philosoph ist bemüht, »die substantielle Natur der Dinge mit den geistigen Möglichkeiten zu erfassen, die dafür geeignet sind«, das heißt mit »der Möglichkeit, die der Realität entspricht und die sich ihr annähert und sich mit ihr vereinigt[2]«. (*Der Staat* 490 b)

In Platons Erkenntnistheorie wird veränderliche Materie außer acht gelassen, wird den Kräften des »Irrationalen, des Schicksalhaften und Ungeordneten« überlassen (Vlastos 1970, S. 89). Es bleibt jedoch die Frage: Wie kann der Geist, der in einem sterblichen Körper wohnt, seinen Weg zur Wahrheit finden? Platons Antwort, die im *Symposion* formuliert wird, ist bemerkenswert: Der Geist stößt auf Erkenntnis, wenn er vom Eros geleitet wird. »Wenn ein Mann, der von dieser wahrnehmbaren Welt ausgeht und seinen Weg nach oben durch den richtigen Gebrauch seiner Liebesempfindung nimmt…, beginnt, das (ewige) Schöne zu erblicken, ist er sehr nah an seinem Ziel.«(212 a) Wenn ein Mann »das Schöne mit dem Geistesvermögen erblickt, das zu dessen Wahrnehmung fähig ist, dann wird er in der Lage sein, nicht nur Abbilder des Guten hervorzubringen, sondern das wahre Gute«.(212 c) Kurz gesagt, wie das Begehren Liebe hervorbringt, so bringt Liebe Erkenntnis hervor.

Aber nicht jedes Begehren erzeugt Liebe, und nicht jede Liebe erzeugt Erkenntnis. Der Eros drängt die Seele in zwei Richtungen, zur Vernunft und zur Leidenschaft, zum Erhabenen und zum Gemeinen. Die Dialektik von Transzendenz und Immanenz wird nun im Bereich des Eros ausgetragen. Und zu diesem Bereich kehrt Platon immer wieder zurück.

Der Konflikt Platons ließe sich als der Kampf zwischen Einheit und Differenz charakterisieren. Das Bild des Eros spiegelt glänzend das Grundproblem der Erkenntnis: Wie kann Differenz in Einheit aufgelöst werden, wie kann das Subjekt dem Objekt vermählt werden, wie kann Werden in Sein verwandelt werden? Wiederholt versucht Platon, den Kampf zwischen Differenz und Einheit durch eine frühere Aufteilung zu vereinfachen, doch immer wieder taucht sein Dilemma auf. Man könnte die platonischen Dialoge als schrittweise Angriffe auf die Unangemessenheit der Spaltung zur Aufrechterhaltung der Einheit verstehen.[3] Zwei grundlegende Einteilungen ziehen sich durch alle seine Überlegungen. Das ist erstens die Unterscheidung zwischen geistiger und physischer Natur, und zweitens, in enger Parallele, die Unterscheidung zwischen homosexuellem und heterosexuellem Eros.

Heterosexuelles Begehren hat für Platon keinen Bezug zur Transzendenz, vor allem wegen seiner Bindung an die körperliche Fortpflanzung. So erklärt Diotima im *Symposion*: »Diejenigen, deren schöpferischer Trieb ein körperlicher ist, wenden sich den Frauen zu, und sie zeigen ihre Liebe auf diese Weise, da sie daran glauben, daß sie durch die Hervorbringung von Kindern sich selbst ein unsterbliches und gesegnetes Andenken für alle Zeiten sichern können; und dann gibt es andere, deren Begehren aus der Seele kommt, die sich danach sehnen, geistig und nicht körperlich Nachkommenschaft hervorzubringen, wie es der Natur der Seele entspricht, zu zeugen und hervorzubringen.« (208e) Nur das Begehren der Seele – »das Begehren nach dem unverlierbaren Besitz des Guten«(206a) führt zur Zeugung im Reich des Seins. Diotima fügt hinzu: »Wenn du fragst, welche Art Nachkommenschaft das ist, es ist Weisheit und jede Art von Tugend.« (209a) Obwohl es sich hier um eine Frau handelt, die über die Tugenden des Begehrens spricht, ist in Platons Modell der geistigen Zeugung die Liebe zwischen Männern gemeint. Erkenntnis ist das Produkt einer göttlichen Verbindung von verwandten Substanzen. Es ist die Liebesempfindung eines Mannes für Knaben, nicht für Frauen, die den ersten Anstoß zu dem philosophischen Exkurs gegeben haben. Die Vereinigung des Geistes mit der »substantiellen Natur der Dinge« ist eine Vereinigung von Gleichem mit Gleichem. Entsprechend wird im *Symposion* und im *Phaidros* davon ausgegangen, daß »der Eros, der als Stufe zum Reich des Seins bedeutsam ist, homosexuell ist«. (Dover 1980, S. 162)

Ebenso wie der Geist in die Materie eingebettet bleibt, wohnt der homosexuelle Eros weiterhin in Körpern: Die Liebe des Mannes zu einem Mann bleibt unlösbar mit körperlichem und geistigem Begehren verbunden, so daß die Trennung zwischen Transzendenz und Immanenz ständig bedroht ist. Die völlige Hingabe an das physische Begehren reduziert den homosexuellen Eros auf den Status des heterosexuellen oder animalischen Begehrens. Ein Mann, der von seinem physischen Begehren überwältigt wird, ist »gierig wie ein vierfüßiges Tier, sich zu paaren und Kinder zu zeugen, doch empfindet er in seiner Hingabe an die Lüsternheit weder Furcht noch Scham, wenn er einem Vergnügen nachgeht, das unnatürlich ist«. (*Phaidros* 250e) Die Seele ist gespalten, besonders in einer Welt, die bereits durch die Trennung des Männlichen vom Weiblichen vereinfacht ist: Wieder kann die Trennung nicht als Garant für Einheit dienen.

In der Sexualität wie in der Erkenntnis erzeugt die Spannung zwischen Einheit und Differenz eine Harmonie, die zunehmend komplexer wird, indem sie zurückstrahlt auf das Spannungsverhältnis von Liebe und Aggression, Gleichheit und Hierarchie, Kooperation und Herrschaft. Diese Spannungen lassen sich in allen platonischen Dialogen feststellen, besonders dort, wo der Eros explizit als Führer zur Wahrheit auftaucht, also im *Symposion* und im *Phaidros*. Um zu erkennen, wie das Sexualitätsmodell in Platons erkenntnistheoretischen Strategien funktioniert, müssen wir zunächst mehr vom Sexualethos und der Geschlechterideologie seiner Zeit verstehen.

Als erstes müssen wir die bereits bekannte Feststellung treffen, daß Platons Unterscheidung zwischen homosexuellem und heterosexuellem Eros ein Echo auf die institutionalisierten Einteilungen innerhalb seines Kulturkreises ist. Das Maß, in dem attische Ehefrauen und Ehemänner in unterschiedlichen Sphären lebten, kann in gewissem Grade danach beurteilt werden, in welchem Maß die Ehe an den Vorsatz der Fortpflanzung gebunden war. Die Objekte seines sexuellen Begehrens suchte der männliche Bürger Athens normalerweise anderswo – bei Kurtisanen oder bei anderen Männern. Innerhalb des Spielraums der männlichen homosexuellen Aktivität herrschte eine weitere Einteilung in der griechischen Konvention und auch in Platons Schriften. Sexuelle Verbindungen zwischen sozial Gleichrangigen wurden scharf differenziert, sowohl in der Art des Verkehrs, als auch auf der Ebene des Erwünschtseins, wobei auf der einen Seite der sexuelle Umgang zwischen den Bürgern stand und auf der anderen Seite der Verkehr mit Sklaven, Fremden oder Prostituierten. Folglich existierten nicht zwei, sondern drei Modelle für sexuelle Beziehungen, die drei grundsätzlich unterschiedlichen Arten von Beziehungen und Graden der Respektiertheit entsprachen. (Sexuelle Beziehungen zwischen Frauen wurden, zumindest in Athen, weitgehend ignoriert.)

Für Platon war das am höchsten bewertete und einzig relevante Modell die Beziehung zwischen einem männlichen Erwachsenen (dem *erastes*, dem Liebhaber) und einem Jüngling von vergleichbarer sozialer Stellung (dem *eromenos*, dem Geliebten). Diese Beziehung wurde in mehreren wesentlichen Aspekten von Sodomie und heterosexuellem Verkehr abgegrenzt. Obwohl diese Beziehung im allgemeinen zwischen einem älteren und einem jüngeren Mann stattfand, war es die einzig mögliche sexuelle Beziehung zwischen sozial Gleichrangigen; es war außerdem die einzige sexuelle Beziehung, die normalerweise in einer vis-à-vis-Stellung ausgeübt wurde, in einem Zwischenschenkelverkehr. Wie Dover (1980) aufgrund seiner Untersuchungen an attischen Vasenmalereien feststellt, ist »der Zwischenschenkelverkehr üblich, wenn das sexuelle Objekt männlich ist; er ist jedoch unbekannt, wenn das Objekt weiblich ist«. (S. 99) Die am häufigsten dargestellte Position für heterosexuellen Verkehr ist die *a tergo*, bei der »die Frau sich vornüber beugt, während der Mann steht und sie von hinten und unten penetriert« (S. 100), also in einer Position, die der homosexuellen analen Kopulation ähnelt, wie sie gewöhnlich auf Vasenmalereien dargestellt wurde, und die ganz allgemein Herrschaft bezeichnet. Um in den Begriffen der zeitgenössischen Formen des Geschlechtsverkehrs zu sprechen, unterscheidet sich die Beziehung zwischen *erastes* und *eromenos* (die päderastische Beziehung) durch ihre Vermeidung der Aufteilung in einen dominierenden und einen subordinierten Part, eine Aufteilung, die für den heterosexuellen Verkehr wie für den homosexuellen Analverkehr charakteristisch ist. Entscheidend ist die Verbindungslinie zwischen den beiden Formen des homosexuellen Verkehrs. Ein Mann, der die unterwürfige Rolle annimmt, verletzt die Konventionen des »legitimierten Eros«. Er wird als jemand angesehen, der seine Integrität aufgibt, indem er in einen Aggressionsakt gegen sich selbst einwilligt und damit seine Rolle als athenischer Bürger verwirkt. Er »löst sich aus den Reihen der männlichen Bürgerschaft und stellt sich mit Frauen und Fremden auf eine Stufe«. (S. 103) Schlimmer noch, »ein Mann, von dem angenommen wird, daß er alles getan hat, was sein älterer homosexueller Partner von ihm verlangt hat, wird beschuldigt, sich prostituiert zu haben«. (S. 103) In beiden Fällen hat er seinen Anspruch auf Männlichkeit preisgegeben.

Entscheidend für die Legitimität der päderastischen Beziehung ist also die Bewahrung der Würde, vor allem auf seiten desjenigen, der Geliebter ist. Der *eromenos* muß nicht nur seine Weigerung demonstrieren, sich dem Willen seines *erastes* zu unterwerfen; ebenso wichtig ist seine Beherrschung, nicht das Begehren des älteren Mannes zu teilen. In den Vasenmalereien des antiken Griechenland sind nur Frauen und entrechtete Männer als diejenigen dargestellt, die einen befriedigenden sexuellen Genuß in der passiven Rolle erleben. Der *eromenos* dagegen starrt ungerührt vor sich hin. Er mag Gemütsbewegung empfinden, doch niemals sexuelles Begehren. Dazu bemerkt Xenophon: »Der Knabe teilt nicht die Lust des Mannes beim Verkehr, wie eine Frau es tut; kühl und nüchtern schaut er auf den anderen, der von sexueller Begierde trunken ist.« (*Symposion des Xenophon* 8.21, zitiert nach Dover, S. 52) Männer dürfen Lust empfinden, ohne ihre Männlichkeit zu bedrohen, jedoch nur, wenn sie die aktive Rolle einnehmen. Es ist also nicht die Art von Begehren, die Männer und Frauen vergleichbar macht, sondern die Verbindung von Begehren mit Passivität, eine Verbindung, die nicht nur als Erlaubnis, sondern als Aufforderung zu aggressiver Dominanz verstanden werden muß.

»Legitimierter Eros«, der gegenseitiges Einverständnis und gegenseitigen Respekt zur Voraussetzung hat, wird klar abgegrenzt von nichtlegitimierter Homosexualität, wodurch bewirkt werden soll, alle aggressiven und unterwürfigen Konnotationen auszuschließen. Daß es so ist, ist nicht nur eine Folge der sozialen Gleichrangigkeit der Betroffenen, sondern liegt vielmehr an der empfindlichen Balance von Gleichrangigkeit und Hierarchie. Die Symmetrie im sozialen Status wird ausgespielt gegen die Asymmetrie im Alter einerseits und gegen die Verteilung des Begehrens andererseits. Liebhaber zu sein bedeutet, älter und weiser zu sein, gleichzeitig aber auch, Sklave der Begierde zu sein. Der Geliebte, der »sich weder der sexuellen Lust noch seinem sexuellen Partner unterwirft« (Golden 1981, S. 129), ist in der Lage, das Ungleichgewicht wieder auszugleichen und seine Würde zu behalten, gerade weil er nicht von Empfindungen überwältigt und versklavt wird. Die Dynamik löst sich in Richtung auf Gleichrangigkeit auf, aber sie behält die Prägung ihrer eigenen inneren Hierarchien.

Zusammenfassend läßt sich von der päderastischen Beziehung sagen, daß sie ein Modell für nicht-reziproke, aber relativ gleichberechtigte Sexualität darstellt, und das in einer Kultur, die kein Modell für reziproke Sexualität unter Gleichrangigen anerkannte. Ein solches Modell paßt nur unvollkommen in Platons Bedürfnisse. Seine Vorstellung von einer seelischen Verbindung zwischen Geist und Idee, einer Verbindung verwandter Substanzen, erforderte einen höheren Grad von Reziprozität, als irgendein Sexualitätsmodell, das den Menschen seiner Kultur zur Verfügung stand, es erlaubte. Für ein Modell von solcher Reziprozität entwarf er ein neues Bild der päderastischen Liebe, das seiner Vorstellung entsprach – »völlig sinnlich in seiner Wirkung, doch jeden sexuellen Vollzug negierend, indem es physische Erregung in imaginative und intellektuelle Energie umsetzte«. (Vlastos 1981, S. 22) Platons Modell umreißt eine neue Form von Gegenseitigkeit: eine Beziehung zwischen zwei gemeinsam beteiligten Liebhabern und nicht mehr die herkömmliche Beziehung zwischen dem leidenschaftlichen Liebhaber und dem leidenschaftslosen Geliebten. In diesem Modell sind Begehren und Beherrschung gleichmäßiger verteilt (siehe Halperin 1983). Die Wahrnehmung jugendlicher Schönheit ruft Liebe und Verehrung hervor. Bei einem Mann, der noch nicht verdorben ist, der noch nicht daran gewöhnt ist, sich der Sinnlichkeit zu unterwerfen, inspiriert der Eros die Seele; die Liebe befähigt ihn, den Übergang vom »Vertrauten«, der Schönheit auf Erden, zum Absoluten, der »himmlischen Vorstellung«, zu vollziehen: »Mit seinen Augen empfängt er die Emanation der Schönheit, durch die das Gefieder der Seele sich nährt und heiß wird... wenn der nährende Balsam auf das Gefieder fällt, schwillt jeder Federkiel unter der ganzen Oberfläche der Seele und droht aus seinen Wurzeln zu wachsen; denn ursprünglich war die Seele rundum gefiedert. Jetzt ist alles im Zustand des Aufruhrs und der Erregung.« (*Phaidros* 251 b)

Angeregt durch die Wahrnehmung seiner eigenen Schönheit, die sich in den Augen seines Liebhabers widerspiegelt, wird der Geliebte seinerseits erregt. Der Eros des Liebhabers hat einen Gegen-Eros evoziert, »die Reflexion der Liebe inspiriert (den Geliebten)« (*Phaidros* 255):

»Wenn Intimität zwischen ihnen hergestellt ist,... beginnt der ›Strom des Begehrens‹ in vollem Fluß zum Liebhaber zu strömen. Ein Teil davon fließt in ihn hinein, wenn sein Herz aber gefüllt ist, fließt der Rest über, und wie ein Windstoß oder ein Echo von einer weichen oder festen Oberfläche zurückspringt und zu seinem Ursprungsort zurückgetragen wird, so kehrt der Strom der Schönheit zu seiner Quelle in der Schönheit des Geliebten zurück. Sie tritt durch dessen Augen ein, die der natürliche Verbindungsweg zur Seele sind, und wenn sie die Seele erreicht und sie erregt hat, dann balsamiert sie die Teile der Seele, aus denen die Federn sprießen, und regt das Wachstum der Flügel an, und währenddessen ist die Seele des Geliebten mit Liebe erfüllt.« (*Phaidros* 255 b-d)

Durch diese gegenseitige Rückstrahlung, bei der jeder Liebhaber die Schönheit des anderen spiegelt, ist der Eros sowohl inspirierend als auch inspiriert, indem er Flügel in den Liebhabern ausbreitet und sie beide gemeinsam immer höher führt bis zu absoluter Schönheit und Wahrheit. Dieses erotische Geben und Nehmen, oder gegenseitige Sich-Erheben, beginnt nicht einfach im physischen Begehren, um es schließlich hinter sich zu lassen; der physische Eros, der jetzt ein gegenseitiger ist, bleibt der entscheidende Anstoß. »Wie sein Liebhaber fühlt der Geliebte, wenn auch weniger stark, ein Begehren zu sehen, zu berühren, den anderen zu küssen und das Bett mit ihm zu teilen. Und natürlich dauert es nicht lange, bis diese Wünsche im Handeln erfüllt erden.« (*Phaidros* 255e)

Platon hat offenbar ein Modell für die körperliche Liebe entwickelt, das eine Gegenseitigkeit des Begehrens erlaubt, ohne die Männlichkeit oder die Würde des Geliebten zu verletzen, ohne eine Einteilung in dominierende und subordinierte Rollen vorzunehmen oder Aggression zu bewirken, die in einer Rollenteilung beeinhaltet ist. Aber diese Reziprozität hat ihren Preis, und der bedeutet sexuelle Beherrschung. Sollen der Seele Flügel wachsen, muß der tatsächliche sexuelle Vollzug vermieden werden. »Wenn die höheren Elemente in ihren Gemütern vorherrschen und sie zu einer Lebensführung leiten, die streng dem Ziel unterworfen ist, Weisheit zu erlangen, dann werden sie (die Liebenden) ihre Zeit auf Erden in Glück und Harmonie verbringen; wenn es ihnen gelingt, den Teil der Seele zu unterdrücken, der den Sitz des Lasters beherbergt, und denjenigen freizusetzen, in dem die Tugend ihren Ursprung hat, dann werden sie sich zu beherrschen wissen, und ihre Seelen werden Frieden haben. Wenn dieses Leben schließlich zu Ende geht, werden ihre Flügel sie in die Höhe tragen.« (*Phaidros* 256 a-b) Auf dieses Ziel müssen beide Partner gemeinsam hinwirken, indem sie den »mäßigenden Einfluß von Bescheidenheit und Einsicht« ihren niederen Impulsen entgegensetzen.

Sollten sie jedoch der Versuchung erliegen, wird ihnen das Ziel der Erkenntnis und der absoluten Schönheit verlorengehen. Mit dem sexuellen Vollzug droht die Rückkehr des Irrationalen und des Aggressiven. In dem platonischen Modell erfordert die durch Liebe geleitete Erkenntnis (die einzig wahre Form der Erkenntnis) nicht nur eine Trennung der Ordnung von der Unordnung, sondern auch eine Trennung des Erotischen vom Aggressiven. Wie stark auch bei Platon der Eros von körperlichen Impulsen bestimmt ist, eine solche Trennung ist letztlich nur möglich, wenn diesen Impulsen Einhalt geboten wird. Der Status des sinnlichen Körpers bleibt der eines Sklaven: untergeordnet, unterworfen und aus dem Reich der Philosophie ausgeschlossen. Nur so kann sich bei Platon die Erkenntnis der Freiheit einer erotischen Gegenseitigkeit erfreuen.

Es ist wichtig festzustellen, daß weder Platons Epistemologie noch seine Kosmologie oder sein Liebesmodell frei sind von Hierarchien. Immer und überall schauen das Auge, die Seele und der Geist nach oben. Und wieder dient Platon sein eigenes Sexualitätsmodell als Paradigma: Es enthält die Wurzeln für die Ausrichtung seines Denkens, indem es die Gegenseitigkeit der Vereinigung von Geist und Idee illustriert. Der Geliebte lernt von seinem älteren und weiseren Liebhaber über die Liebe, indem er den Eros des anderen widerspiegelt, jedoch in geringerem Maße. Die Spiegelmetapher ist nicht so zu verstehen, daß sie die innere Hierarchie der Beziehung auflöst; sie stellt vielmehr die Mittel zur Verfügung, mit denen sich die Seelen des Liebhabers und des Geliebten innerhalb ihrer Hierarchie erheben können. Im Verhältnis zu seinem *eromenos* ist der *erastes* ein Lehrer, doch im Verhältnis zur Erkenntnis ist er ein Schüler, der ständig nach oben schaut. In der Widerspiegelung lernt auch der Geliebte, nach oben zu schauen. Gemeinsam erklimmen sie die »Leiter der Liebe«, wobei der *erastes* immer die Führung hat. Auf ihm vor allem liegt die Verpflichtung, »seinen Weg nach oben durch den richtigen Gebrauch seiner Liebesempfindung für Knaben« anzutreten. (*Symposion* 211 b) Eben wie Diotima es erklärt:

»Beginnend mit einzelnen Beispielen von Schönheit in dieser Welt, die man als Stufen benutzt, um allmählich hinaufzusteigen, mit jener absoluten Schönheit als Ziel, von einem Augenblick der physischen Schönheit zu einem zweiten und von diesem zweiten zu allen anderen und dann von der physischen Schönheit zur moralischen Schönheit und von der moralischen Schönheit zu der Schönheit der Erkenntnis, bis man von der Erkenntnis einzelner Dinge zu der höchsten Erkenntnis gelangt, deren einziger Gegenstand eben jene absolute Schönheit ist, und man schließlich erkennt, was absolute Schönheit ist.« (*Symposion* 211 c)

Platons Neukonzeption der päderastischen Liebe, die zwar immer noch hierarchisch, aber frei von Herrschaft ist, stellt eine Metapher für eine Art von Erkenntnis dar, die eine erotische ist, aber weiterhin an ihren eigenen inneren Ungleichheiten leidet. Da schließlich auch hier nicht der Geliebte selbst das Objekt der Liebe ist, sondern vielmehr das »Abbild« der Idee in ihm (vgl. Vlastos 1981, S. 31), sind es nicht die Objekte selbst, von denen jemand Verstehen oder Erkenntnis erwartet, sondern die Ideen, auf die sie verweisen. Mißachtung des Körper gewordenen Individuums auch für sich selbst durchzieht Platons gesamtes philosophisches System, soweit es sich auf seine Liebestheorie bezieht. Indem beide immer das Personale und das Partikulare zu transzendieren suchen, sind sie »eindeutig ideozentrisch«, wie Vlastos es nennt (1981, S. 30). Indem Platon die Materie aus seiner Erkenntnistheorie ausschließt und den Vollzug der Sexualität aus seiner Definition des idealen Eros, gewinnt er dennoch nicht die Freiheit, sich der konzeptuellen Lehre von der Gleichheit aller zu freuen, ebensowenig, wie die Verbannung der Sklaven aus der Polis dazu angetan war, Bedingungen für eine wahre Demokratie zu schaffen. In seiner politischen Theorie wie in seiner Philosophie bleibt das Bedürfnis nach Absolutismus, wenn auch einem wohlmeinenden, bestehen.

In der Neuzeit ist der Naturphilosoph mit der Erkenntnis der materiellen Natur beschäftigt, eine Beschäftigung, die den ideozentrischen Schwerpunkt des platonischen Denkens ausschließt. Doch vieles von Platons spezifischer Strukturierung der intellektuellen und emotionalen Landschaft überlebt in dieser neuen Weltsicht. Besonders seine Trennung zwischen dem Geistigen und dem Physischen besteht weiter in der gegenwärtigen Unterscheidung zwischen dem Theoretischen und dem Experimentellen und ebenso in der Unterscheidung zwischen rein und angewandt. Im Bereich der theoretischen Physik sucht der moderne Physiker nach den Gesetzen der Natur; er sucht die Gemeinschaft mit dem Verbund von Kräften, denen die materielle Natur untergeordnet ist. Natur an sich bleibt geteilt in ihre materiellen und geistigen Substanzen, wobei die ersten beschrieben werden als den letzten »gehorchend«. Die interne Struktur der theoretischen Welt reflektiert eine Hierarchie, die der platonischen ähnlich ist: Das Ideal der Physik ist die Entdeckung eines einzigen, vereinheitlichten Naturgesetzes, von dem alle anderen Gesetze abgeleitet werden können. Indem der moderne Wissenschaftler aber seine Aufmerksamkeit der physischen Welt an sich zuwendet, muß er sich notwendigerweise über Platons strikte Ablehnung der Einbeziehung des Physischen hinwegsetzen; dadurch wirkt er mit an der Aggression, die Platon hatte vermeiden wollen. Der Gegenstand seiner Forschung ist nicht mehr die platonische Idee, ein vergeistigtes Destillat aus männlicher Sexualität, sondern die materielle Natur, der physische Rahmen einer weiblichen Sexualität. Dementsprechend ändern sich die Ziele und sogar die Methoden der Wissenschaft. Vor allem ändert sich die Bedeutung von Verstehen. Übereinstimmend mit der Verlagerung vom männlichen zum weiblichen Objekt, ist das Ziel des Verstehens nicht länger die Gemeinsamkeit, sondern die Macht: Das Ziel ist die Beherrschung der Natur. Man kann also sagen, daß die moderne Wissenschaft Platons Texten folgt, doch ohne auf seinen warnenden Rat zu hören. In seinen Schriften ist es als unvermeidlich dargestellt, daß der Verkehr mit der physischen Natur die Art von Herrschaft und Aggression heraufbeschwört, die für Frauen und Sklaven angemessen ist. Die Sprache der modernen Wissenschaft scheint diese Unvermeidbarkeit zu bestätigen, indem sie einen neuen Fundus von Sprachbildern verwendet; die homoerotische Vereinigung wird ersetzt durch heterosexuelle Unterwerfung.

Die expliziteste Quelle für die neuen Sprachbilder, die in der Neuzeit auftauchen, findet sich bei Francis Bacon, der manchmal auch als der Architekt der modernen Wissenschaft gewürdigt wird und wohl am bekanntesten ist durch die Aufstellung seiner Gleichung von Wissen und Macht. Bacon betrachtet Wissenschaft nicht als eine erhabene Liebesbeziehung zur »substantiellen Natur der Dinge«, sondern als eine »keusche und gesetzmäßige Ehe von Geist und Natur« (siehe 2. Kapitel).

Die Keuschheit dieser Ehe wahrt die Grenzen zwischen Geist und Natur und sichert durch diese Grenzziehung die Unterschiede zwischen den Ehegatten: Die Natur ist zwar gesetzesgebunden, aber frei von Geist. Die Keuschheit erfüllt in Bacons Metapher eine vergleichbare Funktion wie die sexuelle Zurückhaltung bei Platon, die für die Trennung von Eros und Aggression sorgt: Die Keuschheit bewahrt die Beziehung des Wissenden zu dem Wissensgegenstand mehr vor dem Eros als vor der Aggression. In keinem der beiden Entwürfe ist die materielle Natur (die bei Platon wie bei Bacon weiblich ist) in eine partnerschaftliche Liebesbeziehung einbezogen: In dem einen wird sie in einen anderen Bereich verwiesen, in dem anderen wird sie verführt und unterworfen. Bar ihrer schützenden Hülle, ist sie der Durchdringung selbst ihrer »innersten Kammern« ausgesetzt und ihrer Macht beraubt. Ihre Geheimnisse sind erkennbar geworden. In der Neuzeit sind die Furien nicht nur unterworfen, sondern besiegt. Bei allen Unterschieden zwischen Platon und Bacon ist wohl das Erstaunlichste, in welchem Maße die Veränderungen – wenn man die Verlagerung der Aufmerksamkeit auf die Erforschung der materiellen Natur voraussetzt – unmittelbar aus Platons eigener Spaltung des Geistigen und des Physischen, des Erotischen und des Aggressiven hervorgehen. Die hierarchische Beziehung zwischen Geist und Materie, zwischen männlich und weiblich, die Bacon aus Platons Weltbild übernimmt, beinhaltet wieder die Aggression, die Platon ausgeschlossen hatte. Obwohl Bacon die platonische Lehre verwirft, bleibt er doch den grundlegenden Kategorien seines Vorläufers treu, und seine Vorstellung von Erkenntnis beinhaltet dieselben Ambiguitäten, die es schon bei Platon gibt. (In welcher Weise, werden wir im folgenden Kapitel untersuchen.)

Es wäre naheliegend, diesen Essay damit zu beschließen, alternative Texte oder andere Sexualitätsmodelle der Philosophiegeschichte heranzuziehen. Platons Definition einer neuen Form der päderastischen Liebe war durch die für ihn verbindlichen Modelle seiner Kultur eingeengt und durch die Beschränkungen, die diese dem menschlichen Begehren und seinen Ausprägungen auferlegten. Setzt man diese Beschränkungen voraus, dann hätte das einzig vorstellbare Modell, das als Beispiel für reziprok vollzogene Sexualität, die nicht automatisch Aggression evoziert und zur Herrschaft auffordert, hätte dienen können, aus der weiblichen homosexuellen Erfahrung heraus entstehen müssen oder aus einer weiblichen Sicht auf die heterosexuelle Erfahrung. Die Fragestellung, die sich aus dieser Analyse ergibt, ist jetzt offensichtlich: Wie kann eine andere Auffassung von Sexualität und von Männlichkeit den Erkenntnisbegriff verändern, die Auffassung von der Beziehung des Geistes zur Natur, den Platon uns hinterlassen hat?

2. Kapitel:
Baconische Wissenschaft:
Die Kunst von Herrschaft und Gehorsam

In der sozialwissenschaftlichen Kritik der modernen Wissenschaft ist es üblich geworden anzunehmen, daß Kontrolle und Herrschaft die Grundimpulse für wissenschaftliche Forschung sind. Für diese Kritiker sind die Motive für das wissenschaftliche Arbeiten offensichtlich von Bacon festgelegt worden, denn er war es, der als erster und am entschiedensten die Gleichung von wissenschaftlicher Erkenntnis und Macht aufgestellt hat und der die Ziele der Wissenschaft mit Kontrolle und Beherrschung der Natur gleichgesetzt hat. Diese Ansicht zeigt ein spezielles Verständnis von Wissenschaft und von Bacon.

Bacons Schriften eignen sich ohne weiteres für diese Lesart. Indem Bacon Platons hoch abstrakte und zutiefst erotische Verbindung von Geist und Idee ablehnt – und auch alle anderen wichtigen Denktraditionen vor ihm –, ist die Formulierung seiner Vorstellungen provokativ und aggressiv. In seiner Auffassung von Wissen als Macht glaubte er die Rettung zu erkennen. Tatsächlich sollte die Rettung der Menschheit in der Macht des Wissens gefunden werden. Dabei lag es in der moralischen Verantwortlichkeit des Menschen, diese Macht zu ergreifen und auszuüben. Bacons Zeitgenossen muß seine Vorstellung von Wissen als Macht und als Rettung in jeder Hinsicht phantastisch vorgekommen sein. Für uns heute gilt er als Vorausdenker in dem ersten Aspekt und erscheint uns naiv im zweiten Aspekt.

Im Laufe der historischen Entwicklung hat Bacons Vorstellung ein neues, jedoch verändertes Interesse erfahren. Öffentliches Vertrauen und Optimismus haben den Weg für Ängste freigemacht, und manche Wissenschaftskritiker machen sich erneut Sorgen über die Aggression in den Antriebskräften zur wissenschaftlichen Arbeit. Gerade weil die Wissenschaftspraxis viel expliziter und spannungsreicher mit Machtfragen konfrontiert ist, sind die Wissenschaftler in ihren Schriften vorsichtiger und abwägender geworden, wenn es um die Darstellung der Art ihrer Untersuchung geht. Daher gewinnt Bacon für diese Kritiker seine Bedeutung als Vorausdenker und als ein Denker von kühner und enthüllender Ernsthaftigkeit zurück.

Gleichzeitig gilt seine Auffassung bei anderen, vor allem bei den Verteidigern der Wissenschaft, als grob verzerrt. Sie sprächen mehr für den Technologen als für den Wissenschaftler, dessen Forschung mehr auf die Transzendenz gerichtet sein sollte als auf die Macht. Bacon, das muß eingeräumt werden, war nicht wirklich Wissenschaftler. Insofern wird die Wissenschaft durch die Distanzierung von den unliebsamen Implikationen seiner Sichtweise verteidigt. Diese Sichtweise mag sehr wohl vorausschauend für die Technologie gewesen sein, für die reine Wissenschaft ist sie letztlich irrelevant.

Ich vertrete die Meinung, daß Bacon tatsächlich ein Modell geliefert hat, das dem Geist des Wissenschaftsimpulses mehr entspricht, als die Verteidiger der Wissenschaft im allgemeinen wahrhaben wollen, und das komplexer ist, als viele ihrer Kritiker erkannt haben.

Eine der Möglichkeiten, wie die Feinheiten in Bacons Modell ihren Ausdruck finden, liegt in der sexuellen Dialektik, die seinen Metaphern einbeschrieben ist. Bacons Sichtweise war nicht einfach nur prophetisch und nicht einfach nur eine Fehlvorstellung von dem aufkommenden Unternehmen Wissenschaft. Wenn wir seine lebendigen Metaphern sorgfältig untersuchen, wie ich es mir vorgenommen habe, und dabei besondere Aufmerksamkeit auf seinen Gebrauch des Genus richten, finden wir Spuren einer Dialektik, die sehr viel komplizierter und daher sehr viel reicher in ihren Bedeutungen ist, als die Kritiker oder die Verteidiger der Wissenschaft anzunehmen bereit sind. Die sexuelle Bildlichkeit in Bacons Sprache ist nicht so kohärent und nicht so deutlich artikuliert wie bei Platon, dennoch ist es lohnend, Bacon als einen Gegenpart zu Platon hier zu untersuchen. Bacon stellte eine Sprache zur Verfügung, aus der nachfolgende Generationen von Wissenschaftlern eine konsistentere Metapher für gesetzmäßige sexuelle Herrschaft extrahiert haben.

Bacons Metapher

Was war Bacons Vorstellung? Sie richtete sich ohne Zweifel auf eine Wissenschaft, die zur Souveränität, Herrschaft und Überlegenheit des Menschen über die Natur führen sollte, zur »Befehlsgewalt über die Natur«. (ed. Anderson 1960, S. 19) In der Wissenschaft »treffen menschliches Wissen und menschliche Macht zusammen« (ebd., S. 39), hier findet des Menschen angeborenes Streben nach Macht sein konstruktives, edles und humanes Betätigungsfeld. Bacon unterscheidet drei Arten oder Grade von Machtstreben:

»Die erste Art findet sich bei denjenigen, die ihre eigene Macht in ihrem Heimatland ausweiten wollen, das ist eine vulgäre und verderbte Art. Die zweite findet sich bei denjenigen, die danach streben, die Macht und Herrschaft in ihrem Land unter den Menschen auszuweiten. Das hat sicherlich mehr Würde, jedoch nicht weniger Habgier. Doch wenn ein Mann danach strebt, Macht und Herrschaft der menschlichen Rasse über das Universum zu erlangen und auszudehnen, dann ist sein Ehrgeiz (wenn man das Ehrgeiz nennen kann) ohne Zweifel eine umfassendere und edlere Sache als die anderen beiden. Nun hängt die Herrschaft des Menschen über die Dinge vollkommen von den Freien Künsten und Naturwissenschaften ab. Denn wir können der Natur nur befehlen, indem wir ihr gehorchen.« (ebd., S. 29)

Durch Wissenschaft und Handwerk (gemeint ist Technologie oder Technik) kann der Mensch zwar nicht die Macht erlangen, die Welt zu verändern, aber seine Beziehung zur Welt. Das Ziel der Wissenschaft war für Bacon »die Wiederherstellung der Macht des Menschen und seine Wiedereinsetzung in die Vorherrschaft... die er im ersten Stadium seiner Schöpfung einmal hatte«. (Robertson 1905, S. 188) Mit welchen Mitteln, so muß man fragen, und aus welchen Quellen speiste sich die Wissenschaft, daß sie so viel Macht erlangen konnte? Und welche Form sollte sie annehmen?

Bacons Antwort auf diese Fragen ist metaphorisch – und zwar durch den häufigen und plastischen Gebrauch einer sexuellen Bildsprache. Die metaphorische Verwendung des Genus und der Gebrauch einer sexuellen Bildsprache waren in Naturbeschreibungen ziemlich üblich, und vielleicht war das der Grund dafür, daß sie bei Bacon niemandem besonders aufgefallen sind. Es ist jedoch wichtig zu erkennen, wie tief Bacons Verwendung des Genus in seine Konzeption von Überlegenheit und Herrschaft einbezogen ist. Die Tatsache, daß Überlegenheit und Herrschaft, die auf die Natur ausgeübt werden, konstant als *she* verwendet werden, kann kaum unserer Aufmerksamkeit entgehen und ist auch nicht unbemerkt geblieben (siehe dazu Leiss 1972, S. 60). Bei näherer Untersuchung läßt sich feststellen, daß Bacons Gebrauch des Genus so einfach nicht ist. Weniger deutlich, aber dennoch sichtbar, ist eine ziemlich komplexe sexuelle Dialektik – eine Dialektik, deren Komplexitäten nicht freiwillig sind, die jedoch als Teil einer Darstellung des Wissenschaftsimpulses interpretiert werden können. Um den dialektischen Charakter von Bacons Bildsprache zu erkennen und die umfassende Bedeutung seiner Metapher zu erhellen, ist es sinnvoll, einige Formulierungen nebeneinander zu stellen, auch solche Ausdrücke, die schon ziemlich abgegriffen sind. Stehen sie für sich allein, werden sie reichlich bekannt erscheinen, doch im Zusammenhang erhalten sie eine neue Bedeutung.

»Wir wollen eine keusche und gesetzmäßige Ehe zwischen Geist und Natur schließen«, schrieb er (zit. bei Leiss 1972, S. 25), und an anderer Stelle: »Mein lieber, lieber Junge, was ich für dich vorhabe, ist, dich mit den Dingen selbst in einer keuschen, heiligen und legalen Ehe zu vereinigen. Und aus dieser Verbindung wirst du dir einer Vermehrung sicher sein können, die alle Hoffnungen und Gebete gewöhnlicher Ehen übersteigt, nämlich eine gesegnete Rasse von Helden und Supermännern.« (Farrington 1951, S. 201) Das Wort *Dinge* ist an dieser Stelle weit davon entfernt, neutral zu sein. An anderer Stelle (in demselben Werk) ist er expliziter. Die Natur selbst soll die Braut sein, die nach Zähmung, Formung und Unterwerfung durch den wissenschaftlichen Verstand verlangt. »Ich bin in der wahrhaftigen Absicht gekommen, die Natur mit all ihren Kindern zu dir zu führen, sie in deine Dienste zu stellen und sie zu deiner Sklavin zu machen.« (ebd., S. 197) An anderer Stelle schreibt er etwas freundlicher: »Ich lade alle ein, sich mir als treue Söhne des Wissens anzuschließen, auf daß wir gemeinsam die Außenhöfe der Natur passieren, die schon Unzählige durchmessen haben, damit wir dort entlang einen Weg in ihre inneren Kammern finden.« (ed. Anderson 1960, S. 36) Die Natur mag spröde sein, aber sie kann erobert werden, »denn du hast nichts anderes zu tun als zu folgen, und wenn das hieße, der Natur auf ihrer Wanderschaft nachzustellen, und du wirst in der Lage sein, wenn du willst, sie anschließend an ihren richtigen Platz zurückzuführen und zu lenken«. (ed. Spedding et al. 1869, 4, S. 296) Die Disziplin der wissenschaftlichen Erkenntnis und die technischen Neuerungen, zu denen sie führt, »erfordern keineswegs eine sanfte Führung des Naturverlaufs; sie haben die Macht, die Natur zu erobern und zu unterwerfen, und sie in ihren Grundfesten zu erschüttern«. (ed. Spedding et al. 1869, 5, S. 506) Dies alles steht jedoch im Dienst der Wahrheit. Indem wir die Natur erobern und unterwerfen und in ihren Grundfesten erschüttern, verändern wir sie aber nicht, sondern wir enthüllen sie, denn »die dingliche Natur betrügt sich selbst leichter unter dem zwingenden Einfluß der Künste« (gemeint ist Technik oder Handwerk) »als in ihrem natürlichen Frieden«. (ed. Anderson 1960, S. 25)

Bacons Formulierung ist jedoch nicht nur aggressiv – sie ist auch als Antwort zu verstehen. Er schreibt: »Denn der Mensch ist nur Diener und Interpret der Natur: Was er tut und was er weiß, ist nur das, was er in der Ordnung der Natur tatsächlich oder im gedanklichen Vollzug beobachtet hat; außerhalb dessen weiß er nichts und kann er nichts vollbringen. Denn die kausalen Verkettungen können durch keine Gewalt gelöst oder gebrochen werden, noch kann die Natur befehligt werden, es sei denn, indem man ihr gehorcht.« (ed. Anderson 1960, S. 29). Es ist nicht das Ziel der Wissenschaft, der Natur Gewalt anzutun, sondern sie zu beherrschen, indem die Diktate des wahrhaft Natürlichen befolgt werden. Das bedeutet, daß es »natürlich« ist, die Natur zu führen, zu formen, ihr nachzustellen, sie zu erobern und zu unterwerfen, nur so kann die wahre »Natur der Dinge« aufgedeckt werden. An dieser Stelle findet die empirische Seite von Bacons Philosophie ihren Ausdruck. Experimente drücken den Tatgeist aus, den Geist eines »Tuns«, das ganz dem »Herausfinden« hingegeben ist. Die Wissenschaft übt Kontrolle aus, indem sie den Diktaten der Natur folgt, doch diese Diktate schließen die Erfordernis, sogar die Forderung nach Herrschaft ein.

Nicht einfach Verletzung oder Vergewaltigung, sondern gewaltsame und aggressive Verführung führt zu Eroberung. Die Alchimie war eine Irreführung, nicht in ihren Zielen, aber in ihren Methoden. Rossi (1968, S. 105) faßt Bacons Interpretation vom Mythos des Erichthonios folgendermaßen zusammen: »Der grundlegende Irrtum chemischer und mechanischer Produktionen besteht nicht darin, daß sie die Natur beherrschen wollen, sondern in ihrer Methode, mit der sie dieses versuchen; sie rauben Minerva, anstatt sie für sich zu gewinnen.«[1]

Allerdings scheint die Unterscheidung zwischen Raub und Eroberung etwas zu subtil. Sie hat etwas von einem Puzzle. Die Natur wird befehligt, indem man ihr gehorcht, sie wird enthüllt, indem man sie versklavt, ihr nachstellt und sie durcheinanderbringt. Die Metapher der Verführung, vor allem der gewaltsamen und aggressiven Verführung, scheint diesen intendierten Ambiguitäten nicht angemessen. Vielmehr werden die Ambiguitäten im Kontext einer so eingegrenzten Metapher zu Kontradiktionen. Wissenschaft hat aggressiv zu sein und auch reagierend, mächtig und auch wohltätig, beherrschend und auch unterwürfig, scharfsinnig und auch unschuldig, »wie wenn sich die göttliche Natur kindlicher Unschuld im Versteckspiel erfreute, bei dem sie sich versteckt, um gefunden zu werden, und mit der typischen Ungeduld den menschlichen Geist herbeisehnt, um sich mit ihm in diesem Spiel zu vereinigen«.(ed. Farrington 1966, S. 92)[2]

Hier wird die Natur göttlich, und die Jagd verkehrt sich in sportliches Spiel, kindlich und unschuldig. Gleichzeitig, und sicherlich nicht zufällig, wird »sie« zu »er«; (*die* Natur wird *der* göttliche Naturzustand). Das Puzzle geht allmählich auf, wenn Bacons Metapher sich ausweitet. Wenn die Natur göttlich wird, dann wird »sie« nicht nur männlich, sondern es impliziert auch, wie wir noch sehen werden, daß der wissenschaftliche Verstand dem Weiblichen nähergerückt wird. Die hier evidente sexuelle Dialektik weist auf eine umfassendere und bedeutungsreichere Metapher für das wissenschaftliche Feld hin, eine Metapher, die expliziter ausgeführt ist in den Fragmenten zu einem weniger bekannten Werk Bacons mit dem Titel *Temporis Partus Masculus* (Die männliche Geburt der Zeit).

Die männliche Geburt der Zeit

Die Fragmente dieses Werkes, die 1602 oder 1603 geschrieben und zu Bacons Lebzeiten nie veröffentlicht worden sind, wurden von Farrington (1951) aus dem Lateinischen übersetzt. Er sagt dazu: »Sie fügen unseren Kenntnissen von Bacons Lehre nichts hinzu, doch werfen sie ein Licht auf seine emotionelle Einstellung zu seinem Werk.« (S. 193) Der Titel wird von Farrington als Anspielung darauf gedeutet, »daß die ältere Wissenschaft nur einen weiblichen Sprößling darstellte, einen passiven, schwachen, abwartenden, doch jetzt ist ein Sohn geboren, ein aktiver, kraftvoller, zeugungsfähiger«. (S. 194)

Der Schlüssel zur Geburt einer männlichen, virilen Wissenschaft muß in der Reinigung des menschlichen Geistes von »falschen Vorurteilen« gesucht werden, als würde das seine Aufnahmefähigkeit erleichtern. Im ersten Kapitel fragt er: »Nimmst du an, daß der menschliche Geist eine makellos glänzende Oberfläche hat, um die Strahlen, die den realen Dingen wahrhaft eigen sind, wahrzunehmen? Tatsächlich ist jeder Zugang zu jedem Geist von den dunkelsten Götzenbildern besetzt und blockiert, oder es sind falsche Vorurteile tief darin verwurzelt oder eingebrannt.« (S. 194)

Die entscheidenden Begriffe in diesem Bild des menschlichen Geistes sind Wahrnehmung und Unterwerfung – ungehinderte Wahrnehmungsfähigkeit für »die Strahlen, die den realen Dingen wahrhaft eigen sind«. Nur dann können »die Erschließung der Wege des Verstandes und das Entzünden eines helleren Lichtes in der Natur« stattfinden.[3] Das Bild der Unterwerfung steht in notwendigem Kontrast zu dem männlichen Bild der Herrschaft, das Bacon bezeichnenderweise benutzte, um die Beziehung von Geist und Natur darzustellen.

In diesem Abschnitt geht es um die richtige Einstellung zum Geist, die notwendig ist, um den Empfang der Wahrheit und die Konzeption der Wissenschaft zu ermöglichen. Um Gottes Wahrheit zu empfangen, muß der Geist rein und sauber, unterwürfig und offen sein. Nur dann kann er eine männliche und virile Wissenschaft ins Leben rufen. Das heißt, wenn der Geist rein, aufnahmebereit und unterwürfig in seinem Verhältnis zu Gott ist, kann er von Gott in einen mächtigen, potenten und virilen Mittler im Verhältnis zur Natur verwandelt werden. Ist der Geist von jeder Verunreinigung gesäubert, kann er von Gott durchdrungen und dadurch gestärkt werden: Er wird potent gemacht und befähigt, eine virile Nachkommenschaft in seiner Vereinigung mit der Natur zu erzeugen.

Die Transformation des Geistes vom Weiblichen ins Männliche kommt in der Struktur dieses Werkes zum Ausdruck. Der erste Teil ist ein Gebet, das mit der Stimme eines Bittstellers an Gott gerichtet ist. Das folgende Kernstück dieses Werkes ist mit der Stimme eines reifen Wissenschaftlers verfaßt, der sich an seinen Sohn wendet, seinen virilen Nachkommen. Von nun an wird Natur unzweifelhaft weiblich: das Objekt von Handlungen. In diesem Zusammenhang ist zu lesen: »Ich bin in der wahrhaftigen Absicht gekommen, die Natur mit all ihren Kindern zu dir zu führen, sie in deinen Dienst zu stellen und sie zu deiner Sklavin zu machen.« In demselben Abschnitt vermacht er diesem Sohn außerdem die Erbschaft »meines einzigen Wunsches auf Erden, nämlich die bejammernswert engen Grenzen der menschlichen Herrschaft über das Universum zu ihren erhofften Ausmaßen auszudehnen«. (S. 197)

Beachten wir die Gott-gleiche Stimme, mit der Bacon hier seinen Sohn und Erben anspricht. Der Sohn seinerseits wird aufgefordert, die Haltung eines Bittstellers anzunehmen: »Also fass ein Herz, mein Sohn, und übergib dich mir, damit ich dich an dich selbst zurückgeben kann.« (S. 201) Die Rückgabe und Wiedereinsetzung des Sohnes beginnt mit der Reinigung seines Geistes von dem Einfluß »falscher Philosophen«, die »unseren Geist verderben« (S. 197). Diesem Ziel ist der Hauptteil des Werkes gewidmet.

Aristoteles, Platon, Galen und Hippokrates treten bei einer höchst schamlosen Entlarvung auf. Sie befördern falsche Lehren, die die wahre Aufnahmefähigkeit des Geistes für »die den realen Dingen wahrhaft eigenen Strahlen« zurückdrängen und hindern. Bacons Sprache ist stark. »In Aristoteles' Brust sind solche verschlagenen und leichtfertigen Müßiggänger ausgebrütet und genährt worden... die finsteren Idole aus irgendeiner unterirdischen Höhle.« (S. 198) Platon wird vorgeworfen, die »falsche Einsicht« ausgegeben zu haben, daß »Wahrheit der eingeborene Bewohner des menschlichen Geistes ist und immer war, und nicht von außen hereinzukommen braucht, um dort seinen Aufenthalt zu nehmen«. (S. 198) Galen wird mit »der boshaften Absicht, die menschliche Macht zu vermindern« (S. 199), belastet.

Das waren die Männer, denen die ältere Wissenschaft ihr Entstehen verdankt, die Wissenschaft, von der Farrington aus Bacons Sicht sagt, daß sie »nur einen weiblichen Sprößling darstellte« im Gegensatz zur »männlichen Geburt«, die Bacon nun ausruft. Auch die Begriffe ihrer Entlarvung bringen dieselbe komplexe Dualität oder Dialektik zum Ausdruck, die wir bereits kennengelernt haben. Die Lehren der Alten sind nicht nur darum gefährlich, weil sie unproduktiv sind, sondern auch, weil sie die Aufnahmefähigkeit entmutigen. Platon lehrte eine falsche Selbstgenügsamkeit; seine Lehre ließ keinen Raum für die Notwendigkeit, daß Wahrheit von außen in den Geist eintreten könne. Der schwerwiegende Irrtum der Alten lag darin, wie Farrington schließt, »daß sie das Universum aus dem menschlichen Geist heraus schöpfen wollten. Diese anmaßende Vereinnahmung des Privilegs des Schöpfers wurde bestraft mit dem Fluch der Unfruchtbarkeit«. (S. 202) Doch nicht nur mit Unfruchtbarkeit, die eine weibliche Unvollkommenheit ist, sondern auch mit Impotenz und der Unfähigkeit, eine virile Nachkommenschaft zu zeugen. Die Irrtümer der Alten waren zahlreicher als nur dieser eine, doch sie alle hatten den gemeinsamen Effekt, Impotenz zu erzeugen, »die menschliche Macht zu vermindern« und die Geburt der wahren und maskulinen Wissenschaft zu verzögern, die, wie Bacon sagt, »im Licht der Natur gesucht werden muß, nicht in der Dunkelheit der Antike«. (S. 200) Die Ursachen für vergangene Impotenz und Feminisierung sind in Bacons Entwurf ebenso komplex wie die Quellen der zukünftigen Potenz.

Als Abschluß des Werkes spricht Bacon die Warnung an den frischbekehrten Wissenschaftler aus, daß die Aufgabe der Reinigung des Geistes sehr schwierig sei und eine lange und aufrichtige Lehrzeit erfordere. Bacon bietet sich selbst als Lehrer und Führer an und verspricht dabei, den jungen Mann an ihn selbst »zurückzugeben«, ihn in eine Ehe zu führen, die »Helden und Supermänner« hervorbringen wird, und ihn auf seinen rechtmäßigen Aufstieg vorzubereiten.

Interpretation und Schlußfolgerung

Die Metapher, die Bacon verwendet, um seine Vorstellung von der Geburt der Wissenschaft zu formulieren, läßt sich nun als von bemerkenswert feinen Zwischentönen durchzogen wahrnehmen. Hinter dem offenen Insistieren auf Virilität und Maskulinität des wissenschaftlichen Geistes liegt eine verdeckte Annahme und Anerkenntnis der dialektischen, sogar hermaphroditischen Natur der »Ehe zwischen Geist und Natur«. Diese Anerkennung kann für sich selbst stehen, denn Bacons Bildsprache enthüllt sich selbst. Es ist jedoch möglich, eine weiterreichende Interpretation zu geben.

Der doppelseitige Charakter der Baconschen Metapher darf nicht nur als Ausdruck der Dualität der wissenschaftlichen Unternehmung gesehen werden, die gleichzeitig empfangend und zeugungsfähig ist, sondern auch als eine allgegenwärtige Phantasie von Kindheitssexualität. Die Männlichwerdung des Wissenschaftlers wie die des Kindes sind ein Geschenk, das man vom Vater erhält. Dieses Geschenk erlaubt dem Wissenschaftler, »Helden und Supermänner« zu zeugen; es stattet ihn mit der Fähigkeit aus, sich selbst zur Welt zu bringen. Besonders dieser Aspekt der Baconschen Metapher, wie auch der kindlichen Phantasie, deckt den implizit bisexuellen Charakter des ödipalen Entwurfs auf. Freud sagt in *Das Ich und das Es*: »Man gewinnt nämlich den Eindruck, daß der einfache Ödipuskomplex überhaupt nicht das häufigste ist, sondern einer Vereinfachung oder Schematisierung entspricht, die allerdings oft genug praktisch gerechtfertigt bleibt. Eingehendere Untersuchung deckt zumeist den *vollständigeren* Ödipuskomplex auf, der ein zweifacher ist, ein positiver und negativer, abhängig von der ursprünglichen Bisexualität des Kindes, d.h. der Knabe hat nicht nur eine ambivalente Einstellung zum Vater und eine zärtliche Objektwahl für die Mutter, sondern er benimmt sich auch gleichzeitig wie ein Mädchen, er zeigt die zärtliche feminine Einstellung zum Vater und die ihr entsprechende eifersüchtig-feindselige gegen die Mutter.« (1923 [1957], S. 38-39)

Der Impuls, sich gleichzeitig mit der Mutter und dem Vater zu identifizieren, findet ausgezeichnet seinen ehrenrettenden und ökonomischen Ausdruck in dem, was Freud als den ödipalen »Wunsch (des Knaben), sein eigener Vater zu sein« (1950, 4, S. 201) bezeichnet. Seine Ökonomie wird durch Bündelung erreicht, und der sich entwickelnde männliche Stolz wird durch Auslassung unterstützt. Diese Phantasie enthüllt aufgrund ihrer Verdichtung so vieler widerstreitender Wünsche den poetischen Genius des Unbewußten des Knaben. Über Verdichtung und Auslassung hinaus erlaubt sie dem verborgenen Weiterleben der Wünsche nicht länger, akzeptiert zu werden, nicht solchen Wünschen, die für feminin gehalten werden. Indem der Knabe sich selbst mit dem Geschlecht der Väter identifiziert, die zeugen können, kann er zugleich seine Unabhängigkeit behaupten und den früheren und widerstreitenden Wunsch nach Identifikation mit der Mutter aufrechterhalten; indem er sich selbst für einen Erzeuger hält, befriedigt er seinen Wunsch nach omnipotenter Selbstgenügsamkeit.

Die Baconsche Metapher ähnelt offensichtlich darin den ödipalen Wünschen (Begierden) des Knaben, daß sie den dualen Impuls bündelt, um sich das Mütterliche zu eigen zu machen und zu negieren. Insofern bedeutet sie eine Umleitung, eine Kompensation und auch eine Möglichkeit, ohne die Mutter zu handeln. Omnipotenz ist durch Identifikation mit dem Vater abgesichert, die zugleich die Aneignung und die Ablehnung des Weiblichen gestattet. Sowohl das Kind wie auch die Wissenschaft haben jetzt Zutritt zur Welt des Mannes.

Im Kontext dieser Interpretation gewinnt die sexuelle Aggressivität von Bacons Bildsprache eine defensive Qualität. Was an dieser unmittelbar ins Auge fällt, ist ihre Ablehnung des Weiblichen als Subjekt – eine Ablehnung, die als generell charakteristisch für wissenschaftliche Unternehmungen angesehen werden kann. Doch wenn wir die Bildsprache genauer untersuchen, finden wir hinter der einfachen Ablehnung eine ihr vorausgehende Entscheidung für den weiblichen Modus – eine Entscheidung, die, setzt man den Initialimpuls für eine Ablehnung voraus, eine immer dringendere und aggressivere Zurückweisung notwendig macht. Das bedeutet, daß der aggressiv männliche Standpunkt des Baconischen Wissenschaftlers als eine Position gesehen werden könnte und jetzt auch so verstanden werden sollte, deren Antrieb in der Notwendigkeit liegt, das abzulehnen, was alle Wissenschaftler, Bacon eingeschlossen, im Privaten kennengelernt haben, nämlich, daß der wissenschaftliche Verstand auf einer bestimmten Ebene ein hermaphroditischer Verstand sein muß.

In diesem Sinne wird Bacons Metapher als ganze genommen bedeutungsvoller und vollständiger und gibt in dieser Vollständigkeit eine genauere Beschreibung des wissenschaftlichen Impulses. Diese Beschreibung mag zwar eine Version des ödipalen Entwurfs darstellen, doch hält diese Version alle bisexuellen Implikationen zurück, die der umfassende Entwurf beinhaltet. In der Gegenwart ist die explizite Rolle Gottes verschwunden, und die wissenschaftliche Phantasie ist in sich geschlossener geworden. Wo Bacon noch in der Lage war, den dualen Aspekt des wissenschaftlichen Geistes aufzuteilen, indem er die eine Funktion der Beziehung des Geistes zu Gott oder zur göttlichen Natur zuwies und die andere der Natur, können zeitgenössische Wissenschaftler das nicht. Für die meisten heutigen Wissenschaftler gibt es nur eine Natur und einen Verstand.[4] Der Wissenschaftler hat selbst die schöpferische Funktion eingenommen, die Bacon Gott zugedacht hatte: Sein Verstand (Geist) ist nun eine einzige Entität, sowohl Phallus wie Mutterschoß. Seine Verwandtschaft zu Bacon überlebt jedoch in seiner gleichzeitigen Aneignung und Ablehnung des Weiblichen.

> und träumen von männlicher
> Vaterschaft, träumen von Gott dem Vater
> der aus sich selbst hervorgeht
> in seinem Sohn – und
> also keine Mutter.
> Hélène Cixous, *Sorties* (1981)

3. Kapitel
Geist und Verstand bei der
Geburt der modernen Wissenschaft

> Niemand hat soviel Macht wie derjenige, der den Elementen beigewohnt hat
> Agrippa, zitiert bei Yates, *Giordano Bruno and the Hermetic Tradition*, S. 136

> Die Magie hat die Macht, Dinge zu erfahren und zu ergründen, die dem Menschlichen Verstand unzugänglich sind. Denn die Magie ist ein großes Geheimwissen, wie der Verstand eine große öffentliche Torheit ist. Darum wäre es wünschenswert und gut für die Doktoren der Theologie, etwas über sie zu wissen und zu verstehen, was sie eigentlich ist, und damit aufzuhören, sie fälschlich und unbegründet Hexerei zu nennen.
> Paracelsus, ed. Jacobi, 1958, S. 137

Die Institutionalisierung der modernen Wissenschaft im England des 17. Jahrhunderts ist ein vertrautes Thema der Wissenschaftsgeschichte, und eine wachsende Zahl von wissenschaftlichen Untersuchungen hat die vielfältigen sozialen und politischen Faktoren beleuchtet, die die philosophischen Debatten um diesen wichtigen historischen Augenblick prägen.[1] Wenn die moderne Wissenschaft sich in einem bestimmten sozialen und politischen Kontext evolutionär entwickelte und dazu beitrug, ihn zu formen, dann fand diese Evolution aus demselben Grund in Verbindung mit einer bestimmten Geschlechterideologie statt und trug dazu bei, diese auszuprägen. Ich behaupte, daß wir nicht wirklich die Entwicklung der modernen Wissenschaft verstehen können, ohne uns darauf zu beziehen, welche Rolle die Geschlechtsmetaphorik bei der Ausbildung eines bestimmten Wertesystems, bestimmter Absichten und Zielsetzungen, die in wissenschaftlichen Unternehmungen verkörpert sind, gespielt hat. In diesem Kapitel hoffe ich, zeigen zu können, daß die Aufmerksamkeit für die Sprache von Sexus und Genus, die im frühen wissenschaftlichen Diskurs so verbreitet ist, ein neues Licht auf diesen entscheidenden Augenblick der Wissenschaftsgeschichte wirft und dazu beiträgt, bestimmte andernfalls als regelwidrig erscheinende Aspekte dieser Geschichte zu erklären. Es zeigt sich also, daß die Geschlechterideologie als ein entscheidender Mittler angesehen werden muß zwischen dem Entstehen der modernen Wissenschaft und den ökonomischen und politischen Veränderungen, die dieses Entstehen begleiten. Unsere Untersuchung kommt zu dem Schluß, daß weder die Gleichsetzung von Geist, Verstand und Männlichkeit, noch die Dichotomien von Geist und Natur, Verstand und Gefühl, männlich und weiblich, historisch invariant sind. Wenn auch die Wurzeln der Gleichsetzungen und Dichotomien schon im Altertum liegen, bezeugte doch das 17. Jahrhundert eine deutliche Polarisierung aller angesprochenen Begriffe. Diese Polarisierung hatte entscheidende Konsequenzen für die Wissenschaft wie auch für unser Verständnis von Geschlechtsspezifik.

Zur Verdeutlichung möchte ich das Augenmerk auf bestimmte intellektuelle Diskussionen lenken, die der Gründung der Royal Society in England unmittelbar vorausgingen. Zahlreiche Autoren haben die Komplexität des geistigen Ursprungs dieser Gesellschaft dokumentiert und uns vor den Schwierigkeiten gewarnt, die eine retrospektive Anwendung gegenwärtiger Wissenschaftskonzeptionen auf diese Epoche der Vergangenheit mit sich bringt. Im 17. Jahrhundert mögen zwar die Naturphilosophen in ihrem Enthusiasmus für eine »Neue Wissenschaft« einig gewesen sein, doch waren sie wohl kaum einig in ihren Vorstellungen von dem, was diese »Neue Wissenschaft« bedeuten sollte. Wenn auch einfache Kriterien nicht ausreichen, um die herrschende Vielfalt von Interessen und Glaubensrichtungen zu beschreiben, so ist es doch möglich, die Geistesgeschichte dieser Epoche schematisch zu beschreiben, und zwar in Begriffen zweier widerstreitender Philosophien, der hermetischen und der mechanistischen: zwei Vorstellungen von »Neuer Wissenschaft«, die oft sogar in den Köpfen einzelner Denker widerstritten. In der hermetischen Tradition war die materielle Natur von göttlichem Geist durchdrungen; sie zu verstehen erforderte dementsprechend die vereinte und ineinanderwirkende Bemühung von Herz, Hand und Verstand. Im Gegensatz dazu suchten die mechanistischen Philosophen, die Materie vom Geist zu trennen und Hand und Verstand vom Herzen.[2] Die Verbindungslinie zwischen diesen beiden Denktraditionen war jedoch nur skizzenhaft gezogen. Ich gebe zunächst eine kurze Beschreibung des intellektuellen und politischen Klimas, das diese Debatten umgab und Unterscheidungen begründete, die erst in den folgenden Jahren schärfer hervortraten.

Widerstreitende Vorstellungen von der Neuen Wissenschaft

Das intellektuelle Klima im England des 17. Jahrhunderts war bestimmt von einem erhöhten Interesse an der Verfolgung der experimentellen Erkenntnis der materiellen Natur – einer Erkenntnis, die sowohl dem Ruhm Gottes als auch den Interessen des Menschen dienen sollte – und von einer damit verbundenen Rebellion gegen die Beherrschung des menschlichen Denkens durch die antiken Philosophen. Dem Zentrum dieser geistigen Unruhe standen die zeitgenössischen Vertreter der hermetischen Tradition nahe, die Alchimisten der Renaissance. Die Alchimisten des 17. Jahrhunderts, die von den Werken des Paracelsus aus dem vorangehenden Jahrhundert beeinflußt waren, beschäftigten sich vor allem mit den verändernden, speziell mit den heilenden Kräften von chemisch hergestellten Medizinen; ihr Bemühen um die Umwandlung von unedlen Metallen in Gold hatte eher symbolischen Charakter. Sie hatten eine universale Wissenschaft im Blick, die in der Lage wäre, die gesamte naturgegebene Welt zu erklären, doch ihr größter Erfolg und Einfluß lag auf dem Gebiet von Chemie und Medizin. Für die Anhänger des Paracelsus war es ebenso klar wie für Bacon, daß der herrschende Einfluß von Aristoteles und Galen abgeschafft werden müßte. Für die Alchimisten waren die herrschende medizinische Orthodoxie und das moribunde Universitätswesen die speziellen Angriffsziele. John Webster, ein Anhänger des Paracelsus, Stabsarzt und Kaplan in der Parlamentsarmee, sprach sich dafür aus, daß

»die Jugend nicht ideell in Kenntnissen, Spekulationen und Rededisputen ausgebildet werden sollte, sondern lernen müßte, ihre Hände bei der Arbeit abzuhärten und ihre Finger Feuerproben auszusetzen... damit sie nicht übermütig werden mit der Brut ihrer eigenen Gehirne, sondern wahrhaft belehrt durch manuelles Wirken und sichtbares Experiment, damit sie nicht Sager werden, sondern Macher, nicht ideelle Spekulanten, sondern sorgsam Tätige; damit sie nicht Sophisten werden und Philosophen, sondern ... wahre Naturmagiker, die nicht in die äußeren Randbezirke gehen, sondern ins Zentrum der verborgenen Naturgeheimnisse, mit denen sie nur in Berührung kommen werden, wenn sie Laboratorien und Büchereien haben und mitten im Feuer arbeiten, anstatt sich Luftschlösser zu bauen«. (1654, S. 106)

Das Interesse an der paracelsischen Philosophie erreichte zwischen 1640 und 1650 in England seinen Höhepunkt, also zur Zeit der Puritanischen Revolution. Die Emphase der Aufklärung, die von der direkten Erfahrung ihren Ausgang nahm (und jedem zugänglich war, der den Fortgang der Wissenschaften verfolgte), korrespondierte mit dem politischen und religiösen Engagement der Zeit. Die Werke des Paracelsus wurden ins Englische übersetzt, weit verbreitet und überall erwähnt.[3] Die Prinzipien der hermetischen Philosophie beschäftigten die Phantasie vieler Denker, einschließlich der Mitglieder der Oxforder Gruppe (einem Vorläufer der Royal Society), doch übten sie wohl eine besondere Anziehung auf politische und religiöse Radikale aus. Nach 1650 verlagerten führende Intellektuelle wie Robert Boyle, Walter Charleton und Henry More ihre Anhängerschaft, gaben ihre frühere Sympathie für die Hermetik auf und wurden strikte Befürworter der neuerdings veröffentlichten mechanistischen Sichtweisen der Franzosen Gassendi und Descartes. Gegen Ende der fünfziger Jahre des 17. Jahrhunderts erhob sich eine erbittert geführte Kampagne gegen die alchimistischen »Enthusiasten«, die von zahlreichen führenden Kirchenmännern der gemäßigten Richtung getragen wurde – einige von ihnen wurden schließlich Gründungsmitglieder der Royal Society. Nach 1660 hatten sich die Gewichte verlagert; in den späten siebziger Jahren war die Rivalität beigelegt. Die Royal Society, die 1662 gegründet worden war und die Institutionalisierung der Neuen Wissenschaft markierte, wurde von vielen ihrer Mitglieder als die Verwirklichung des Baconschen Programms angesehen (siehe dazu z. B. Rossi 1968, S. XIII, 218). Wenn auch zahlreiche Mitglieder an dem Versuch festhielten, wesentliche Merkmale des Hermetismus mit der neuen Philosophie zu versöhnen, bot doch die Society wenig Raum für die sich öffentlich bekennenden »Enthusiasten«.[4]

Zahlreiche Forscher unternahmen den Versuch, den dramatischen Interessenanstieg an der Alchimie zu Beginn dieser Epoche und den ebenso dramatischen Abfall gegen Ende zu erklären, indem sie das Hauptaugenmerk auf zwei Gesichtspunkte lenkten: den »Antirationalismus« der Alchimisten und ihre radikale religiöse Heterodoxie. Rattansi z. B. argumentiert, daß

»Leute unterschiedlicher Auffassungen eine Zeitlang von dem Gefühl beherrscht waren, daß der Mensch, seit religiöse und politische Unstimmigkeiten das Land... in die Schrecknisse des Bürgerkrieges gestürzt hatten, die Möglichkeit des Verstandesdenkens aufgeben müsse und sich auf die für nicht kontrovers gehaltene Zeugenschaft seiner inneren Vernunft verlassen sollte«. (1963, S. 26)

Und er fährt fort:

»Um 1650 erzeugte die Doktrin von der ›privaten Aufklärung‹, die zu

Beginn der Puritanischen Revolution so weitreichend heraufbeschworen wurde, eine tiefe Verwirrung und bildete eine Gefahrenquelle für die nach dem Sturz der Monarchie in Kirche und Staat etablierte Autorität... Diejenigen, die diese Gefahr stark empfanden, waren bestrebt, die Forderungen der Sektierer, die sich der göttlichen Inspiration ergaben, so drastisch wie möglich zu beschneiden.« (1963, S. 29)

Zwischen 1640 und 1650 erlahmten die Widerstandskräfte und bewirkten eine weitverbreitete Reaktion des Konservatismus bei der intellektuellen Elite. Die Alchimie war ein Ziel dieser Reaktion; das soziale Reformstreben der früheren Baconanhänger ein anderes. Eine gemäßigte experimentelle Wissenschaft ohne soziale oder erzieherische Ambitionen schien der sicherste Weg zu sein. Frances Yates (1978, S. 188-90) schreibt dazu:

»Da die Naturphilosophen sich auf die Vollendung der Royal Society zubewegten, mußten sie sehr vorsichtig sein... Eine ständige Gesellschaft zur Förderung der Naturwissenschaften war ins Leben gerufen... (Aber) verglichen mit früheren Bewegungen war sie in ihren Zielen sehr eingeschränkt. Sie hatte nicht die Förderung der Wissenschaft in einer reformierten Gesellschaft, in einer universellen Reformierung der Welt, im Blick. Die Mitglieder der Royal Society befaßten sich nicht mit der Heilung von Krankheiten, und das auch noch gratis, und auch nicht mit Reformmodellen der Erziehung.«

Sie suchten, wie van den Daele hinzufügt, »eine Nische innerhalb der Gesellschaft und nicht nach einer Reform dieser Gesellschaft«. (1977, S. 41)

Ein anderes Thema, in dem es um die Abgrenzung unterschiedlicher Vorstellungen von der »Neuen Wissenschaft« geht, hängt hiermit eng zusammen und ist bisher von Wissenschaftsgeschichtlern nicht ausreichend diskutiert worden. Neben und vermischt mit den ökonomischen, sozialen, politischen und intellektuellen Umwälzungen dieser Epoche haben Historiker neuerdings begonnen, eine feine, aber signifikante Veränderung in der Konzeption und den Verhaltensweisen hinsichtlich Sexualität und Geschlechterrolle festzustellen. Diese Veränderung spiegelt sich mit besonderer Klarheit in der sexuellen Sprache, von der viele Abhandlungen des 17. Jahrhunderts über Aussehen und Zielsetzung der »Neuen Wissenschaft« durchdrungen sind. Die Sprache dieser Debatten lenkt unsere Aufmerksamkeit auf eine Spaltung, die einerseits den Riß zwischen hermetischer und mechanistischer Philosophie antizipierte, andererseits für diesen Riß von Bedeutung war. Das heißt im besonderen: Eine Analyse dieser Sprache zeigt einen

Schnitt zwischen Francis Bacon und den Paracelsianern auf, einen Schnitt, der meiner Ansicht nach von entscheidender Bedeutung für nachrevolutionäre Debatten wird.

Bacon, eine problematische und zweischneidige Figur in der Wissenschaftsgeschichte, bleibt für uns vor allem aufgrund der Kraft seiner Einsichten von Interesse. Er sah das Entstehen einer Wissenschaft und Technologie (eine »männliche Geburt der Zeit«) voraus, die die Macht haben würden, die Beziehung des Menschen zur Natur von Grund auf zu ändern. Seine zentrale Metapher – Wissenschaft als Macht, eine ausreichend virile Kraft, um die Natur zu durchdringen und zu unterwerfen – hat eine bildliche Vorstellung erzeugt, die sich durch die Rhetorik der modernen Wissenschaft zieht. Auch die Alchimisten der Renaissance suchten in ihrer Vorstellung von Wissenschaft nach Macht, doch für sie hatte Macht eine völlig andere Bedeutung. Der Unterschied zwischen dem Begriff der Macht und dem der Wissenschaft läßt sich leicht aus den gegensätzlichen sexuellen Metaphern, die diesen Vorstellungen zugrunde liegen, ersehen.

Das Ausgangsbild war für Bacon eine »keusche und gesetzmäßige Ehe zwischen Geist und Natur«, die »die Natur in den Dienst des Menschen stellt und sie zu seinem Sklaven macht« (ed. Farrington 1951, S. 197), und die Betonung lag auf Zwang, auf der Trennung zwischen Geist und Natur und schließlich auf Herrschaft. Im Gegensatz dazu war das Ausgangsbild der Alchimisten ein Koitus, die Vereinigung von Geist und Materie, die Verschmelzung von männlich und weiblich. Während Bacons metaphorisches Ideal der virile Supermann war, war das alchimistische Ideal der Hermaphrodit. Während Bacon die Herschaft suchte, gingen die Alchimisten von der Notwendigkeit eines allegorischen, wenn nicht gar tatsächlichen Zusammenwirkens von Männlichem und Weiblichem aus. Macht war für sie nur erreichbar durch »Beiwohnung mit den Elementen«. (Agrippa, bei Yates 1969, S. 136)

Das hermaphroditische und das eheliche Paar bilden die grundlegende bildliche Vorstellung in den Schriften und der Ikonographie, die uns von den Alchimisten hinterlassen worden sind. In der Veranschaulichung von hermaphroditischer Vereinigung, sexueller Vereinigung oder einfach in der Bemühung um Zusammenwirken von Mann und Frau stellen die bildlichen Vorstellungen der Alchimisten die Verbindung oder Ehe von männlichen und weiblichen Prinzipien dar, die eine zentrale Stelle in der hermetischen Philosophie hatten. In alchimistischen Texten wird expliziter und ausgiebiger Gebrauch von der Metapher der Ehe gemacht, die für das Prinzip der Harmonie steht, das der Beziehung von Sonne und Mond, von Gestalt und Substanz, von Geist und Materie, von Geist und Natur zugrunde liegt – das also der alchimistischen Sichtweise des Kosmos zugrunde liegt.[5] Betrachten wir beispielsweise die Sprache von Giambattista della Porta, der im 17. Jahrhundert schreibt:

»Die ganze Welt ist in sich selbst verstrickt und eingebunden: denn die Welt ist eine lebende Kreatur, überall sowohl männliches wie weibliches, und die Teile des Ganzen paaren sich miteinander... aufgrund ihrer gegenseitigen Liebe.« (zitiert bei Merchant 1980, S. 104)

Paracelsus formuliert ähnlich:

»Ein Mann ist ohne Frau kein Ganzes, nur mit einer Frau ist er vollständig... beide bilden in irdischem Dasein und Gestalt zusammen ein Ganzes... In diesem Sinne verlangt die Krankheit ihr Weib, und das ist die Medizin... Beide müssen vereinigt werden, um ein harmonisches Ganzes zu bilden, genau wie im Fall von Mann und Frau.« (ed. Jacobi 1951, S. 73-74)

Die Bemerkung, daß »Krankheit ihr Weib verlangt«, verweist auf Aristoteles' Ansicht, daß Materie nach Form verlange, doch gehen alchimistische Schriften von einem Prinzip der Symmetrie (man könnte auch sagen, von einem Prinzip der Gleichheit) zwischen männlichen und weiblichen Prinzipien aus, das sich völlig von der aristotelischen Sichtweise unterscheidet. An anderer Stelle schreibt Paracelsus:

»Wenn der Same vom Schoß empfangen worden ist, verbindet die Natur den Samen des Mannes und den Samen der Frau. Der bessere und stärkere der beiden Samen wird den anderen seiner Natur gemäß formen... Der Same aus des Mannes Gehirn und der aus dem Gehirn der Frau bilden zusammen ein einziges Gehirn; doch das Gehirn des Kindes wird von dem Samen gebildet, der von beiden der stärkere ist, und es wird wie dieser Same werden, doch niemals genau gleich.« (S. 27)

Hundert Jahre später führt Thomas Vaughan, ein Hauptvertreter der paracelsischen Tradition, aus, daß der Gegenstand der alchimistischen Forschung nicht Gold oder Silber war: »Einfach ausgedrückt... ist es der Same des wichtigsten Lebewesens, der Same von Himmel und Erde, unser geheimster und wunderbarster Hermaphrodit.« Er erklärt:

»Wie... die Verbindung von männlich und weiblich nach Früchten strebt und die Vermehrung zur Natur eines jeden wird, so ist im Manne selbst die innere und geheime Verbindung von männlich und weiblich, das heißt die Vereinigung von männlicher und weiblicher Seele, vorgesehen für die Hervorbringung von angemessener Frucht des Göttlichen Lebens... die Ehe ist eine Erklärung für Leben, eine sinnbildliche oder sichtbare Vorstellung von unserer inwendigen lebensbestimmenden Zusammensetzung. Denn Leben ist nichts anderes als eine Vereinigung von männlichen und weiblichen Prinzipien, und derjenige, der dieses Geheimnis vollkommen kennt, kennt die Mysterien der Ehe – der geistigen wie auch der natürlichen... Die Ehe ist kein gewöhnliches und alltägliches Geschäft, sondern in einem bescheidenen Sinne geheiligt. Sie ist ein sichtbares Zeichen für unsere unsichtbare Einheit mit Christus.« (1650, S. 34)

An anderer Stelle hebt Vaughan die Gründe für seine Betrachtung der Ehe und der Vereinigung von männlichen und weiblichen Prinzipien als ein grundlegendes Zeichen Gottes in der Natur hervor:

»Es gibt auf jedem Stern wie auf dieser naturgegebenen Welt ein Prinzip, das ›die Braut der Sonne‹ heißt. Beide geben in ihrer Vereinigung Samen ab, und dieser Same wird in den Schoß der Natur gelegt. Doch der Ausstoß dieses Samens findet im Unsichtbaren und in geheiligter Stille statt... etwas, das im Privaten zwischen einzelnen männlichen und weiblichen Wesen getan wird; doch wieviel mehr – denken Sie – zwischen den beiden universalen Naturen. Sie müssen jedoch wissen, daß es Ihnen unmöglich ist, einen Samen von der Sonne abzuziehen oder zu empfangen ohne dieses weibliche Prinzip, das die Gattin der Sonne ist...Sie müssen weiterhin wissen, daß des Magiers Sonne und Mond zwei universale Ebenbürtige sind, männlich und weiblich, König und Königin... Sie sind beide gleichrangig für die ganze Welt und erstrecken sich gleichmäßig über das gesamte Universum. Der eine existiert nicht ohne den anderen.« (1650b, S. 94)

»Zwei universale Ebenbürtige, männlich und weiblich, König und Königin«' stellen die Struktur des Kosmos dar; die Beziehung aller Dinge zu einem anderen, einschließlich unserem eigenen Verständnis der Naturphänomene, spiegelt sich in dem ehelichen Verhältnis des königlichen Paares, vor allem in ihrer sexuellen Intimität. Unser Wissen ist die Evidenz unserer »unsichtbaren Vereinigung mit Gott«, eine Evidenz, die durch die eheliche Vereinigung bezeichnet ist.

Vaughans Rhetorik erweckt den Anschein, der Baconschen eher ähnlich als entgegengesetzt zu sein, und diese Ähnlichkeit ist von Easlea (1980) hervorgehoben worden. Sie sind beide damit befaßt, eine Methode für die wahre Erkenntnis zu finden, nach einem Weg zu suchen, auf dem man den »innersten Kern der Natur« durchdringen kann.⁶ Für beide definiert sich der geeignete Weg durch das »Experiment« und nicht durch die Theorie. Vaughan schreibt:

»Darum rate ich ihnen, ihre Hände zu benutzen und nicht ihre Phantasie, und ihre Abstraktionen in Herleitungen zu verwandeln; so lange sie nämlich in dieser Weise weitermachen und nicht mit Experimenten in das Zentrum der Dinge vorstoßen, können sie nicht anders handeln, als sie es bisher getan haben. Sie können die Dinge nicht in ihrer Substanz erfassen.«

Ein bedeutsamer Unterschied hebt seine Vorstellungen von denen der mechanistischen Philosophie ab. Er fährt in seiner Erklärung fort:

»Seien Sie vorsichtig, daß Sie mich nicht mißverstehen. Ich spreche an dieser Stelle nicht von dem Göttlichen Geist, sondern ich spreche von einer bestimmten Kunst, durch die ein besonderer Geist sich mit dem Universellen vereinigt, wodurch die Natur folglich merkwürdig erhoben und vervielfältigt wird... Ich möchte Sie anspornen, auf die magische Kraft des Satzes der Magier zu hören: HÖRE MIT DEM VERSTAND DES HERZENS.« (1650a, S. 77)

Dieser Unterschied ist von vielen nicht wahrgenommen worden, auch nicht von Henry More, dem Cambridger Neoplatoniker und frühen Meister der cartesianischen Philosophie, der sehr bald Mitglied der Royal Society werden sollte. More veröffentlichte in den Jahren 1650 und 1656 zwei heftige Attacken gegen den paracelsischen Enthusiasmus, in denen er vor der Art von »Genius« warnte, »dem es gefällt, etwas umzustürzen und Tricks im Umgang mit der Materie anzuwenden (was sie dann Experimentieren nennen), wenn die *Sucht nach Erkenntnis* ihn [den Genius] entsprechend erhitzt hat«, so daß er Ursache für die »wildesten Halluzinationen, die möglich sind«, ist (1656, S. 36). More befürchtet, daß ein solches Vorgehen den Menschen »erst fanatisch macht; und dann atheistisch und sensualistisch« (zit. bei Easlea 1980, S. 133). Sein Vorwurf gegen Vaughan ist spezifischer und aburteilender: »Ihr habt Frau Natur nicht so nackt dahingelegt, wie Ihr annahmet, Ihr habt nur, so fürchte ich, unsauber geträumt, und so habt Ihr so viele Blatt Papier besudelt mit Euren nächtlichen Conundrums [sic].« (1950, S. 57)⁷

In Einklang mit Mores Haltung und im Gegensatz zu den Vorstellungen der Alchimisten verkündete Henry Oldenburg, der Sekretär der Royal Society, einige Jahre später, daß es die Absicht der Royal Society war, »eine männliche Philosophie... entstehen zu lassen, durch die der Geist des Menschen nobilitiert werden soll durch die Erkenntnis von feststehenden Wahrheiten«. (Easlea 1980, S. 70) Joseph Glanvill, einer der Hauptpropagandisten der Royal Society, äußert sich in ähnlicher Weise. Während Paracelsus geschrieben hatte, daß »die Kunst der Medizin ihre Wurzeln im Herzen hat« – daß man »die heilenden Kräfte der Arzneien durch wahre Liebe entdeckt« (ed. Jacobi 1951, S. 73) –, warnte Glanvill vor »der Macht, die unsere *Affektionen* über unseren so leicht verführbaren Verstand haben«. (1661, S. 117) Er schreibt: »Daß Jupiter selbst nicht *weise* sein kann und gleichzeitig *liebend*; es sei denn in einem weiteren Sinne, als die Antike es verstand: Wo der *Wille*[8] oder die *Leidenschaft* die entscheidende Stimme haben, ist der Fall der *Wahrheit* desparat... Die *Frau* in uns verfolgt noch immer eine List, wie es im *Garten Eden* begonnen hatte; und unser *Verstand* ist mit einer *Eva* verheiratet, die so schicksalhaft ist wie die *Mutter* unseres *Elends*.« (1661, S. 117-18) Zusammenfassend kommt er zu dem Schluß, daß die Wahrheit keine Chance hat, wenn »die *Affektionen* die Hosen anhaben und das *Weibliche* regiert«. (S. 135)

Das hier diskutierte Problem mag wenig direkten Bezug zur Realpolitik der sexuellen Herrschaft gehabt haben, doch es hat offenbar sehr viel zu tun mit der Bewertung dessen, was als das Weibliche angesehen wurde, vor allem mit dem Stellenwert der weiblichen Merkmale in den neuen Definitionen von Erkenntnis. Man kann mit Sicherheit sagen, daß keiner der Beteiligten an dieser Diskussion seine Aufmerksamkeit auf die tatsächlichen Beziehungen zwischen den Geschlechtern gerichtet hat; andererseits gehe ich davon aus, daß sie *doch* mit der Definition des Genus beschäftigt waren, vor allem mit der Frage, was es bedeutete, ein Mann zu sein, und was es bedeutete, »eine männliche Philosophie hervorzubringen«. Die Alchimisten waren keine Feministen. In vieler Hinsicht beteiligten sie sich an der allgemeinen Frauenverachtung ihrer Zeit. Doch blieb für sie die schöpferische Kraft der Frauen Gegenstand von Achtung, Ehrfurcht und sogar Neid.[9] Paracelsus schrieb: »Wie kann jemand ein Feind der Frauen sein – was auch immer sie sein mögen? Die Welt ist mit ihren Früchten bevölkert und aus diesem Grunde läßt Gott sie so lange leben, wie abscheulich sie auch sein mögen.« (ed. Jacobi 1951, S. 26) Die Fähigkeit der Frau zu gebären galt als Zeichen göttlicher Gnade. Bei den Alchimisten stand der Verachtung die feste Überzeugung von der symbolischen Gleichheit des Mannes und der Frau vor Gott gegenüber. Ihrer Ansicht nach war das »Bild Gottes« gleichermaßen der Frau wie dem Mann eingezeichnet (ebd., S. 266). Entsprechend war die Teilhabe an der hermaphroditischen Vereinigung, sei es in der Seele des Mannes oder in der universalen Essenz, ein göttliches Bestreben.

Francis Bacon nahm in vieler Hinsicht eine Zwischenstellung zwischen hermetischer und mechanistischer Weltanschauung ein; er hatte mit den Alchimisten sowohl das Mißtrauen in den »in sich selbst wirkenden« Intellekt als auch das Interesse an sozialen Reformen gemein. Doch seine Haltung gegenüber Geschlecht und Sexualität, die in seiner Vorstellung von Wissenschaft als einer »männlichen Geburt der Zeit«, die eine »gesegnete Rasse von Helden und Supermännern« zum Ziel hat, zum Ausdruck kommt – eine Kraft, die »die Natur verfolgen«, »besiegen und unterwerfen« kann, »sie in ihren Grundfesten erschüttert« und »ihre Schlösser und Festungen stürmt und besetzt hält«[10] –, kennzeichnet ihn rückblickend als einen Gefolgsmann der späteren Mitglieder der Royal Society. Die Gründungsväter der modernen Wissenschaft lehnten einige Elemente des Baconschen Denkens ab und behielten ein verdecktes Interesse an der Alchimie (Newton ist ein bemerkenswertes Beispiel), doch ihr Bruch mit ihren hermetischen Vorläufern war in einer Hinsicht ganz deutlich: Sie übernahmen die patriarchalische Bildsprache der Baconschen Wissenschaft und lehnten die erotische und mehr auf Gemeinsamkeit abhebende Sprache der Alchimisten ab. Ein wiederkehrender Beweis dafür ist ihre Verwendung des Baconschen Begriffs »männlich« als Epitheton für privilegiertes, produktives Wissen. So erklärt Thomas Sprat (1667) in seiner Verteidigung der Royal Society, »der *Geist*, der auf den *Künsten* der menschlichen Hand beruht, ist männlich und dauerhaft«. In wahrhaft Baconscher Ausdrucksweise fügt Joseph Glanvill hinzu, daß die Aufgabe der Wissenschaft darin liege, die »Möglichkeiten« zu entdecken, »von der *Natur Besitz zu ergreifen* und sie *unseren Vorhaben untertan* zu machen«. (Easlea 1980, S. 214) Das Ziel der neuen Wissenschaft ist nicht der metaphysische Verkehr, sondern die Herrschaft, nicht die Vereinigung von Geist und Materie, sondern die Errichtung einer »Weltherrschaft des Menschen über die Natur«. Der Triumph derjenigen, die meist zusammenfassend »mechanistische Philosophen« genannt wurden, bedeutete die endgültige Niederlage der Sichtweise, in der die Natur und die Frau als göttlich aufgefaßt werden, wie auch die Niederlage einer Wissenschaft, die beiden zumindest ein Körnchen von Ehrerbietung garantiert hätte.[11]

Der Niedergang der Renaissance-Alchimie

Es ist nicht die Absicht dieses Kapitels, die wissenschaftlichen Verdienste der alchimistischen Forschung noch einmal zu beleuchten, sondern das Augenmerk auf die ideologischen Auswirkungen zu richten, die dem Ende der Alchimie zuzuschreiben sind. Wenn die wissenschaftlichen Erfolge der Alchimie, soweit wir das heute überschauen, als minimal angesehen worden sind[12], so muß hinzugefügt werden, daß in der Mitte des 17. Jahrhunderts die starke Beachtung des wissenschaftlichen Erfolges im heutigen Sinne so gut wie nicht ausgeprägt war. So schreibt van den Daele:

»Die historische Wahl zwischen den Varianten der neuen Wissenschaft kann nicht angemessen als ein Prozeß der verstandesmäßig kontrollierten Selektion beschrieben werden. Vor 1660 gab es keine erkennbare Tradition, die zum Bereich der positivistisch-experimentellen Philosophie gehörte, an der ihre Überlegenheit über andere Konzeptionen der neuen Wissenschaft hätte belegt werden können. Auch gab es vor der Gründung der Royal Society kein institutionalisiertes Forum, auf dem Bewertungen der einzelnen wissenschaftlichen Richtungen sichtbar hätten stattfinden können. Vielmehr waren die Kriterien, nach denen der Vorrang der positivistischen Wissenschaft festgestellt wurde, nur durch die Institutionalisierung dieser Wissenschaft nachvollziehbar verbindlich gemacht. Kontroversen bezüglich der verschiedenen Wissenschaftskonzeptionen waren häufig eine Mischung aus ›wissenschaftlichen‹ (im heutigen Sinne) und politisch-religiösen Argumenten.« (1977, S. 39)

Im Licht der neuesten Forschung erscheint die Diskrepanz zwischen dieser Beschreibung und dem traditionellen Bild von den Ursprüngen der modernen Wissenschaft nicht mehr überraschend. Wie Charles Webster formulierte:

»Rückschlüsse auf die Unabhängigkeit wissenschaftlicher Aktivitäten im 17. Jahrhundert basieren nicht auf der unvoreingenommenen und ausgiebigen Erforschung des Gewesenen, sondern werden vor allem von den Anforderungen der gängigen Ideologie diktiert, und sie beschreiben nicht die Zusammenhänge, die tatsächlich bestanden haben, sondern die Zusammenhänge, die nach ihrem Gefühl aufgrund der gegenwärtigen Meinung über die Methodologie der Wissenschaft bestanden haben müßten.« (1975, S. 494)

Die Unangemessenheit einer heutigen Perspektive für die Beurteilung der relevanten Erfolge im Streit zwischen der hermetischen und der mechanistischen Philosophie ist wahrscheinlich nirgendwo besser aufgedeckt worden als in der Diskussion über Hexerei zwischen den Vertretern zweier Schulen – eines der recht erstaunlichen Ereignisse in der Geschichte der modernen Wissenschaft. Diese Diskussion zwischen Joseph Glanvill und Henry More von der Royal Society einerseits und John Webster, dem radikalen Protestanten und Chemophysiker, andererseits war ein Schlüsselereignis in dem Streit, der in den sechziger und siebziger Jahren des 17. Jahrhunderts um die richtige Definition der neuen Wissenschaft wütete; es war außerdem die ausgiebigste Diskussion über Hexerei in England zur Zeit der Restauration. Wegen ihrer Einzigartigkeit und ihrer Wichtigkeit ist sie es wert, im Detail betrachtet zu werden.[13]

Wissenschaft und Hexen

Im Jahr 1664 entdeckte ein Friedensrichter namens Robert Hunt einen Hexensabbat in Somersetshire; er sandte eine Kopie seiner Zeugenaussage an seinen Freund Joseph Glanvill, in der er den Skeptizismus der Leute beklagte. Glanvill schritt zur Tat und veröffentlichte 1666 ein Buch mit dem Titel *Some Philosophical Considerations Touching Witchcraft and Witches* (Philosophische Überlegungen bezüglich Hexerei und Hexen). Die Popularität des Werkes war dermaßen groß, daß Glanvill die 4. Auflage erweiterte und unter dem Titel *A Blow at Modern Sadducism* (Ein Schlag gegen das moderne Sadduzäertum) veröffentlichte. In diesem Werk gab er zahlreiche detaillierte Beschreibungen von »dämonischen Tumulten« sowie einen Bericht von seinen privaten Nachforschungen. Sein Anliegen war es, die Realität dieses Phänomens vorzuführen und das »Land der Geister« zu erforschen. Er schrieb: »Denn wir wissen überhaupt nichts von der Welt, in der wir leben, es sei denn durch Experimente und durch die Phänomene; und in derselben Weise wird über die immaterielle Natur spekuliert, aufgrund von außerordentlichen Ereignissen und Erscheinungen ... gäbe es eine behutsame und getreue Geschichtsschreibung, die nach jenen gewissen und ungewöhnlichen Erscheinungen verfaßt wäre.« Als Wissenschaftler argumentierte er, daß man die »Haltung des Naturalisten« annehmen müßte, um die Welt der Geister zu erforschen, deren Realität durch die »Bestätigung von Tausenden von Augen- und Ohrenzeugen« bewiesen war, und »nicht nur von solchen aus dem leicht hintergehbaren Volk, sondern von weisen und würdevollen Scharfsichtigen; und das, wo kein äußeres Interesse sie verleiten könnte, in eine allgemeine Lüge einzustimmen«. (1668, S. 155-17, zit. bei Jobe, S. 147)

Auf Glanvills weithin gelesenes, ausgesprochen vernünftiges und überzeugendes Zeugnis folgte 1672 von Meric Casaubon *A Treatis Proving Spirits, Witches and Supernatural Operations* (Abhandlung zum Beweis von Geistern, Hexen und übernatürlichen Vorgängen), das ebenso populär und ebenso überzeugend war. Der puritanische Geistliche John Webster, durch den Einfluß dieser Werke in Alarm versetzt, konterte 1677 mit einer massiven Widerlegung, *The Displaying of Supposed Witchcraft* (Die Zurschaustellung vermeintlicher Hexereien). Webster behauptet, daß es Blasphemie sei, die abstrusen Wunder und die Werke Gottes dem Teufel zuzuschreiben, und er warnt davor, daß die Macht des Teufels in der geistigen Versuchung läge und nicht in physikalischen Effekten. Henry More, ein Altmeister seit seinen Debatten mit Thomas Vaughan, mischte sich ein und beschuldigte Webster, daß er nur darum die Realität der Hexerei bestreite, um seine eigene Verbindung zu Hexen und seine Verbundenheit mit dem Teufel zu kaschieren. In einer weitschweifig detaillierten Kritik in Form eines Briefes an Glanvill schimpft More: Was will dieser profane Schwindler uns weismachen, mit innigem Blick auf seine geliebten Hexen, deren verschworener Anwalt und entschlossener Patron er ist, das Richtige oder Falsche zu tun? (Glanvill 1689, S. 29). Webster wird so weit gehen zu behaupten, schreibt More, daß »es im ganzen Alten Testament keinen Namen gibt, der eine solche Hexe bezeichnet, die Menschen oder Tiere vernichtet und einen sichtbaren Pakt mit dem Teufel schließt, oder dieser sich auf ihrem Körper zu schaffen macht ... daß es dort nicht einmal eine Hexe gibt, mit der der Teufel mehr zu tun hat als mit jedem anderen Sünder ... Nehmen Sie zur Kenntnis, wie schwach und kindisch, oder wie wild und unvorsichtig Mr. Webster gewesen ist ... zugunsten seiner Weisen Frauen.« (S. 39) Zum Schluß lamentiert More, »daß dieser Galan der Hexen versucht, seine alten Weiber davor zu bewahren, Hexen zu sein, wie auch davor, soweit das in seiner Macht steht, ständig als Hexen verdächtigt zu werden, das ist äußerst grob und unerträglich schäbig«. (S 46)

In der Tat war Websters Polemik wesentlich von theologischen und philosophischen Gesichtspunkten bestimmt und weniger von der Sorge um die Frauen, die als Hexen gebrandmarkt worden waren. Sein Hauptargument, von Paracelsus abgeleitet, war, daß Naturmagie eine völlig ausreichende Erklärung für die Naturphänomene, materielle oder immaterielle, sei. In der alchimistischen Darstellung wurde jede

Erfahrung als eine Manifestation Gottes interpretiert; es bestand keine Notwendigkeit, den Teufel zu beschwören. Doch in dem philosophischen Entwurf von Glanvill und More bestand diese Notwendigkeit, wie Thomas Jobe feststellt (1981, S. 343-55). Für sie bedeutete die Verschmelzung von Geist und Materie, die den alchimistischen Vorstellungen zugrunde lag, eine philosophische und eine religiöse Gefahr; andererseits mußte ein zu radikaler Schnitt zwischen beiden zwangsläufig zum Atheismus führen. Geist und Materie müssen weder getrennt noch sich gegenseitig durchdringend sein. Ein Mittler war notwendig, um das Gleichgewicht zu wahren. Dämonologie hieß die Antwort, nach der sie gesucht hatten: Einerseits bedeutete diese eine Verteidigung gegen die Alchimisten und andererseits gegen den gefürchteten Atheismus der Cartesianer.[14] Für diese Leute war die Natur noch keine Maschine (s. Anm. 11). In der Mitte des 17. Jahrhunderts war es wohl für die meisten Naturphilosophen selbstverständlich, daß die Geister sich in der Natur bemerkbar machen (s. Thomas 1971, besonders S. 578-79); für More und Glanvill waren diese Geister jedoch notwendig die Geister der bösen Dämonen. Sie beschworen in dem Maße den Teufel, wie Newton wenig später die Schwerkraft beschwören sollte, um zwischen dem Göttlichen und der Materie zu vermitteln. Sie konnten die Realität solcher okkulten Bravourstücke der Natur, wie die Paracelsianer sie behaupteten, nur als »Hervorbringungen des Teufels« gelten lassen (More 1712, S. 168-69). Vorausgesetzt, daß diese Phänomene tatsächlich materielle Manifestationen von dämonischen Geistern waren, dann mußte die empirische Methode genauso geeignet für ihre Erforschung sein, so argumentierten sie, wie für die Erforschung von gewöhnlichen Erscheinungen.

Doch solche Nachforschungen müssen vorsichtig betrieben werden, warnten sie, und nicht in der Weise, wie die Alchimisten sie vertraten. Glanvill warnte, daß wahre und fromme Wissenschaftler nicht der Versuchung erliegen dürften, einem »obskuren Wissen« nachzujagen, das dem Teufel gehöre, sondern sie müßten »Sorge tragen, sich innerhalb der Grenzen einer sauberen Forschung zu bewegen und nicht eine unangebrachte Besorgnis um die Kenntnis von Dingen zu dulden, deren Herkunft für angebracht gehalten worden ist, vor uns verborgen zu werden«. (Glanvill, bei Jobe 1981, S. 350) Die Kernfrage hieß für Glanvill nicht einfach Wahrheit versus Falschheit, sondern angemessenes versus unangemessenes Wissen. Das galt auch für More, der den Hang der Alchimisten zum »Umstürzen und Anwenden von Tricks im Umgang mit der Materie« als eine deutliche Überschreitung des philosophischen Anstandes ansah. Indem die alchimistische Wissenschaft eine enge Verbindung von Wissen und erotischer Sexualität und von experimenteller und spiritueller Erkenntnis gestattete, mißlang es ihr nicht nur, die Natur angemessen zu bestimmen: es mißlang ihr auch, »die Grenzen einer sauberen Forschung« abzustecken – also den Bereich des angemessenen Wissens. Seine Erkenntnisse blieben untergraben von »der Frau in uns«, die uns zum »obskuren Wissen« verführt, das in seiner Eigenart gottlos und eben satanisch ist.

Hexerei und Sexualität

Vom heute üblichen Standpunkt aus betrachtet, muß die Verbindung der frühen Vertreter einer rationalistischen Wissenschaft mit dem Hexenglauben und in der Folge mit der Hexenverfolgung ungewöhnlich, wenn nicht sogar bestürzend erscheinen. Ich möchte aber zeigen, daß diese Verbindung, aus einer anderen Perspektive betrachtet, weder unnormal noch historisch zufällig sein kann, sondern konsistent und historisch stimmig. Auf den ersten Blick besagt diese Verbindung, daß die Rationalität nach unseren heutigen Kriterien nicht völlig auf seiten der frühen modernen Wissenschaftler war. Doch hier steht der spezielle Charakter ihrer ideologischen Bindungen zur Debatte – vor allem die Bedeutung ihrer Verantwortung gegenüber einer eindeutig »männlichen« Wissenschaft, wie sie von so vielen frühen Mitgliedern der Royal Society gefordert worden ist. More und Glanvill kamen die Alchimisten darum gefährlich vor, weil sie nicht nur religiös und politisch radikal waren, wie andere argumentierten, sondern auch, weil sie einer Wissenschaft verpflichtet waren, die von einer erotisch-sexuellen Bildsprache durchdrungen war, und gleichzeitig gebunden waren an die symbolische Gleichheit der Frauen vor Gott. Die ihre war natürlich keine »männliche« Wissenschaft.

Für die Alchimisten wohnte Gott der materiellen Welt inne, wie er der Frau und der Sexualität immanent war. More und Glanvill hielten Keuschheit für eine Bedingung von Göttlichkeit; und Wahrheit hielten sie für einen Bereich des sachlichen Verstandes und glaubten nicht daran, daß sie »sich in jedem Körper verborgen hielte« (Hill 1975, S. 293). Ihrer Ansicht nach war vieles, was die Alchimisten für ein Zeichen Gottes hielten, in Wahrheit ein Zeichen des Teufels. Die Betonung, die die Alchimisten auf die Macht der Liebe und auf die Verwandtschaft von sexuellem Verkehr und Erkenntnis legten, drohte die neue Wissenschaft gleichzeitig in Leidenschaft und Häresie zu verwickeln; es brachte die von der Wissenschaft erhobene Forderung nach Reinheit in Gefahr. Die Hexe, der ernsthaft wirksame Kräfte zugeschrieben wurden, stellte einen natürlichen Zielpunkt für die Angst dar. Was den Alchimisten philosophisch und theologisch in Verruf brachte, geschah unmittelbar schuldhaft bei der Hexe. Aus der kosmologischen Perspektive des 17. Jahrhunderts repräsentierte sie vollkommen die Versuchung durch Satan, die aus ungezügelter Sexualität entstanden ist.

1486 hatte der *Malleus Maleficarum* (*Der Hexenhammer*, verfaßt von den Inquisitoren Heinrich Institoris [Krämer] und Jacob Sprenger) verkündet: »Alle Hexerei kommt von der fleischlichen Lust, die in den Frauen unersättlich ist... Warum sie für die Befriedigung ihrer Lüste mit Teufeln Verbindungen eingehen.« Zwei Jahrhunderte später, gerade zu dem Zeitpunkt, da die moderne Wissenschaft geboren werden sollte, verkörperten Hexen noch immer die angstvollen Gefahren der weiblichen sexuellen Macht. Hierin findet sich der Schlüssel zur logischen Konsistenz einer geistigen Haltung, durch die Männer, die wir zu den »mechanistischen Philosophen« gerechnet haben, sich bemüßigt fühlen, die Angst vor Hexerei in ihrer Auseinandersetzung mit den Alchimisten geltend zu machen.

Im 17. Jahrhundert erreichte die Hexen-Manie in England ihren Höhepunkt, und damit, so muß man folgern, auch die Angst vor der weiblichen Sexualität. In den Dramen dieser Zeit sehen wir die zeitgenössischen sozialen und ökonomischen Umwälzungen durch die besonders brennende Beschäftigung mit Geschlecht und Sexualität gespiegelt. *The White Devil* (Der Weiße Teufel), *The Changling* (Der Wechselbalg) und sogar *Antonius und Cleopatra* bringen den Exzeß weiblicher Sexualität mit sozialer Unordnung und Desintegration in Verbindung. Der Soldat in Walter Charltons *Ephesian Matron* (Die Matrone von Ephesus), 1659 veröffentlicht, echot die Hetzrede der Naturphilosophen gegen die Hexen als Hetzrede gegen die Frauen im allgemeinen:

»Ihr seid die wahren Hyänen, die uns ködern mit der Schönheit ihrer Haut; und wenn der Wahnsinn uns in euer Reich gebracht, dann springt ihr auf uns und verschlingt uns. Ihr seid Verräterinnen an der Weisheit: die Hinderung für jeden Eifer... der Tugend Hemmschuh und der Stachel, der uns zu allem Laster treibt, zu Unfromm und Ruin. Ihr seid des Narren Paradies, des weisen Mannes Plage, der größte Irrtum der Natur.« (zit. bei Easlea 1980, S. 242)

Dies ist ein Schauspielmonolog und nicht der Standpunkt eines Philosophen; doch setzt er eine Wirkung beim Publikum voraus: eine Einstellung, in der alle Frauen als potentielle Hexen gesehen werden.

Die Argumente von More und Glanvill entsprachen den Ängsten ihrer Zeit und ihren eigenen Sehnsüchten für die Zukunft. Die Realität der Hexerei war in der Tat ein Beweis für die Schwere der Gefahren, die von den Frauen ausgingen, Gefahren, gegen die Vernunft und Neue Wissenschaft einen Schutz versprachen. Sie bestärkte aufs neue die Argumente für die Verbannung der Frauen, der Sexualität und der damit verbundenen »unsauberen« Forschung der Alchimisten aus der Wissenschaft. Die neue mechanistische Sichtweise sorgte für einen abgesicherten intellektuellen Bereich der Männlichkeit, indem sie auch das allegorische Zusammenwirken von männlich und weiblich ausschloß – und zwar in ihrem Bild vom Wissenschaftler wie in ihrem Bild von der Natur. Indem die mechanistische Weltanschauung Macht und Herrschaft versprach, sorgte sie für ein wirksames Gegenbild zu den Bedrohungen, denen die Männer in Gestalt von Frauen und Sexualität ausgesetzt waren. Der Hexenglaube machte diese Sichtweise jedoch noch zwingender. In dem ideologischen System, das sich entwickelt und die Oberhand gewonnen hatte, galt Wissenschaft als eine rein männliche und keusche Angelegenheit, die nach Herrschaft über die weibliche Natur suchte und nicht nach einer Vermischung mit ihr; in ihm lag das Versprechen für die gleichzeitige Besiegung der Natur und der weiblichen Unersättlichkeit, und es trug dazu bei, dieses tatsächlich zu befördern.[15]

Verschiebungen in der Geschlechterideologie

Das 17. Jahrhundert war eine Zeit dramatischer sozialer, ökonomischer und politischer (wie auch intellektueller) Umwälzungen. Der Zusammenhang der Ideologien in bezug auf Frauen, Natur und Wissenschaft ist meiner Ansicht nach wesentlich für ein Verständnis der Zusammenhänge von wissenschaftlichen und sozial-politischen Entwicklungen dieser Zeit. Die Verschiebung im Bild von der Frau und in der Auffassung von der Natur, die ich mit der Institutionalisierung der neuen Wissenschaft in Zusammenhang bringe, muß vor dem Hintergrund vieler anderer Veränderungen gesehen und verstanden werden, die in der Kultur in einem weiten Sinne stattgefunden haben, vor allem aber in der Geschlechterideologie.[16]

In ganz Europa haben sich die herrschenden Geschlechtsauffassungen 200 Jahre lang geringfügig verlagert, und gegen Ende des 17. Jahrhunderts war die Vielfalt von männlichen und weiblichen Rollen, die vorher akzeptiert worden war, merklich reduziert. Die Definitionen des Männlichen und des Weiblichen polarisierten sich in einer Weise, die hervorragend geeignet war für die wachsende Aufteilung zwischen Arbeit und Heim, wie sie vom frühindustriellen Kapitalismus gefordert wurde. Ein neuer Keil wurde zwischen die Bereiche von Mann und Frau getrieben; im Laufe der Zeit mündete es in eine ernste Beschneidung der ökonomischen, politischen und sozialen Entscheidungsmöglichkeiten, die Frauen aller Klassen, vor allem aber den Frauen der Mittel- und Oberschicht, zur Verfügung standen (vgl. Kelly 1981; Davis 1975, 1977). Entscheidend für die Trennung der Bereiche war die Ausbildung eines neuen Frauenideals, obwohl es noch einmal 150 Jahre dauerte, bis diese neue Ideologie zur vollen Blüte kam. Im 19. Jahrhundert hatte die furchterregende Verschlingerin mit ihrer unstillbaren Lust dem »Engel im Haus« den Platz geräumt – einer keuschen, entsexualisierten und harmlosen Abhängigen, deren einzige Aufgabe darin bestand, die Werte dieses Jahrhunderts aufrechtzuerhalten. Mit der Domestizierung der weiblichen Macht konnten der sentimentale Blick und die schützende Besorgtheit sicherlich die offene Frauenfeindlichkeit früherer Zeiten verdrängen.

Das 17. Jahrhundert wird von mehreren Autoren als eine besonders kritische Übergangsphase in dieser lange währenden Transformation angesehen. Zu Anfang des Jahrhunderts veranlaßte James I. die Besorgnis über die Grenzen des Anstands im männlichen und weiblichen Verhalten, neue Beschränkungen in diesem Bereich zu erlassen. 1620 befahl er dem Bischof von London, die Priesterschaft anzuweisen, »heftig gegen die Schamlosigkeiten unserer Frauen herzuziehen, gegen ihr Tragen von breitrandigen Hüten, gepunkteten Wämsen und gegen ihr kurzgeschnittenes oder geschorenes Haar«. (Kelly 1982, S. 34) Die zeitgenössische Literatur, Bänkellieder, Predigten und Pamphlete nahmen den Refrain auf und ermahnten die Frauen, von diesen anstößigen Verhaltensweisen abzulassen, die jetzt als männlich bezeichnet wurden; sie brachten das wachsende Mißtrauen gegen weibliche »Schamlosigkeiten« und Angst vor Geschlechtsüberschneidungen zum Ausdruck – Angst vor Frauen, die »männlich in ihrem Genus« waren, und vor Männern, die weiblich in ihrem Verhalten waren (Baines 1978).

Der Bürgerkrieg scheint diese Ängste in vieler Hinsicht bestätigt zu haben: Politische Umwälzungen brachten das Eintreten für sexuelle

Freiheit und für eine umfassende Ausbildung beider Geschlechter mit sich (Hill 1975, S. 301, 306-23). Frauen waren vernehmbar und sichtbar gegenwärtig in den aufkommenden radikalen Sekten – sogar als Prophetinnen, die die Stimme Gottes verkündeten (Thomas 1958; Mack 1982). »Die Seele kennt keine Geschlechtsunterschiede«, schrieb Samuel Torshell 1645. Doch die radikalen Versprechungen der Bürgerkriegsepoche – mit ihren Infragestellungen von Hierarchien, der Beziehung des Königs zum Staat und, parallel dazu, des Ehemanns zu seiner Frau – waren sehr bald im Morast versunken. Frühere Argumente für ein göttliches Recht gewannen wieder an Bedeutung; verstreut vorkommende konservative Haltungen fügten sich erneut in die Struktur des Glaubenssystems ein. Nach der Restauration wurden schärfer als je zuvor Geschlechtsunterschiede gezogen: Männlich und Weiblich wurden aufgrund der ihnen zugeschriebenen Natur und Funktion getrennt, wobei die Frauen in neue Formen von Abhängigkeit gebracht wurden, und die Lage der Männer wurde durch neue Quellen der Machtbefugnis gestärkt.

Alice Clark (1919) und Sheila Rowbotham (1974) haben die Veränderungen in der ökonomischen Rolle der Frauen während dieser Epoche dokumentiert, und Ruth Perry schreibt: »Im späten 17. Jahrhundert war die ökonomische Funktion der Frauen allmählich auf die eines *Hausweibes* zusammengeschrumpft, obwohl es eine größere Vielfalt in der Verwendung des Wortes *Weib* gegeben hatte: Fischweib, Schankweib, Tratschweib, Austernweib u. a. Gegen Ende des 18. Jahrhunderts scheint diese finanzielle Abhängigkeit als ein natürlicher Zustand akzeptiert worden zu sein.« (1980, S. 37) Wohl am einschneidendsten waren die Veränderungen in den Vorstellungen von weiblichen Verhaltensweisen: die Rollen, die Frauen in ihrem öffentlichen und privaten Leben in angemessener Weise spielen durften; die Kleidung, die sie tragen durften; das Maß an Machtbefugnis, das sie übernehmen durften; die Art und Weise und das Ausmaß, in denen ihre Sexualität als Bedrohung für die herrschende Ordnung angesehen wurde.

Es ist nur wenig über die gleichzeitigen Veränderungen in der Auffassung von weiblicher Sexualität bekannt, doch das ist sehr verständlich. Im 17. Jahrhundert wurden die sexuellen Bedürfnisse von Frauen weitgehend als groß und problematisch betrachtet. Im frühen 18. Jahrhundert beraubte eine veränderte Sexualideologie die jungfräulichen Töchter der angesehenen Mittelklasse ihrer Leidenschaft und ihres Begehrens. Sexuelle Reaktionen waren Frauen nach der Verheiratung gestattet, blieben jedoch auf ihre Ehemänner beschränkt (Thomas

1959). Im Viktorianischen Zeitalter schließlich bewirkten die wachsende Betonung der weiblichen Keuschheit und die Verstärkung der Doppelmoral durch das Anwachsen der kapitalistischen Mittelklasse die vertraute wenn auch groteske Verbindung zwischen einem idealisierten, sexuell desensibilisierten Engel und einem lüsternen Patriarchen, der seine sexuellen Affären in den Halbweltbezirken der Stadtzentren auslebte (vgl. z. B. Marcus 1977 und neuerdings Gay 1984).

Selbstverständlich war es nicht die wissenschaftliche Revolution, die diese Veränderung einleitete oder bewirkte. Ich vermute jedoch, daß sie darauf reagierte und für eine entscheidende Unterstützung der Geschlechterpolarisierung sorgte, die der industrielle Kapitalismus verlangte. In Übereinstimmung mit und auch als Reaktion auf die wachsende Trennung zwischen Männlichkeit und Weiblichkeit, öffentlich und privat, Arbeit und Heim, verlangte die moderne Wissenschaft nach einer immer größeren Polarisierung von Geist und Natur, Verstand und Gefühl, objektiv und subjektiv; parallel zu der allmählichen Desexualisierung der Frau bot sie eine unbeseelte, entheiligte und zunehmend mechanisierte Naturauffassung. Auf diesem Weg wurde die Wissenschaft ein aktiver Antrieb zur Veränderung. Die Ideologie gab (zumindest vielen) Männern eine neue Grundlage für ein männliches Selbstwertgefühl und männliche Tüchtigkeit.[17] Wenn die Auffassung von Rationalität und Objektivität und der Wille, die Natur zu beherrschen, das Entstehen einer bestimmten Auffassung von Wissenschaft befördert haben, dann haben sie gleichzeitig auch die Institutionalisierung einer neuen Definition von Männlichkeit befördert. Geht man von dem Erfolg der modernen Wissenschaft aus, die sich definiert durch ihre Opposition zu allem Weiblichen, dann konnten die Ängste vor der Natur und vor der Frau sich legen. Indem die Natur auf ihr mechanistisches Substrat reduziert wurde und die Frau auf ihre asexuellen Tugenden, konnte das Prinzip der *Mütterlichkeit (mater)* gezähmt und bezwungen werden; die männliche Stärke fand ihre Bestätigung.

Implikationen für die Wissenschaft

Die nachfolgende Geschichte der Wissenschaft erweist im Übermaß, daß die von frühen Vertretern der modernen Wissenschaft formulierten Werte bewirkt haben, eine Art des Wissens zu befördern, das zur Überlegenheit, Kontrolle und Herrschaft über die Natur führen sollte.

Wenn dieses die Ziele sind, die den Erfolg in der Wissenschaft ausmachen, dann können wir allgemein zustimmen, daß andere Werte – wie die in der hermetischen Philosophie angesprochenen – dem Erfolg nicht so förderlich gewesen sein können. Viel schwieriger ist es jedoch (wenn nicht unmöglich) abzuschätzen, wie erfolgreich andere Werte zur Erreichung anderer Ziele gewesen wären, die mehr im Einklang mit jenen Werten gestanden hätten, und wie diese Ziele ausgesehen hätten. Diese Fragen haben verdächtige Ähnlichkeit mit der schier unmöglichen Frage: Wie würde eine andere Wissenschaft aussehen? Denn die Wissenschaft, wie wir sie kennen, hat sich nur einmal im Laufe der Geschichte entwickelt, und der Begriff von einer »anderen« Wissenschaft ist in hohem Maße ein Widerspruch in sich. Dennoch zeigt uns die Wissenschaftsgeschichte auch, daß Wissenschaft in der Praxis keine monolithische Unternehmung ist und es niemals war. Ebenso wie wir aus der neuesten historischen Forschung wissen, daß im 17. Jahrhundert der Sieg der mechanistischen über die hermetische Philosophie kein totaler war, wissen wir auch, daß die Werte, die der herrschenden Ideologie der Folgezeit zugrunde lagen, niemals umfassend von der Gesamtheit aller tätigen Wissenschaftler übernommen worden sind. Dieser thematische Pluralismus eröffnet dem Wissenschaftshistoriker besondere Möglichkeiten. Wenn es auch müßig ist zu fragen, wie die Wissenschaft ausgesehen hätte, wenn sie sich in Verbindung mit einer anderen Geschlechterideologie, oder besser gesagt, unabhängig von jeder Geschlechterideologie entwickelt hätte, so können wir jetzt doch untersuchen, in welcher Weise die Bindung an eine bestimmte Ideologie den Verlauf der wissenschaftlichen Entwicklung beeinflußt hat. Wir können so vorgehen, daß wir uns mit der Sprache beschäftigen, die in den Diskussionen verwendet worden ist, die lange nach dem Ende der Renaissance-Alchimie noch immer um deren Überlebensfähigkeit geführt worden sind – in Diskussionen, die sich nicht nur auf Werte und Zielsetzungen der Wissenschaft bezogen, sondern auf grundsätzliche Probleme von Methode und Theorie. Aufgrund der Analyse dieser Diskussionen können wir den Entscheidungsdruck verstehen, den Ideologien im allgemeinen – und Geschlechterideologie im besonderen – auf den Wettstreit zwischen unterschiedlichen Auffassungen von Wissenschaft ausüben. Diese Pressionen sind Teil des Prozesses, in dem eine komplexe pluralistische Tradition in eine monolithische Rhetorik transformiert wird, die sich über eine weitreichende Vielfalt in der praktischen Ausübung legt, sie verdunkelt und oft sogar verdreht.

Zweiter Teil
Die innere Welt der Subjekte und Objekte

Im Gegensatz zur modernen Naturwissenschaft ist die Geschichte der Naturphilosophie vor der Neuzeit oft als eine Geschichte der Projektionen bezeichnet worden. Von der Naturmagie über die Astrologie und die Alchimie wurde allen frühen Versuchen der Beschäftigung mit den Naturphänomenen das Fehlen von Objektivität vorgeworfen: weil sie der natürlichen Welt die menschlichen Hoffnungen, Begierden und Ängste auferlegten. Carl G. Jung beispielsweise sagte vom mittelalterlichen Alchimisten:

»Er erlebte seine Projektion als Eigenschaft des Stoffes. Was er in Wirklichkeit erlebte, war sein Unbewußtes. Er wiederholte damit die Geschichte der Naturerkenntnis überhaupt. Die Wissenschaft fing bekanntlich bei den Sternen an, in welchen die Menschheit ihre Dominanten des Unbewußten, die sogenannten ›Götter‹, entdeckte; ebenso die seltsamen psychologischen Qualitäten des Zodiakus [Tierkreis]: eine ganze projizierte Charakterlehre. Astrologie ist ein ähnliches Urerlebnis wie Alchemie. Solche Projektionen wiederholen sich überall dort, wo der Mensch ein leeres Dunkel zu erforschen versucht und unwillkürlich mit lebendiger Gestalt erfüllt.« (Jung, 1985, S. 27)

Mit Beginn der Neuzeit kamen, so legen diese Beschreibungen nahe, neue Formen der Wahrnehmung auf: eine Selbstablösung, die den Menschen[1] befähigte, sich ein autonomes Universum vorzustellen, »das ohne Intention, Zweck oder Ziel in rein mechanischer oder kausaler Weise funktioniert«. (Elias 1978, S. 256) Es wird häufig in dem Sinne argumentiert, daß der große Erfolg der modernen Wissenschaft und Technologie auf einer neuen Methodologie beruhe, die ihre Forschungen vor dem idiosynkratischen Einfluß menschlicher Motivation bewahrt. Da der Mensch die Leere nicht länger mit lebender Gestalt füllte, lernte er, sie statt dessen mit toter Form zu füllen. Die entseelte und mechanisierte Natur konnte jetzt den menschlichen Zwecken nutzbar gemacht werden.

Es besteht kaum ein Zweifel, daß die Vorstellung (oder Ideologie) von Wissenschaft, von der in dieser Darstellung die Rede ist, einer Wissenschaftspraxis, die sich als bemerkenswert fruchtbar erwiesen hat, beständig einen kraftvollen Impetus gegeben hat. Es ist eine These dieses Buches, daß die Ideologie der modernen Wissenschaft mit ihrem unbestreitbaren Erfolg ihre eigene Form von Projektion mit sich bringt: die Projektion von Desinteresse, von Autonomie und von Entfremdung. Mein Argument heißt nicht einfach, daß der Traum von einer völlig objektiven Wissenschaft im Prinzip nicht realisierbar ist, sondern daß er genau das in sich birgt, was er von sich weist: die lebendigen

Spuren eines reflektierten Bildes von sich selbst. Die objektivistische Illusion wirft ein Bild von einem Selbst zurück, das autonom und objektiviert ist: ein Bild von auf sich selbst gestellten Individuen, die von der äußeren Welt der anderen Objekte (sowohl der beseelten als auch der unbeseelten) und zugleich von ihrer eigenen Subjektivität abgetrennt sind. Es ist diese Schutzhaut aus Unpersönlichkeit, die Behauptung, dem Einfluß von Begierden, Wünschen und Glauben entronnen zu sein – vielleicht sogar mehr als das Empfinden für die tatsächliche Erfüllung dessen –, die die spezifische Arroganz, ja die Bravour des modernen Mannes ausmacht und zugleich seine besondere Subjektivität enthüllt.

Die Kapitel dieses Teiles beziehen sich auf die Untersuchung dieser Subjektivität. Genauer gesagt, sie widmen sich der Erforschung der inneren Dynamik, die die Entwicklung bestimmter Auffassungen vom Selbst und vom Anderen, von Subjekt und Objekt und von Männlich und Weiblich, die für unsere Zeit charakteristisch sind, begünstigt. Diese drei Begriffspaare entwickeln sich in einer gegenseitigen Interaktion im Kontext von kulturellen Idealen, die von der Gesellschaft im weitesten Sinne geteilt werden. Die Internalisierung von sozialen Normen wird natürlich zuallererst und entscheidend von der Familie vermittelt.

Doch beschäftigen sich diese Aufsätze nicht mit der Entwicklung gegenwärtiger sozialer Normen oder der »modernen Familie«. Sie beschäftigen sich vielmehr mit der Psychodynamik der kognitiven, emotionalen und sexuellen Entwicklung innerhalb des vorgegebenen Kontexts von sozialen Werten und Normen der Familienordnungen, die unsere Kultur gutheißt; ihr Kern ist eher psychologischer denn historischer Natur. Es kann als sicher angenommen werden, daß andere soziale und familiäre Normen einen anderen Verlauf der psychodynamischen Entwicklung begünstigen würden und von daher eine andere Subjektivität. Mein letzter Fragepunkt ist, in welcher Weise solche Unterschiede unsere Auffassung von Wissenschaft beeinflussen würden. Die Verbindungen zwischen unserer Subjektivität und unserer Wissenschaft sind subtil und komplex, doch es ist ein zentraler Punkt meiner Argumentation, daß sie entscheidend vermittelt (und aufrechterhalten) werden durch die Ideologie, die diese Verbindungen negiert. Entsprechend lockert die Artikulation dieser Verbindungen bereits wirkungsvoll den Zusammenhalt dieser Ideologie – und macht uns wiederum unfähig, eine Ahnung davon zu bekommen, wie eine von solcher Ideologie weniger beherrschte Wissenschaft aussehen könnte.

Der erste Essay, *Geschlechtsspezifik und Wissenschaft* (4. Kapitel), wurde 1978 zum erstenmal veröffentlicht. Es ist mein frühester Versuch, die emotionale Substruktur zu erforschen, die der Verbindung von Wissenschaft und Männlichkeit zugrunde liegt; er kann als eine Miniaturversion des Buches über Geschlechtsspezifik und Wissenschaft gelesen werden, das ich damals hatte schreiben wollen. Doch dann brachte mir die Reaktion vieler Leser zum Bewußtsein, daß dieser Essay ungewollt eine Lesart von Geschlechtsspezifik als einer »natürlichen« Kategorie erlaubte, und ich wurde mir in höherem Maße der Notwendigkeit bewußt (in einer Weise, die im zweiten und dritten Essay zum Ausdruck kommt), die ideologischen Dimensionen der Geschlechtsspezifik zu betonen.

Das in diesem Abschnitt aufgeworfene Ausgangsproblem ist es, die kulturell übergreifende Verbindung von Objektivität und Männlichkeit zu verstehen. Ich werde zeigen, wie diese Anbindung ein Geflecht von kognitiven, emotionalen und sexuellen Entwicklungen reflektiert und bedingt. Ich gehe davon aus, daß Objektivität der kognitive Gegenpart zu psychischer Autonomie ist und entsprechend als eine im interpersonalen Bereich verwurzelte Größe verstanden werden muß; die Fähigkeit zur Objektivität entwickelt sich zusammen mit der Artikulation des Selbst und des Genus. Der Essay schließt mit einer Analyse der Umstände, unter denen Objektivität durch das interpersonale Drama geprägt wird, durch das sie erlernt worden ist. Unter der Bedingung der Polarisierung von Männlich und Weiblich wird die Objektivität, die eigentlich ein menschliches Ziel ist, als Objektivismus aufgefaßt, der ein männliches Ziel ist, während die Subjektivität als Subjektivismus aufgefaßt wird, der ein weibliches Vorrecht ist.

Die Kapitel 5 und 6 sind neu. Sie greifen die zentrale Frage auf, die im ersten Essay unbeantwortet geblieben ist: die Frage nach den Beziehungen zwischen Objektivität, Macht und Herrschaft. So wie Objektivität als eine interpersonale Erwerbung verstanden werden muß, gehe ich im weiteren davon aus, daß Herrschaft, auch Herrschaft über nichtmenschliche andere, ein interpersonaler Plan ist. Um zu sehen, wie die verschwisterten Ziele der Wissenschaft – Erkenntnis und Macht – in Objektbildung und Herrschaft übersetzt werden, müssen wir die psychodynamischen Wurzeln untersuchen, die diese Ziele zusammenbinden. Die psychologische Schlüsselkonstruktion ist die Autonomie, wie sie es schon im ersten Essay war. Ich untersuche die Veränderungen der psychischen Autonomie mit dem speziellen Ziel zu verstehen, wie eine atomistische, statische Auffassung von Autonomie die Notwendigkeit der Kontrolle und das Bedürfnis nach Herrschaft steigert, und zwar zuerst Herrschaft und Kontrolle über andere Menschen und dann über abstrakte oder nichtmenschliche andere.

In allen drei Kapiteln ist meine Argumentationsweise psychoanalytisch. Zusammen mit Nancy Chodorow, Dorothy Dinnerstein, Jessica Benjamin, Jane Flax und anderen beziehe ich mich speziell auf den Zweig der psychoanalytischen Theorie, der sich direkt mit der Entwicklung des Selbst in Beziehung zu anderen befaßt und den man Objektbeziehungstheorie nennt. Um eine Erklärung für die Persönlichkeitsentwicklung im Hinblick auf die anlagebedingten Triebe und die konkreten Beziehungen zu anderen zu finden, erlaubt uns die Objektbeziehungstheorie zu verstehen, in welcher Weise unsere frühesten Erfahrungen – die zum größten Teil von den sozial strukturierten Familienbeziehungen bestimmt sind – dazu beitragen, unsere Auffassung von der Welt und unsere charakteristischen Orientierungen in ihr zu formen.

Die unglückliche Bezeichnung für diese psychoanalytische Denkrichtung erfordert einen Kommentar. Wie Feministinnen wiederholt festgestellt haben, ist auch die klassische psychoanalytische Theorie nicht frei von androzentrischen Vorurteilen, die einen so großen Teil unserer Geistesgeschichte durchziehen, und obwohl die Objektbeziehungstheorie als besser vereinbar mit dem Feminismus angesehen worden ist, hat sie sich diesen Vorurteilen auch nicht entziehen können. Das Versäumnis, die Erfahrung von Frauen vollständig einzubeziehen – überhaupt Frauen in angemessener Weise wahrzunehmen –, fügt besonders einer psychologischen Entwicklungstheorie großen Schaden zu. Die Entscheidung für die Bezeichnung *Objektbeziehungen* für eine Theorie, die sich mit der Entwicklung von Beziehungen eines Selbst zu anderen beschäftigt, vor allem im Kontext der Mutter-Kind Beziehung, spiegelt das spezifische Versäumnis, das mit dieser Theorie analysiert werden soll: das Versäumnis, die Mutter als ein Subjekt anzusehen. Dieser fundamentale Mangel hat seinen Nachhall in der Beschäftigung der Theorie mit der Autonomie als einem Entwicklungsziel und seiner damit verbundenen Vernachlässigung der Verbundenheit mit anderen.[2] Es unterliegt der stillschweigenden Implikation, die aller psychoanalytischen Theorie gemeinsam ist, daß Autonomie nur um den Preis der Beziehungslosigkeit erkauft werden kann. Es wird klar, daß die Verwendung eines solchen theoretischen Rahmens für die feministische Analyse eine Neuformulierung der grundlegenden Begriffe und Konzepte erfordert: »Objekte« müssen neudefiniert werden als andere Subjekte, und Autonomie muß neu aufgefaßt werden als eine dynamische Bedingung, die eher gesteigert als bedroht wird durch die Verbindung zu anderen.[3] Das 5. Kapitel, *Dynamische Autonomie: Objekte als Subjekte*, geht von Anfang an genau von diesem Gesichtspunkt aus. Es beginnt mit einer Überprüfung der Entwicklung des Autonomiebegriffs, wobei das Hauptinteresse auf die dynamische Wechselwirkung zwischen dem Selbst und dem anderen gerichtet ist, die ein Autonomieideal begünstigt, das sich wesentlich von eher familiären Idealen unterscheidet. Im 6. Kapitel, *Dynamische Objektivität: Liebe, Macht und Erkenntnis*, wird argumentiert, daß diese Neufassung des Autonomiebegriffs die parallele Neufassung des Objektivitätsbegriffs erleichtert, der Objektivität als eine Zielsetzung auffaßt, die vom Gebrauch der subjektiven Erfahrung profitiert. Die Verlagerung, die ich für die Normen der Entwicklungspsychologie annehme, hat direkte Auswirkungen auf die Ideologie und die Praxis der Wissenschaft. Diese Behauptung wird in den Fallstudien gestützt, die den dritten Teil des Buches ausmachen.

Meine Verwendung der psychoanalytischen Theorie beruht auf der Annahme, daß sie, auch mit ihren Defiziten, die Möglichkeit der Selbstkorrektur in sich birgt. Ihr Analysemodus ist umfassend genug, um uns die Untersuchung von Entwicklungsfehlern nicht nur in der menschlichen Psyche, sondern auch in der Theorie selbst zu ermöglichen. Entsprechend verwende ich selbst die psychoanalytische Theorie in dem Sinne, daß alle Begriffe im Argumentationsverlauf einer Revision unterworfen werden. Manche Revisionen (z. B. der Bedeutung von Autonomie) sind entweder implizit oder explizit in die Interpretation der Objektbeziehungstheorie, die ich hier vorlege, einbezogen; auf andere wird nur aufmerksam gemacht. Sie alle – wie auch alle zukünftigen Revisionen – warten auf Stellungnahmen und kritische Äußerungen der vielen Forscher, die sich mit demselben Problem beschäftigen.

Ich bin mir wohl darüber im klaren, daß nicht jeder mein Vertrauen in den Wert der psychoanalytischen Theorie als Instrument oder in die Möglichkeit einer Überprüfung ihrer Kategorien von innen heraus teilen wird. Von diesen *prima facie*-Skeptikern wie von allen anderen Lesern erwarte ich nur, daß sie bedenken, ob die Annäherung, die ich versuche, nicht tatsächlich Licht auf die von mir gestellten Fragen wirft.

4. Kapitel:
Geschlechtsspezifik und Wissenschaft

> Die künstlerischen Forderungen... die Gerechtigkeit des praktischen Urteils und die Objektivität des theoretischen Erkennens... all diese Kategorien sind zwar gleichsam ihrer Form und ihrem Anspruch nach allgemein menschlich, aber in ihrer tatsächlichen historischen Gestaltung durchaus männlich. Nennen wir solche als absolut auftretenden Ideen einmal das Objektive schlechthin, so gilt im geschichtlichen Leben unserer Gattung die Gleichung: objektiv = männlich.
>
> Georg Simmel, *Das Relative und das Absolute im Geschlechter-Problem*, 1911

Indem Georg Simmel einen Gemeinplatz formuliert, stellt er sich außerhalb der Konvention des akademischen Diskurses. Die historisch vorherrschende Verbindung von Maskulin und Objektiv, genauer gesagt von Männlich und Wissenschaftlich, ist ein Thema, das ernst zu nehmen akademische Kritiker sich weigern. Warum ist das so? Ist es nicht merkwürdig, daß eine so vertraute und so tief verwurzelte Begriffsverbindung nur Gegenstand informeller Diskurse, literarischer Anspielungen und der Feuilletonkritik ist? Wie kommt es, daß die formale Kritik in der Philosophie und der Wissenschaftssoziologie es versäumt hat, hierin einen Gegenstand zu erkennen, der der Analyse bedarf? Das Schweigen, das zumindest unter nicht-feministischen Akademikern zu diesem Thema herrscht, legt den Gedanken nahe, daß die Verbindung von Männlichkeit und wissenschaftlichem Denken den Status eines Mythos hat, der nicht ernsthaft untersucht werden kann oder darf. Gleichzeitig hat es den Anschein, als wäre diese Verbindung »selbstverständlich« und »nicht fühlbar« – das erste, weil sie im Bereich des Allgemeinwissens vorkommt (das heißt, jeder weiß es), und das zweite, weil sie außerhalb des Bereichs des Formalwissens liegt und daher in Konflikt gerät mit unserem Bild von der Wissenschaft als einem emotional und sexuell neutralen. Würde sie ernst genommen, könnte das den Gedanken nahelegen, daß eine völlig andere Wissenschaft entstehen könnte, wenn sich mehr Frauen in der Wissenschaft engagierten. Obwohl diese Vorstellung wiederholt von

Nichtwissenschaftlern ausgesprochen worden ist, steht sie in offenem Widerspruch zum offiziellen Bild von der Wissenschaft, die einzig durch ihre eigene logische und empirische Methodik bestimmt ist.

Das Fortbestehen eines mythenhaften Glaubens in unserem Denken über die Wissenschaft, also der Archetypus des Antimythos, sollte eigentlich unsere Neugier wecken und nach Überprüfung verlangen. Unerforschte Mythen, wo immer sie überleben mögen, haben eine verborgene Macht; sie beeinflussen unser Denken in einer Weise, deren wir uns nicht bewußt sind, und in dem Maße, in dem uns das Bewußtsein davon fehlt, wird unsere Fähigkeit, ihrem Einfluß zu widerstehen, untergraben. Die Existenz des Mythischen in der Wissenschaft erscheint besonders unangebracht. Was hat es da zu suchen? Woher kommt es? Und wie beeinflußt es unsere Vorstellung von Wissenschaft, von Objektivität und, in diesem Zusammenhang, von Geschlechtsspezifik?

Dies sind die Fragen, denen ich mich zuwenden möchte, doch zuvor ist es notwendig, das System der Anschauungen zu erläutern und herauszuarbeiten, in dem die Wissenschaft eine Geschlechtsspezifik erwirbt – ein System, das auf eine »Geschlechtsspezifizierung« der Wissenschaft hinausläuft. Ich möchte von Anfang an klarstellen, daß das zur Diskussion stehende Problem *nicht*, oder zumindest nicht nur, die relative Abwesenheit von Frauen in der Wissenschaft ist. Obwohl es zutrifft, daß Wissenschaftler zumeist Männer waren und es immer noch sind, rechnet die wissenschaftliche Population aufgrund ihrer Zusammensetzung von sich aus kaum damit, der Wissenschaft als einer intellektuellen Domäne Männlichkeit zuzuweisen. Die meisten kulturell für gültig erklärten geistigen und schöpferischen Leistungen sind, historisch gesehen, Domänen von Männern gewesen. Doch nur wenige dieser Leistungen tragen unverkennbar die Konnotation des Männlichen im Wesen der Tätigkeit. Für Wissenschaftler wie für ihr Publikum ist wissenschaftliches Denken männliches Denken, wie Malen und Schreiben – ebenfalls hauptsächlich von Männern ausgeübt – es in dem Maße niemals gewesen sind. Wie Simmel bemerkt, ist die Objektivität ein Ideal, das eine lange Geschichte der Identifizierung mit Männlichkeit hat. Die Tatsache, daß die wissenschaftliche Population auch heute noch in überwältigendem Maße männlich ist, ist eine Folge und nicht die Ursache der Zuschreibung von Männlichkeit an das wissenschaftliche Denken.[1] Was die Diskussion notwendig macht, ist das *Glauben* und nicht die Realität, obwohl die Möglichkeiten, nach denen die Realität durch unser Glauben geformt wird, vielfältig sind und auch der Artikulation bedürfen.

Wie manifestiert sich dieser Glaube? Es ist schon ein Gemeinplatz geworden, Wissenschaftler, Lehrer und Eltern in aller Kühnheit sagen zu hören, daß Frauen nicht Wissenschaftler sein können, nicht sein sollten, daß ihnen die Strenge, Rigorosität und Klarheit des Denkens fehlt für eine Beschäftigung, die eigentlich Männern zugedacht ist. Da jetzt durch die Frauenbewegung solche ungesicherten Zuweisungen anstößig geworden sind, ist die offene Anerkennung des anhaltenden Glaubens in die dem wissenschaftlichen Denken einbeschriebene Männlichkeit weniger in Mode. Dieser Glaube findet jedoch weiterhin seinen täglichen Ausdruck in Sprache und Metaphern, die wir zur Beschreibung der Wissenschaft gebrauchen. Wenn wir die objektiven Wissenschaften »hart« nennen im Gegensatz zu den weicheren (das heißt, zu den subjektiveren) Wissenszweigen, dann rufen wir implizit eine sexuelle Metapher hervor, in der »hart« natürlich männlich ist und »weich« weiblich. Ganz allgemein gelten Tatsachen als »hart« und Gefühle als »weich«. »Feminisierung« ist ein Synonym für Sentimentalisierung geworden. Eine wissenschaftlich oder objektiv denkende Frau denkt »wie ein Mann«; entsprechend argumentiert ein nichtrational, nichtwissenschaftlich argumentierender Mann »wie eine Frau«.

Die sprachlichen Wurzeln dieses Stereotyps sind noch bei Kindern vorhanden, die sich wohl am freimütigsten ausdrücken und sich ihrer Ausdrucksweise am wenigsten bewußt sind. Schon auffallend früh lernen Kinder, auch in Anwesenheit von untypischen Rollenvorbildern, Mathematik und Wissenschaft als männlich zu identifizieren. »Wissenschaft ist Männersache«, erklärte mein fünfjähriger Sohn, selbstsicher die Tatsache außer acht lassend, daß seine Mutter Wissenschaftlerin ist. Die Identifikation von wissenschaftlichem Denken mit Männlichkeit ist so tief in der breiten Kultur verankert, daß es Kindern nicht schwerfällt, sie zu verinnerlichen. Sie wachsen nicht nur in dem Glauben auf, daß Wissenschaftler Männer sein müssen, sondern sehen Wissenschaftler auch als »männlicher« an als andere männliche Berufstätige, zum Beispiel künstlerisch Tätige. Zahlreiche Studien über Männlichkeit und Weiblichkeit in Berufen bestätigen diese Beobachtung, daß die »härteren« Wissenschaften, wie auch die »härteren« Zweige aller anderen Berufe übereinstimmend als männlicher charakterisiert werden.

In einer besonders aufschlußreichen Studie über die vorherrschenden Einstellungen englischer Schuljungen taucht eine etwas andere, aber damit eng zusammenhängende Dimension des kulturellen Stereotyps auf. Hudson (1972) bemerkt, daß Wissenschaftler nicht nur als männlicher angesehen werden im Vergleich zu Künstlern, sondern gleichzeitig als weniger sexuell. Er schreibt:

»Die Künste werden mit sexueller Lust in Verbindung gebracht, die Wissenschaften mit sexuellem Verzicht. Der Künstler wird als jemand gesehen, der eine gutaussehende, gutgekleidete Frau hat, mit der er eine innige sexuelle Beziehung pflegt; der Wissenschaftler gilt als jemand, dessen Frau schlecht gekleidet und langweilig ist, und an der er kein körperliches Interesse hat. Dennoch wird der Wissenschaftler als männlich angesehen, der künstlerisch Tätige als ein bißchen weiblich.« (S. 83)

In diesem Abschnitt wird deutlich, daß die Geschlechtsspezifizierung der Wissenschaft mit einem anderen Wissenschaftsbild, das ebenso weitverbreitet ist, zusammengesehen wird, nämlich als antithetisch zum Eros. Diese Bilder sind nicht ohne gegenseitigen Bezug, und es ist wichtig, ihre Nachbarschaft im Kopf zu behalten, wenn wir versuchen, ihre Ursachen und ihre Funktionen zu verstehen. Was hier zur Diskussion steht, ist die Art der Bilder und Metaphern, von denen die Wissenschaft umgeben ist. Wenn wir die Verwendung von Metaphern ernst nehmen können und dabei deutlich vor Augen behalten, daß es sich um Metaphern und Sprache handelt, die hier diskutiert werden sollen, dann werden wir auch verstehen, welche Einflüsse sie ausüben können – wie die Verwendung von Sprache und Metaphern sich zu einer Art Realität verhärten kann.

In letzter Zeit ist dem technologischen Mißbrauch der modernen Wissenschaft große Aufmerksamkeit gewidmet worden, und in zahlreichen Diskussionen wurde den Zweckentfremdungen des wissenschaftlichen Programms die Schuld zugewiesen. Das Wesen dieses Programms lag in der Zielsetzung, die Natur zu beherrschen, ohne jedoch eine angemessene Erklärung dafür zu geben, wie diese Zielsetzung wesentlich für die Wissenschaft hat werden können. Im allgemeinen werden solche Zweckentfremdungen der Technologie zugeschrieben oder der angewandten Wissenschaft, von der man annimmt, sie deutlich von der reinen Wissenschaft unterscheiden zu können. Der reinen Wissenschaft wird unterstellt, daß ihre Zielsetzung die reine Erkenntnis sei, die nicht von Kontrollvorstellungen verseucht ist. Auch wenn es wahrscheinlich richtig ist, daß die Beherrschung der Natur eher ein zentrales Anliegen der Technologie ist, so ist es doch unmöglich, eine klare Trennungslinie zwischen angewandter und reiner Wissenschaft zu ziehen. Die Geschichte beweist eine höchst komplexe Beziehung zwischen den beiden, möglicherweise ebenso komplex wie die Relation der beiden konstitutiven Motive für Erkenntnis: Transzendenz und Macht. Es wäre naiv anzunehmen, daß die Konnotationen von Männlichkeit und Unterwerfung nur die Zwecke beeinflußten, für die die Wissenschaft eingesetzt wird, und ihre Struktur unberührt ließen.

Die Wissenschaft trägt die Prägung ihrer Geschlechtsspezifizierung nicht nur in der Art und Weise, wie sie angewandt wird, sondern auch in der Art von Realitätsbeschreibung, die sie bietet – und außerdem in der Beziehung des Wissenschaftlers zu dieser Beschreibung. Um das zu erkennen, ist es notwendig, die Implikationen umfassender zu erforschen, die in der Zuschreibung von Männlichkeit an das Wesen des wissenschaftlichen Denkens liegen.

Nachdem die Wissenschaftsideologie die Welt in zwei Teile geteilt hat – den Wissenden (den Geist) und das Wißbare (die Natur) –, schreibt sie nun weiterhin die sehr spezifische Beziehung zwischen den beiden vor. Sie schreibt die Interaktionen vor, die diese Vereinigung zustande bringen können, das heißt, die zur Erkenntnis führen können. Nicht nur ist dem Geist und der Natur ein Geschlecht zugewiesen, sondern durch die Charakterisierung des wissenschaftlichen und des objektiven Denkens als männlich wird der gesamte Handlungszusammenhang, durch den der Wissende eine Erkenntnis erlangen kann, ebenfalls geschlechtsspezifiziert. Die spezielle Beziehung zwischen dem Wissenden und dem Gewußten beruht auf Distanz und Trennung. Es ist die Beziehung zwischen einem Subjekt und einem Objekt, die radikal voneinander getrennt sind, das heißt, es besteht keine weltliche Beziehung. Einfach ausgedrückt, die Welt wird objektiviert. Bacons »keusche und gesetzmäßige Ehe« wird mehr mit dem Verstand als mit dem Gefühl vollzogen, mehr durch »Beobachtung« als durch »unmittelbare« sinnliche Erfahrung. Die Arten der Vereinigung sind in der Weise definiert, daß sie die emotionale und physische Unantastbarkeit des Subjekts garantieren. Übereinstimmend mit der Einteilung der Welt in Subjekt und Objekt wird das Wissen in »subjektives« und »objektives« Wissen eingeteilt. Der wissenschaftliche Verstand ist abgetrennt von dem, was gewußt werden kann, das heißt von der Natur, und seine Autonomie – und daher die reziproke Autonomie des Objekts – wird garantiert (oder ist traditionell so aufgefaßt worden) durch die Abtrennung ihrer Erkenntnisweisen von jenen, durch die diese Dichotomie bedroht ist. In diesem Prozeß ist signifikant, daß sowohl der wissenschaftliche Verstand als auch die Weise, wie er zur Erkenntnis gelangt, als männlich charakterisiert sind. Männlich bedeutet hier, wie so oft, Autonomie, Trennung und Distanz. Es bedeutet die radikale Ablehnung jeder Vermischung von Subjekt und Objekt, die, wie jetzt klar wird, durchgängig als männlich und weiblich identifiziert werden.

Was ist die eigentliche Bedeutung dieses Systems aus Glauben und Meinen, dessen Struktur sich als eine Mischung aus Metaphysik, kognitiven Handlungsmustern und sexueller Metaphorik erweist? Wenn wir die Position ablehnen, und meiner Ansicht nach müssen wir das tun, daß nämlich die Verbindung von wissenschaftlich und männlich ganz einfach »wahr« sei – daß sie einen biologischen Unterschied zwischen männlichen und weiblichen Gehirnen spiegele –, wie können wir dann unsere Anhängerschaft an diese Position begründen? Wie immer intellektuelle oder Persönlichkeitscharakteristika von Sexualhormonen beeinflußt sein mögen, es ist im Übermaß klargeworden, daß unsere Vorstellungen von den Unterschieden zwischen den Geschlechtern bei weitem das Maß überschreiten, das auf die reine Biologie zurückgeführt werden kann; es ist klar, daß diese einmal geprägten Vorstellungen ein Eigenleben beginnen – ein Leben, das von mächtigen kulturellen und psychischen Kräften gestützt wird. Schon die kurze Erörterung, die wir gerade geführt haben, macht es offensichtlich, daß wir durch die Zuweisung einer Geschlechtsspezifik an eine intellektuelle Haltung, durch die Sexualisierung von Denkprozessen, unausweichlich den weiten Bereich der Affekte heraufbeschwören. Die Aufgabe, die Anbindung von männlich und wissenschaftlich zu erklären, wird, bevor sie sich in einen unhaltbaren biologischen Reduktionismus verkehrt, zu der Aufgabe, die emotionale Substruktur zu verstehen, die unsere Geschlechtererfahrung mit unserer Verstandeserfahrung verbindet.

Die Art der Fragestellung legt nahe, daß wir auf der Suche nach einer Erklärung für Ursprung und Fortdauer dieser Mythologie die Prozesse betrachten, durch die sich die Fähigkeit zum wissenschaftlichen Denken entwickelt, und die Wege, auf denen sich diese Prozesse mit der emotionalen und sexuellen Entwicklung verflechten. Auf diese Weise wird es möglich sein, tiefere Einsichten in die Struktur und vielleicht sogar in die Funktionen der Mythologie, die wir zu ergründen suchen, zu gewinnen. Der Weg, den ich einschlagen möchte, führt über Grundlagen, die von Psychoanalytikern und Wahrnehmungspsychologen gelegt worden sind, und nimmt einen Lauf, der durch die von mir gestellten Fragen bestimmt ist. Was dabei zutage tritt, ist ein Szenarium, das durch die Einsichten, die diese Forscher gewonnen haben, gestützt wird und das hoffentlich durch seine eigene logische und intuitive Kohärenz zusammengehalten wird.

Die Entwicklung von Objektivität

Die entscheidende Einsicht, die einem Großteil dieser Diskussion zugrunde liegt – eine Einsicht, die wir Sigmund Freud und Jean Piaget verdanken –, besteht darin, daß die Fähigkeit zur Objektivität, zur Abgrenzung von Subjekt und Objekt, *nicht* angeboren ist, wenn auch über die Anlage zu dieser Fähigkeit kein Zweifel besteht. Vielmehr wird die Fähigkeit, Realität »objektiv« wahrzunehmen, als ein nicht ablösbarer Teil des langen und schmerzhaften Prozesses, in dem das Selbstbewußtsein des Kindes sich bildet, erworben. Im tiefsten Sinne ist es eine Funktion der kindlichen Fähigkeit zur Unterscheidung seines Selbst vom Nicht-Selbst, des »Ich« vom »Nicht-Ich«. Die Konsolidierung dieser Fähigkeit ist vielleicht die wichtigste Errungenschaft in der kindlichen Entwicklung.

Nach einem halben Jahrhundert klinischer Beobachtungen an Kindern und Erwachsenen sieht das daraus erwachsene Entwicklungsbild folgendermaßen aus. In der frühkindlichen Welt sind die Erfahrungen des Denkens, Fühlens, der Ereignisse, Bilder und Wahrnehmungen kontinuierlich. Noch sind keine Grenzen gezogen, um des Kindes innere von der äußeren Umgebung zu unterscheiden; ebenso ist keiner von beiden eine Ordnung oder eine Struktur auferlegt.[2] Die äußere Umgebung, die für die meisten Kinder in dieser frühen Periode in erster Linie aus der Mutter besteht, wird vom Kind als Erweiterung seiner selbst erfahren. Erst durch die Umsetzung kumulativer Erfahrungen von Lust und Schmerz, Belohnung und Enttäuschung lernt das Kind langsam zu unterscheiden zwischen einem Selbst und anderen, zwischen Bild und wahrgenommenem Gegenstand, zwischen Subjekt und Objekt. Die wachsende Fähigkeit, sein oder ihr Selbst von der Umgebung zu unterscheiden, erlaubt das Erkennen einer externen Realität, auf die das Kind sich beziehen kann – zunächst magisch und schließlich objektiv. Im Laufe der Zeit wird das Unbelebte vom Belebten gesondert, Gegenstände von ihrer Perspektive und Ereignisse von den Wünschen; das Kind wird zum objektiven Denken und Wahrnehmen fähig. Der Prozeß, in dem diese Entwicklung stattfindet, durchläuft sequenzhafte, charakteristische Stadien eines erkennbaren Wachstums, Stadien, die ausführlich von Jean Piaget und seinen Mitarbeitern dokumentiert und beschrieben worden sind.

Der Hintergrund dieser Entwicklung ist angefüllt mit heftigen emotionalen Konflikten. Das Primärobjekt, das das Kind sich aus der Matrix seiner Erfahrungen herausbildet, ist ein emotionales »Objekt«, nämlich die Mutter. Und mit dem Sichtbarwerden der Mutter als eines eigenständigen Wesens erfolgt das schmerzliche Erkennen des Kindes von seiner eigenen selbständigen Existenz. Die Angst ist entfesselt, und die Sehnsucht ist geboren. Das Kind entdeckt Abhängigkeit und Bedürfnis – und eine ursprüngliche Form der Liebe. Außerhalb der Abgrenzung von Selbst und Mutter entsteht ein Verlangen, diese Differenzierung ungeschehen zu machen, der Drang, die ursprüngliche Einheit wiederherzustellen. Gleichzeitig erwächst Lust an der Autonomie, die wiederum als bedroht empfunden wird durch die Verlockung eines früheren Stadiums. Der Prozeß der emotionalen Abgrenzung vollzieht sich in Schüben, vorangetrieben und gehindert durch widerstreitende Impulse, Begierden und Ängste. Der parallele Prozeß der verstandesmäßigen Abgrenzung muß vor dem Hintergrund dieser Konflikte behandelt werden. Da Objekte eine eigenständige Identität erwerben, bleiben sie lange Zeit durch ein Netz von magischen Banden an das Selbst gebunden. Die Ablösung des Selbst von der Welt und der Gedanken von den Dingen erfordern das Loslassen der magischen Bande, die sie zusammengehalten haben. Es erfordert die Aufgabe des Glaubens in die Omnipotenz – zum einen vom Kind, zum andern von der Mutter –, die diese Bande aufrechterhält, und es erfordert, Toleranz gegenüber den Grenzen und der Eigenständigkeit von beiden zu erlernen. Es erfordert, den Verlust einer wunsch-bestimmten Existenz auszuhalten, im Austausch für die Belohnung eines Lebens »in der Realität«. Auf diese Weise bewegt sich das Kind von der Egozentrik einer Ich-beherrschten engumgrenzten Welt zu der Anerkennung einer Welt, die außerhalb und unabhängig von ihm selbst liegt: eine Welt, in der Objekte ein eigenverantwortliches »Leben« übernehmen können.

So weit ist meine Beschreibung dem Standard entwicklungspsychologischer Darstellung gefolgt. Die Anerkennung einer unabhängigen Realität für beide, das Selbst und den Anderen, ist eine notwendige Vorbedingung sowohl für die Wissenschaft als auch für die Liebe. Es mag jedoch nicht ausreichend sein – für beide. Die Befähigung zur Liebe, zur Einfühlung, zur künstlerischen Kreativität erfordert mehr als nur eine Dichotomie von Subjekt und Objekt. Eine zu scharf definierte Autonomie, eine zu starr definierte Realität können die emotionalen und kreativen Erfahrungen, die dem Leben die erfüllteste und reichste Tiefe geben, nicht einschließen. Autonomie muß dynamischer aufgefaßt werden und Realität flexibler, wenn sie das Auf und Ab von Liebe und Spiel zulassen sollen. Das emotionale Wachstum endet nicht mit der bloßen Akzeptanz der eigenen Abgetrenntheit; es ist wohl richtiger zu sagen, daß es dort beginnt. Außerhalb der Bedingung einer emotionalen und kognitiven Vereinigung mit der Mutter gewinnt das Kind allmählich genug Vertrauen in die dauerhafte Realität seiner selbst und der Umgebung, um beider Eigenständigkeit und Unabhängigkeit zu ertragen. Ein Selbstbewußtsein zeichnet sich ab, und zwar in Opposition zu der Mutter. Schließlich werden das Selbstbewußtsein und das Gefühl für den anderen sicher genug, um eine momentane Lockerung der Grenzen zwischen beiden zu gestatten – ohne vom Verlust des einen oder anderen bedroht zu sein. Man hat Vertrauen in die Beständigkeit des Selbst und des Anderen als lebendiger Autonomien gefunden. Über das Anerkennen und die Akzeptanz der eigenen Einsamkeit in der Welt hinaus wird es möglich, die eigene Isolation durch wahre Liebe zu einem anderen zu transzendieren.[3] Der letzte Schritt – der wieder Ambiguität in die Beziehung des einzelnen zur Welt bringt – ist schwierig. Er ruft tiefe Ängste und Befürchtungen hervor, die von alten Konflikten und noch älteren Sehnsüchten herrühren. Der Boden für das eigene Ich war nicht leicht zu gewinnen, und Erfahrungen, die den Verlust dieses Bodens anzudrohen scheinen, können als höchst gefährlich angesehen werden. In der Absicht, das Wesen dessen, was eine Zeichnung »lebendig« macht, und umgekehrt die Hinderungsgründe, die den künstlerischen Ausdruck beeinträchtigen, herauszufinden und zu verstehen, hat Milner (1957) mit seltener Klarsicht und Überzeugungskraft über die Gefahren und Ängste geschrieben, die mit unserer Öffnung für die kreative Wahrnehmung verbunden sind – und diese Öffnung ist so entscheidend für erfolgreiches Zeichnen. Obwohl wir können, bleibt uns die Welt der Kunst verschlossen. Weder Liebe noch Kunst können den Ausschluß des Dialogs zwischen Traum und Wirklichkeit, zwischen Innen und Außen, zwischen Subjekt und Objekt überstehen.

Unser Verständnis von psychischer Autonomie und, damit verbunden, von emotionaler Reife, verdankt sich in hohem Maße der Arbeit des englischen Psychoanalytikers D. W. Winnicott. Von besonderer Bedeutung ist hier Winnicotts Begriff des *Übergangsobjekts:* ein materielles Objekt, das zwischen dem Selbst und dem Anderen vermittelt (wie z. B. die Bettdecke des Kleinkindes). Es wird insofern Übergangsobjekt genannt, als es den Übergang vom Status der magischen Vereinigung mit der Mutter zur Autonomie, den Übergang vom Glauben in die Omnipotenz zur Akzeptanz der Grenzen einer Alltagsrealität erleichtert. Allmählich wird es aufgegeben,

»nicht so sehr vergessen, als vielmehr in die Rumpelkammer verbannt. Ich meine damit, daß das Übergangsobjekt im gesunden Fall nicht ›nach innen‹ geht, noch ist die Empfindung für es notwendigerweise einem Druck ausgesetzt ... Es verliert seine Bedeutung, und zwar darum, weil die Übergangsphänomene sich verteilt haben, sie haben sich verstreut über das gesamte Vermittlungsterritorium zwischen ›innerpsychischer Realität‹ und ›der äußeren Welt, als würden sie von zwei Personen in einer wahrgenommen‹, das heißt, sie sind über das gesamte kulturelle Feld verstreut.« (Winnicott 1971, S. 5)

Dem diffusen Fortbestehen der »kreativen Apperzeption« schreibt er zu, was »mehr als alles andere dem Individuum das Gefühl gibt, daß das Leben lebenswert ist«. (S. 65) Winnicott situiert Kreativität, Liebe und Spiel in dem »potentiellen Raum« zwischen dem innerpsychischen Raum des »Ich« und dem außersozialen Raum des »Nicht-Ich« – »die neutrale Zone der Erfahrung, die nicht herausgefordert werden soll« –, zu dem »wir niemals die Frage stellen werden: Hast du dir das ausgedacht oder ist es von außen an dich herangetragen worden?« (S. 12)

Die Unfähigkeit, solch einen potentiellen Raum zu ertragen, führt ebenso sicher zu psychischem Leiden wie das entsprechende Versäumnis, zwischen dem Selbst und dem Anderen in ausreichendem Maße Grenzen zu ziehen. »Diese beiden Personengruppen kommen zu uns zur Psychotherapie, weil sie im einen Fall nicht ihr Leben unwiderruflich ohne jede Berührung mit den Tatsachen des Lebens verbringen wollen, und im anderen Fall, weil sie sich von ihren Träumen entfremdet fühlen.« (S. 67) Sowohl unzureichende als auch exzessive Abgrenzung zwischen dem Selbst und dem Anderen können als allerdings sehr gegensätzliche Arten der Verteidigung gegen die fortschreitende Angst vor Autonomie angesehen werden.

Emotionale Reife impliziert einen Realitätssinn, der weder von der Phantasie abgetrennt, noch von ihr abhängig ist; sie erfordert einen ausreichend sicheren Sinn für Autonomie, um dieses lebensnotwendige Element der Ambiguität auf der Grenzfläche zwischen Subjekt und Objekt zu gestatten. Um mit Loewald (1959) zu sprechen, »ist das sogenannte vollentwickelte, das reife Ich, wohl nicht eines, das an das vermutlich höchste oder letzte Entwicklungsstadium gebunden ist, nachdem es die anderen Stadien hinter sich gelassen hat, sondern ein Ich, das seine Realität in der Weise integriert, daß die früheren und tieferliegenden Stufen der Real-Ego-Integration als dynamische Quellen einer höheren Organisation lebendig bleiben«. (S. 18)

Obwohl die meisten Menschen erkennen, daß ein statischer Autonomie-Begriff als emotionales Ideal unzureichend ist, gerät man leicht in die Falle, diese Art von Autonomie als das geeignete Ideal für die kognitive Entwicklung anzusehen. Das heißt, kognitive Reife wird häufig gleichgesetzt mit einer Haltung, in der objektive Realität als radikal getrennt vom Subjektiven verstanden und definiert wird. Unsere Neigung, diese Haltung als Modell für kognitive Reife zu akzeptieren, ist ohne Zweifel durch die Definition von Objektivität beeinflußt, die wir von der klassischen Wissenschaft übernommen haben – diese Definition wurzelt in der Prämisse, daß das Subjekt völlig von unserer Auffassung vom Objekt abgerückt werden könnte und sollte. Obwohl diese Definition in der Vergangenheit unbestreitbar ihre Wirksamkeit bewiesen hat, haben heutige Entwicklungen in Philosophie und Physik ihre erkenntnistheoretische Unzulänglichkeit gezeigt. Sie haben uns vor die Notwendigkeit gestellt, über die klassische Dichotomie hinaus auf eine dynamischere Konzeption von Wirklichkeit zu blicken und eine subtilere Erkenntnistheorie zu entwickeln, die diese Konzeption stützt.

Wenn es richtig ist, daß Wissenschaftler eine Abneigung gegen diese Konzeption an den Tag gelegt haben, und ich bin der Meinung, daß sie es getan haben, dann sollte diese Abneigung in dem Licht dessen betrachtet werden, was wir über die Beziehung von kognitiver und emotionaler Entwicklung wissen. An anderer Stelle (8. Kapitel) habe ich versucht, die fortdauernde Wirksamkeit von nachweisbar ungeeigneten klassischen Vorstellungen, selbst in der heutigen Physik, von der die einschneidendsten Nachweise über das Versagen klassischer Vorstellungen geleistet worden sind, aufzuzeigen. Ich habe versucht, die Konsequenzen dieses beharrlichen Fortwirkens zu benennen und die Zählebigkeit solcher Vorstellungen zu begründen. Mein Argument ist, kurz gesagt, daß das Festhalten an einer überholten dichotomen Konzeption von Objektivität als Verteidigung gegen die Angst vor einer Autonomie verstanden werden muß, die von genau derselben Art ist wie ein Autonomieverständnis, das die Fähigkeit zu Liebe und Kreativität beeinträchtigt. Wenn sogar in der Physik »Übergangsphänomene«

entdeckt werden – Phänomene, von denen nicht mit Bestimmtheit gesagt werden kann, ob sie zum Beobachter oder zum Beobachteten gehören –, dann gewinnt die Frage nach der Angemessenheit von traditionellen »realistischen« Modellen für die kognitive Reife wie für die Realität entscheidende Bedeutung. Gerade unsere Definition von Realität erfordert ständige Verfeinerung, genauso wie wir in dem Bemühen fortfahren, unsere Wahrnehmungen von unseren Wünschen, Befürchtungen und Ängsten abzulösen; insofern unsere Auffassung von kognitiver Reife von unserer Definition von Wirklichkeit diktiert ist, erfordert diese Auffassung die entsprechende Verfeinerung.

Die Entwicklung von Geschlechtsspezifik

Der Leser wird fragen, was dieses alles mit Geschlechtsspezifik zu tun hat. Obwohl die Diskussion uns auf einen erheblichen Umweg geführt hat, sollte das ihr innewohnende Argument, das sich auf die Geschlechtsspezifizierung von Wissenschaft bezieht, bereits klargeworden sein. Bevor wir dieses Argument expliziter ausführen, benötigen wir eine Begründung für die Entwicklung einer Geschlechtsidentität und einer Geschlechtsidentifikation im Kontext des Entwicklungsverlaufs, den ich bisher vorgeführt habe.

Wahrscheinlich ist die wichtigste Determinante für unsere Auffassung von Männlich und Weiblich durch unsere Wahrnehmungen an unseren Eltern und durch unsere Erfahrungen mit ihnen geprägt. Obwohl die oben beschriebenen Entwicklungsprozesse für Kinder beiderlei Geschlechts gleich relevant sind, müssen ihre Implikationen für beide Geschlechter unterschiedlich betrachtet werden. Die entscheidende und grundlegende Tatsache, daß es für die meisten von uns die Mutter ist, die den emotionalen Kontext herstellt, aus dem heraus wir die Unterscheidung zwischen Selbst und Anderem ausbilden, führt unweigerlich zu einer Verdrehung unserer Wahrnehmung der Geschlechter. Solange unsere frühesten und wesentlichsten Erfahrungen der Vereinigung ihren Ursprung in der Mutter-Kind-Beziehung haben, scheint es unvermeidlich, daß diese Erfahrung immer mit »Mutter« identifiziert werden wird, während Abgrenzung und Trennung als eine Negation von »Mutter«, als »Nicht-Mutter« erfahren werden. Bei der Ablösung des Selbst vom Anderen erscheint die Mutter, die als das erste und ursprünglichste Subjekt den Anfang macht, schließlich im Prozeß der effektiven und affektiven Negation als das erste Objekt.[4] Gerade diese Prozesse (der kognitive und der emotionale), die uns an jene erste Bindung erinnern, werden beeinflußt durch ihre Assoziation mit der Frau, die der weibliche Archetypus ist und es für immer bleibt. Entsprechend werden die Prozesse der Abgrenzung und Objektbildung beeinflußt durch ihren Ursprung in dem Abtrennungsprozeß *von* der Mutter; sie werden, wie schon gesagt, als »Nicht-Mutter« gekennzeichnet. Die Mutter wird ein Objekt und das Kind ein Subjekt, und zwar in einem Prozeß, der seinerseits Ausdruck der Opposition und Negation von »Mutter« ist.

Obwohl um die Mutter herum eine vollständige Welt existiert, ist es in der Familienkonstellation, mit der wir am vertrautesten sind, hauptsächlich der Vater (oder die Vaterfigur), dem das Kind sich zum Schutz gegen die Furcht vor dem Absturz, gegen die Ängste und Befürchtungen vor der Desintegration eines noch sehr zerbrechlichen Ich zuwendet. Es ist der Vater, der für Individuation und Abtrennung stehen wird – für die objektive Realität; er kann tatsächlich die »reale« Welt aufgrund seines *In-ihr-Seins* repräsentieren.

Für Freud wird die Realität durch den Vater im Verlauf des ödipalen Konflikts personifiziert; es ist der Vater, der als Repräsentant einer äußeren Realität grob in die frühe Romanze des Kindes (das heißt des Knaben) mit der Mutter eindringt und Schutz und zukünftige Verbrüderung als Belohnung für des Kindes Akzeptanz des »Realitätsprinzips« anbietet. Seit Freud hat man jedoch zunehmend besser erkannt, daß die Rudimente einer Geschlechtsspezifik und einer Realität schon lange vor der ödipalen Phase angelegt sind und daß Realität bereits in dem Augenblick durch den Vater personifiziert wird, da die frühe Mutterbindung als bedroht erfahren wird oder der Verlust der Ich-Abgrenzung droht. Eine besonders ausführliche Diskussion dieses Prozesses findet sich bei Loewald (1951), der schreibt:

»Gegen die drohende Möglichkeit, in der strukturlosen Einheit, aus der das Ich aufgetaucht ist, zu verbleiben oder in sie zurückzusinken, steht die mächtige väterliche Kraft... Während die primäre narzißtische Identifizierung mit der Mutter für immer den tiefsten unbewußten Ursprung und eine strukturelle Schicht von Ich und Realität konstituiert und die treibende Kraft für ›das bemerkenswerte Streben (des Ich) nach Vereinigung und Synthese‹ darstellt – ist diese primäre Identifikation auch die Quelle der tiefsten Angst, die, in Identifikation mit dem Vater, die fortschreitende Differenzierung und Strukturierung der Realität vorantreibt.« (S. 15–17)

Obgleich es für uns alle – für Männer und Frauen gleichermaßen –

so ist, bringen uns unsere frühesten Erfahrungen dazu, die affektive und kognitive Haltung der Objektivierung mit dem Männlichen zu assoziieren, während alle Prozesse, die ein Verwischen der Grenzen zwischen Subjekt und Objekt ins Spiel bringen, eher mit dem Weiblichen assoziiert werden.

Die entscheidende Frage ist natürlich: Was geschieht mit diesen frühen Assoziationen? Wenn auch die Muster, nach denen sie entstehen, quasi universal sind (am ausgeprägtesten allerdings in unserer Form der Kernfamilie), die Bedingungen, die sie aufrechterhalten, sind es nicht. Es ist wohl dieser Punkt, an dem spezifische kulturelle Kräfte am hervorstechendsten eindringen. In einer Kultur, die später eintretende erwachsene Erfahrungen, die die Subjekt-Objekt-Trennung transzendieren, für gültig erklärt, wie wir sie in Kunst, Liebe und Religion vorfinden, kann diesen frühen Identifizierungen entgegengewirkt werden, vorausgesetzt, daß diese Erfahrungen als wesentlich menschliche und nicht als »weibliche« Erfahrungen eingeschätzt werden. In einer Kultur wie der unseren jedoch, wo die primäre Wertschätzung einer Wissenschaft zugemessen wird, deren Prämisse auf einer radikalen Dichotomie von Subjekt und Objekt beruht, und wo alle anderen Erfahrungen als zweitrangig eingestuft werden, kann der »feminine Status«, können die frühen Identifikationen kaum an ihrem Fortbestehen gehindert werden. Die Geschlechtsspezifizierung der Wissenschaft – Wissenschaft als ein Unternehmen, als intellektuelle Domäne und als Weltanschauung – reflektiert und perpetuiert gleichzeitig die Assoziationen, die in einer früheren, vorwissenschaftlichen Periode gemacht worden sind. Wenn das zutrifft, dann muß das Festhalten an einer objektivistischen Erkenntnistheorie, in der die Wahrheit nach ihrem Abstand von der Subjektivität bemessen wird, überprüft werden, wenn sich herausstellt, daß aufgrund dieser Definition die Wahrheit selbst einer Geschlechtsspezifik unterworfen wird.

Es ist wichtig herauszustellen, daß das eben Diskutierte ein System von *Glauben und Meinen* über die Bedeutung von männlich und weiblich darstellt und nicht irgendwelche anlagebedingten oder aktualisierten Unterschiede zwischen männlich und weiblich. Kinder beiderlei Geschlechts erlernen im wesentlichen denselben Vorrat an Vorstellungen über die Charakteristika von männlich und weiblich. In welcher Weise sie dann von diesen Vorstellungen im Laufe der Entwicklung ihrer Geschlechtsidentität als Männer oder Frauen Gebrauch machen, das ist eine andere Frage. Das Verhältnis zwischen den sexuellen Stereotypen, an die wir glauben, und unseren tatsächlichen

Erfahrungen und Beobachtungen zur Geschlechtsspezifik ist sehr komplex. Es ist von entscheidender Bedeutung, mit größter Aufmerksamkeit zwischen Glauben und Wirklichkeit zu unterscheiden, auch, oder besonders, wenn die Realität, die dabei deutlich wird, so beeinflußt ist von unserem Glauben und Meinen. Ich habe zum Beispiel nicht behaupten wollen, daß Männer von Natur aus objektiver sind und besser für die wissenschaftliche Arbeit geeignet oder daß die Wissenschaft, selbst wenn sie durch eine extrem objektivistische Erkenntnistheorie charakterisiert ist, ihrem Wesen nach männlich sei. Was ich zur Diskussion gestellt habe, sind die Gründe, aus denen wir solche Behauptungen für wahr halten können. Solche Annahmen können tatsächlich zu wahrnehmbaren Unterschieden zwischen den Geschlechtern führen, obwohl die Frage nach den tatsächlichen Unterschieden zwischen Männern und Frauen in einer bestimmten Kultur letztlich eine empirische ist. Die folgende Fragestellung, wie solche möglichen Unterschiede von den kulturellen Erwartungen bewirkt werden können, ist ein noch anderes Thema und erfordert eine gesonderte Erörterung. Ohne jetzt in die empirische Fragestellung nach den Geschlechtsunterschieden zu geraten, über die es eine Fülle von Diskussionen gibt, scheint es sinnvoll, davon auszugehen, daß unsere früheren Auffassungen über die Geschlechter (unvermeidlich) Gegenstand für ein gewisses Maß von Verinnerlichung sind.

Um zum Problem der geschlechtsspezifischen Entwicklung zurückzukehren, so ist es wichtig zu erkennen, daß zwar Kinder beiderlei Geschlechts gleichermaßen lernen müssen, das Selbst vom Anderen zu unterscheiden, und beide grundsätzlich dasselbe Bedürfnis nach Autonomie haben, wobei sich die sexuelle Identität von Knaben auf die Opposition zu dem stützt, was als weiblich erfahren und definiert wird, doch verstärkt wahrscheinlich die Entwicklung der Geschlechtsidentität bei Kindern deren Abtrennungsprozeß. Knaben müssen eine zweifache »Desidentifizierung von der Mutter« (Greenson 1968) durchlaufen: zum ersten zur Ausbildung einer Eigen-Identität und zum zweiten zur Konsolidierung einer männlichen Geschlechtsidentität. Zu diesem Prozeß kommt ein weiterer Antrieb hinzu, ausgelöst durch den äußeren kulturellen Druck auf den Knaben, eine typische Männlichkeit auszubilden, die sowohl kulturell als auch privat Unabhängigkeit und Autonomie konnotiert. Die traditionellen kulturellen Definitionen von maskulin als etwas, das niemals als feminin erscheinen kann, und von Autonomie als etwas, das niemals losgelassen werden kann, bewirken zusammen eine Verstärkung der frühesten kindlichen Assoziationen des Weiblichen mit der Lust und den Gefahren der Vereinigung und des Männlichen mit dem Wohlgefühl und der Einsamkeit des Abgetrenntseins. Die innere Angst des Knaben vor dem Selbst und vor dem Geschlecht findet ihr Echo in der kulturellen Angst; zusammen können sie zu Haltungen von übertriebener und verhärteter Autonomie und Männlichkeit führen, die vor der Angst und dem Verlangen, das diese Angst hervorbringt, schützen sollen – und auch darauf angelegt sind. Viele Psychoanalytiker sind zu der Ansicht gelangt, daß des Knaben Geschlechtsidentitätssinn vielmehr dazu neigt, schwach zu sein, als der des Mädchens, weil für den Knaben die Notwendigkeit besteht, seine Identifikation von der Mutter auf den Vater überzuleiten. Andererseits kann der Ich-Identitätssinn des Mädchens vergleichsweise verletzlicher sein. Man geht davon aus, daß die Entwicklung eines Separationssinnes bei Mädchen in gewissem Maße durch die andauernde Identifizierung mit der Mutter gehemmt ist. Obwohl auch die Tochter ihr »Selbst« von der frühen Erfahrung des Einsseins lösen muß, schaut sie doch weiterhin auf die Mutter als Modell für ihre Geschlechtsidentität. Welche Veränderungen ihre Beziehung zur Mutter während der folgenden Entwicklung durchlaufen mag, eine starke, auf dem gemeinsamen Geschlecht beruhende Identifizierung wird bestehen bleiben – ihr Bedürfnis nach »Desidentifizierung« ist nicht so ausgeprägt. Außerdem können kulturelle Kräfte die Entwicklung ihrer Autonomie komplizieren, indem sie Abhängigkeit und Subjektivität als weibliche Charakteristika hervorheben. In dem Maße, wie solche Merkmale internalisiert werden, können sie über Generationen weitergegeben werden, indem sie zu einer Verstärkung der Symbiose zwischen Mutter und Tochter führen (s. Chodorow 1974, 1978).

Man kann also davon ausgehen, daß ein mögliches Ergebnis dieser Prozesse darin liegt, daß Knaben eher zu einer exzessiven Abgrenzung neigen und Mädchen zu einer unzureichenden: Sie wachsen zu Männern heran, die Schwierigkeiten mit der Liebe haben, und zu Frauen, die sich von der Wissenschaft fernhalten. Was ich nahelegen möchte und hier zu beschreiben versuche, ist ein Geflecht von Interaktionen zwischen der Geschlechtsentwicklung, einem Glaubenssystem, das Objektivität mit Männlichkeit gleichsetzt, und einem Bündel von kulturellen Werten, die gleichzeitig (und gemeinsam) befördern, was als wissenschaftlich und was als männlich definiert wird. Die Struktur dieses Geflechts ist so geartet, daß sie Verformungen in *allen* Bereichen fortschreibt und verschärft – einschließlich des Erwerbs einer Geschlechtsidentität.

Die Entwicklung von Wissenschaftlern

Welche Unterschiede zwischen den Geschlechtern ein solches Geflecht auch hervorbringen mag (und die Existenz solcher Unterschiede bleibt letztlich, wie ich an anderer Stelle schon sagte, eine empirische Frage), sie sind in jedem Fall überschattet von der unveränderlich großen Variationsbreite, die innerhalb der männlichen und weiblichen Bevölkerung existiert. Nicht alle Männer werden Wissenschaftler. Eine Wissenschaft, die sich selbst als Erforscherin einer Realität versteht, in der Subjekt und Objekt unmißverständlich unterschieden sind, kann vielleicht denjenigen besondere Vorteile bieten, die als Individuen (ob männlich oder weiblich) besondere Angst vor dem Verlust der Autonomie haben. Wenn wir also die Argumentation bis hierher ernst nehmen, dann müssen wir ihr noch einen Schritt weiter folgen. Würde nicht eine Kennzeichnung der Wissenschaft, die offenbar speziellen emotionalen Bedürfnissen entgegenkommt, zu einer Eigen-Selektion von Wissenschaftlern führen – einer Art von Selektion also, die zu einer Perpetuierung eben dieser Kennzeichnung führen würde? Ohne das Bemühen um eine detaillierte Diskussion über die Angemessenheit der Bildsprache, in der die Wissenschaft sich selbst versteht, oder über die Persönlichkeitskennzeichnung, nach der eine solche Bildsprache auswählt, wird man eindeutig sagen können, daß ein solcher Selektionsmechanismus unweigerlich auch weiterhin funktionieren wird. Die Beibehaltung der Charakterisierung von Wissenschaft als männlich, als objektivistisch und als autonom gegenüber psychischen wie auch sozialen und politischen Kräften würde durch solch eine Selektion bestärkt, und zwar durch die Art der emotionalen Befriedigung, die sie erzeugt.

In dem Falle erhebt sich die Frage, ob Wissenschaftler, statistisch gesehen, tatsächlich mehr zu Ängsten gegenüber ihrer affektiven und kognitiven Autonomie neigen als Nichtwissenschaftler. Es gehört sicher zum öffentlichen Bild vom Wissenschaftler, daß er diese Angst hat, doch das tatsächliche Maß der Persönlichkeitsunterschiede zwischen Wissenschaftlern und Nichtwissenschaftlern festzustellen, erweist sich als außerordentlich schwierig; ebenso schwierig ist es – und das gibt Anlaß zu ebenso vielen Meinungsverschiedenheiten –, ein Maß für die Persönlichkeitsunterschiede zwischen den Geschlechtern festzustellen. Eine offensichtliche Schwierigkeit erwächst aus dem Begriff *Wissenschaftler* und aus der enormen Heterogeneität der wissenschaftlichen Population. Außer den immensen Unterschieden zwischen den Individuen variieren die Charakteristika innerhalb der Zeiten, Nationalitäten, Fachrichtungen und natürlich mit der Höhe des Ansehens. Die Einsteins der Geschichte lassen sich nicht, das gehört zur Natur der Sache, in die allgemeinen Muster einpassen, weder nach ihrer Persönlichkeit noch nach ihrem Intellekt. Dennoch tauchen bestimmte Themen, so schwierig sie auch zu fassen sein mögen, immer wieder auf und erweisen sich als dringlich genug, um Beachtung zu verdienen. Es sind eben die Themen oder Stereotypen, auf die ich mich in diesem Essay konzentriert habe, und wenn sie auch nicht die Wissenschaft oder den Wissenschaftler erschöpfend und genau als eine Ganzheit beschreiben können – wie Stereotypen es niemals leisten können –, beziehen sie doch ein hohes Maß an Bestätigung aus der Literatur über die »wissenschaftliche Persönlichkeit«. Es scheint mir daher angebracht, einige gemeinsame Merkmale hervorzuheben, die aus einer Vielzahl von Untersuchungen über die Persönlichkeitscharakteristika, die einer Unterscheidung von Wissenschaftlern und Nichtwissenschaftlern dienen, resultieren.

Ich habe bereits auf die Tatsache Bezug genommen, daß Wissenschaftler, und besonders Physiker, ungewöhnlich hohe Punktzahlen in »Männlichkeitstests« erzielen, was nur bedeutet, daß ihre Antworten im Durchschnitt weitgehend von denen der Frauen abweichen. Zugleich wird in Forschungsarbeiten (z. B. Roe 1953, 1956) berichtet, daß sich bei Wissenschaftlern in überwältigendem Maße feststellen läßt, daß sie als Kinder Einzelgänger gewesen sind, daß sie geringe soziale Interessen und Fähigkeiten haben und zwischenmenschlichen Kontakt vermeiden. McClellands spätere Studien bestätigen diese Eindrücke. Er schreibt: »Es ist eine Tatsache, daß junge Wissenschaftler, wie auch Anne Roe berichtet, normalerweise nicht besonders an Mädchen interessiert sind, sie ›gehen‹ erst spät auf dem College zum erstenmal mit einem Mädchen, heiraten das erste Mädchen, mit dem sie ›gegangen‹ sind, und zeigen danach ein ziemlich niedriges Maß an heterosexuellem Trieb« (1962, S. 321) Einer von McClellands besonders interessanten Befunden lautete, daß 90 % einer Gruppe von hervorragenden Wissenschaftlern in dem »Mutter-Sohn«-Bild, das routinemäßig als Teil des Thematischen Apperzeptions-Tests verwendet wird, »die Mutter und den Sohn ihre eigenen getrennten Wege gehen« sieht (S. 323), eine in der allgemeinen Bevölkerung relativ unübliche Antwort auf dieses Bild. Es stimmt jedoch mit der allgemeineren Beobachtung (die aus biographischem Material stammt) einer distanzierten Beziehung zur Mutter überein,[5] die häufig mit einer »offenen oder verdeckten Neigung zur Herabsetzung der Mutter gekoppelt ist«. (Roe 1956, S. 215)

Wenn diese Bemerkungen auch zugegebenermaßen skizzenhaft sind und keinesfalls das ganze Feld abdecken, so geben sie doch ein Persönlichkeitsprofil, das bestens geeignet erscheint für eine Tätigkeit, die zugleich als männlich und asexuell angesehen wird. Das Baconsche Bild von der »keuschen und gesetzmäßigen Ehe« wird insofern zutreffend, als es dem Wissenschaftler Autonomie und Herrschaft gestattet in seiner Ehe mit einer Braut, die in sicherem und »objektiviertem« Abstand gehalten wird.[6]

Schlußfolgerung

Es ist undenkbar, eine Diskussion über die Geschlechtsspezifizierung der Wissenschaft zu beschließen, ohne einige Bemerkungen zu den sozialen Implikationen gemacht zu haben. Die Verbindung von Wissenschaftlich und Objektiv mit Männlich zieht in ihrem Kielwasser eine Fülle von Konsequenzen nach sich, die, selbst wenn sie selbstverständlich sind, der Formulierung bedürfen. Nicht nur unsere Charakterisierung der Wissenschaft ist durch die Vorurteile von Patriarchat und Sexismus gekennzeichnet, sondern auch unsere Bewertung von Männlich und Weiblich ist durch das Ansehen der Wissenschaft beeinflußt. Es besteht ein Kreislauf gegenseitiger Bestärkung, in dem das, was wissenschaftlich genannt wird, eine besondere Wertschätzung erfährt durch die kulturelle Bevorzugung dessen, was männlich genannt wird, und umgekehrt wird das, was weiblich genannt wird – sei es ein Wissenszweig, eine Denkweise oder die Frau selbst –, weiterhin entwertet, und zwar durch den Ausschluß von der besonderen sozialen und intellektuellen Wertschätzung, die der Wissenschaft zugewiesen wird und die das wissenschaftliche Modell allen intellektuellen Anstrengungen verschafft. Dieser Kreislauf funktioniert nicht nur auf der Ebene der Ideologie, sondern wird auch durch die Art und Weise unterstützt, wie in Entwicklungsprozessen innerhalb der Wissenschaft wie auch beim Kind ideologische Einflüsse internalisiert werden. Für jeden bewirkt der Druck des anderen, und zwar in der Weise, wie ich es zu beschreiben versucht habe, daß Vorurteile entstehen und Zerrbilder fortgeschrieben werden.

Weder von dem Selbsterhaltungsmechanismus dieser Meinungen, der immer wieder hervorgehoben wird, noch von der Bezugsetzung der

Meinungen zu frühen Kindheitserfahrungen möchte ich behaupten, daß sie unumgänglich seien. Im Gegenteil, wenn ich ihre Antriebe untersuche, meine ich die Existenz alternativer Möglichkeiten feststellen zu können. Die Loslösung unseres Denkens über die Wissenschaft von unserer Vorstellung vom Männlichen könnte dazu führen, daß beide, Wissenschaft und Männlichkeit, von manchen Erstarrungen befreit würden, von denen sie abhängig sind, und es hätte für beide tiefgreifende Folgen. Die Wissenschaft würde nicht nur den Frauen zugänglicher werden, sondern auch unsere Vorstellung vom »Objektiven«, und das ist sehr viel wichtiger, könnte von unangemessenen Einschränkungen befreit werden. Indem wir zu verstehen beginnen, in welcher Weise die Wissenschaft von ihrer unbewußten Mythologie beeinflußt worden ist, können wir beginnen, die Möglichkeiten einer Wissenschaft ins Auge zu fassen, die nicht an eine solche Mythologie gebunden ist.

Wie kann es zu dieser Loslösung kommen? In dem Maße, wie meine Analyse auf der Signifikanz des Geschlechts des primären Elternteils beruht, können andere Muster der Elternbeziehung von entscheidender Bedeutung sein.[7] Auch andere Entwicklungen können die gleiche Wichtigkeit haben. Veränderungen des Ethos, das unsere Meinungen über Wissenschaft und Geschlecht stützt, können aufgrund des ständigen äußeren Drucks (der teilweise politisch motiviert ist) dazu führen, daß die allgemein angenommene Neutralität der Wissenschaft überprüft wird; diese Veränderungen können aber auch aus philosophischen Untersuchungen über die Grenzen und Begrenztheiten der wissenschaftlichen Forschung resultieren, und, vielleicht sogar hauptsächlich, aus Ereignissen innerhalb der Wissenschaft selbst. Ob innerhalb oder außerhalb der Wissenschaft, es besteht die dringende Notwendigkeit, alte Dogmen in Frage zu stellen. Von besonderer Bedeutung bei neueren Entwicklungen *in* der Wissenschaft ist das wachsende Interesse der Physiker an einer prozessualen Beschreibung der Wirklichkeit – eine Bewegung, die ihren Anstoß, vielleicht sogar ihre Notwendigkeit, von der Quantenmechanik erhielt. In diesen Beschreibungen gewinnt die Objektrealität einen dynamischen Charakter, ähnlich dem eher fließenden Autonomiebegriff, der von der Psychoanalyse herkommt. Niels Bohr lieferte uns scharfsichtigerweise ein sehr viel glücklicher gewähltes Bild als Bacon (zumal es besser geeignet ist für die Zukunft der Physik), als er für sein Wappen das Yin-Yang Symbol wählte, über dem die Inschrift steht: *Contraria Sunt Complementa.*

Wohin hat uns diese Analyse nun geführt? Um die Signifikanz der sexuellen Metaphorik in unserem Denken über die Wissenschaft herauszufinden, habe ich eine Erklärung für ihr Entstehen, ihre Funktionen und ihre Folgen gegeben. Natürlich bleiben noch viele Fragen offen, und es scheint mir sinnvoll, zum Schluß einige dieser Fragen zu formulieren. Ich habe zum Beispiel die soziale und politische Dynamik der Geschlechtsspezifizierung der Wissenschaft nur oberflächlich berührt. Dies ist eine sehr wichtige Dimension, die einer späteren Erörterung bedarf. Ich war jedoch der Ansicht, daß wesentliche Aspekte dieses Problems in den psychologischen Bereich gehörten und daß dies der Bereich ist, dem in den meisten Diskussionen über wissenschaftliches Denken am wenigsten Rechnung getragen wird.

In dem speziellen Modell der affektiven und kognitiven Entwicklung, das ich herangezogen habe, sind noch viele Fragen zum Verständnis der Beziehungszusammenhänge von Verstandesdenken und Affekt offen. Obwohl ich durchgängig von einer engen Beziehung zwischen beiden ausgegangen bin, ist es klar, daß eine umfassendere und detailliertere Konzeption notwendig ist.

Schließlich eröffnen die von mir angestellten Spekulationen eine Reihe von Fragen zu historischen und psychologischen Fakten. Ich habe bereits auf einige relevante empirische Fragen zur Persönlichkeitspsychologie hingewiesen, die für meine Analyse wesentlich sind. Andere Fragen von eher historischer Natur müßten auch noch erwähnt werden. Wie haben sich zum Beispiel die Auffassungen über Objektivität im Laufe der Zeit verändert, und in welchem Maße haben diese Auffassungen mit ähnlichen sexuellen Metaphern in anderen, vorwissenschaftlichen Epochen (vgl. Erster Teil) oder in anderen, weniger technologischen Kulturen zu tun? Es bleibt natürlich noch vieles zu erforschen; vielleicht regt dieser Essay andere dazu an, diesen Fragen nachzugehen.

5. Kapitel:
Dynamische Autonomie: Objekte als Subjekte

Platon und Bacon sind wohl die zwei meistzitierten Ahnherren der modernen Wissenschaft, doch zwischen ihnen liegt etwas Trennendes, das schwerer wiegt als nur der zeitliche Abstand: Ihre Unvereinbarkeit ist vor allem durch die Kluft zwischen Liebe und Macht markiert. Während sich der platonische Wissende der Essenz der Dinge »nähern und sich vereinigen« will und in seinem Bestreben vom reinen Eros geleitet ist, ist für den Baconischen Wissenschaftler Wissen gleichgesetzt mit Macht; er strebt Herrschaft über die Dinge an. Beide Vorstellungen von Wissen werden von Bildern einer keuschen Sexualität getragen, doch der Unterschied zwischen den beiden Bildvorstellungen ist entscheidend. Bei Platon impliziert Keuschheit eine Grenzziehung zwischen Körper und Seele; sie dient dazu, die erotische Reinheit der Gleich-zu-gleich-Beziehung zwischen geistiger Möglichkeit und den Objekten der Erkenntnis zu bewahren. Im Gegensatz dazu scheint Bacons »keusche und gesetzmäßige Ehe« – zwischen einem männlichen Verstand und einer weiblichen Natur – eine Metapher für Macht und Herrschaft zu sein, die dafür vorgesehen ist, die Integrität des Wissenden zu wahren.

Wenn man sich jedoch mit der Behauptung begnügt, daß Bacons Ehemetapher die moderne Wissenschaft in eine patriarchalische Tradition einfügt und von daher *natürlicherweise* Herrschaft impliziert, geht man an der Gelegenheit vorbei, die subtileren Mechanismen der Herrschaft in Wissenschaft und Patriarchat zu untersuchen. Es hieße zum einen, nicht die komplexe Wechselwirkung von Keuschheit und Ehegemeinschaft wahrzunehmen, die in Bacons Auffassungen eine so wichtige Rolle spielt. Diese Ehe ist darum keusch, weil sie die sexuelle Begegnung in Grenzen hält, gesetzmäßig ist und daher sicher unter Kontrolle. Anders als Platons Vorstellung von höchster Vereinigung und anders als die »mystische Ehe« der Alchimisten, war Bacons Vorstellung die einer Vereinigung, die für immer unvereinbar blieb. Wir müssen uns also die Frage stellen: In welchem Maße birgt diese Disjunktion die *notwendige* Implikation von Kontrolle und Macht in sich? Oder, mit den Worten einer heutigen feministischen Wissenschaftlerin (Eisenstein 1979) gesprochen: »Ist Objektivität ein Schlüsselwort für männliche Herrschaft?« Wenn das richtig ist, wie ist es dazu gekommen? Und schließlich, wie könnte es anders sein?

Selbst wenn eine Beziehung zwischen Geist und Natur, die auf Disjunktion beruht, die Benutzung (vielleicht sogar die Ausnutzung) der Natur gestattet, müßte sie im Prinzip nicht unvereinbar sein mit dem Respekt vor der Unverletzlichkeit der Natur, noch sollte eine solche Disjunktion die Aufforderung zur Aggression gegen oder zur Herrschaft über die Natur sein.[1] Objektivität beinhaltet offenbar emotionale Neutralität – und das ist es, was die Wissenschaft beabsichtigt. Natürlich scheint eine solche erkenntnistheoretische Prämisse entschieden besser abgestimmt auf den Erwerb von Kompetenz und Beherrschung (im Sinne der Kontrolle über das eigene Schicksal) als auf die erotische Befriedigung; doch Kompetenz muß nicht notwendig Kontrolle beinhalten, ebensowenig wie Selbstbeherrschung Herrschaft über einen anderen beinhaltet.

Wie ist es möglich, daß die beiden Begriffe im wissenschaftlichen Diskurs so häufig zusammengebracht werden, daß Objektivität mit einer so offensichtlichen Unerbittlichkeit zu Kontrolle und Herrschaft führt?[2] Ich nehme an, daß die Antwort in der Tatsache begründet liegt, daß die kognitiven Ziele der Wissenschaft ursprünglich nicht objektiv sind, sondern erst aus einer emotionalen Substruktur erwachsen. Der Wissenschaftler ist nicht der völlig leidenschaftslose Beobachter, den er zum Ideal hat, sondern ein empfindungsfähiges Wesen, für den die äußerste Bemühung um Objektivität eine Fülle von subjektiven Bedeutungen mit sich bringt: Seine Welt der Objekte hört niemals auf, die »Objekt«welt[3] des Kindes, das er einmal war, zu spiegeln. Um die Beziehung von Objektivität und Herrschaft zu verstehen, müssen wir tiefer in die Bedeutungen von Autonomie, Kompetenz und Kontrolle eindringen.

Im 4. Kapitel, das ich schon vor einigen Jahren geschrieben habe, erforschte ich die Zusammenhänge von Autonomie, Männlichkeit und Objektivität, die aus der Entwicklung des kindlichen Sinnes für das Selbst, das Geschlecht und die Realität entstehen. Es gibt einen vierten Begriff – entsprechend der Entwicklung des kindlichen Sinnes für wirksames Handeln –, der mir jetzt ins Auge sticht, weil er in dieser Diskussion fehlt: der Begriff der Macht. Dieses entscheidende zusätzliche Element stellt durch seine Beziehung zur Triade Autonomie, Männlichkeit, Objektivität einen Schlüssel dar für die Erforschung der komplexen Beziehungen von Objektivität und Herrschaft.

Diese vier Begriffe lassen eine Bedeutungsskala zu. *Autonomie*, die auf dem einen Ende der Skala erscheint, beinhaltet radikale Unabhängigkeit von anderen und rührt nahe an die Interpretation von *Objekti-*

vität, die eine weniger starke Disjunktion von Subjekt und Objekt beinhaltet – eine Interpretation, die ich »Objektivismus« genannt habe. Diese Seite des Bedeutungsspektrums von Objektivität trifft, wie ich schon früher gezeigt habe, mit einem Begriff von Männlichkeit zusammen, der alle Spuren von Weiblichkeit ablehnt. Ich möchte an dieser Stelle noch weiter gehen und sagen, daß eben diese Interpretation von Autonomie mit einem Machtbegriff zusammentrifft, der Macht über andere meint, das heißt mit einem Machtbegriff, der als Herrschaft definiert ist. Die Verbindung von Objektivität und Herrschaft, die die Feministinnen festgestellt haben, ist also den Zielen der Wissenschaft oder der Gleichsetzung von Wissen und Macht nicht einbeschrieben, sondern gehört zu den jeweiligen Bedeutungen, die der Macht und der Objektivität zugewiesen sind. Das soll heißen, daß diese Verbindung von den jeweiligen Vorurteilen abgeleitet ist, die die moderne westliche Kultur auf alle Aspekte der psychischen Entwicklung (kognitive wie auch emotionale) richtet. Das Ziel dieses Essays ist es, diese Vorurteile zu hinterfragen: die These von der Verlagerung der Entwicklungsnormen zu verteidigen und dementsprechend von einer Bedeutungsverlagerung der vier erwähnten Begriffe auszugehen.

Zu Beginn ist es wichtig festzustellen, wie beladen mit den Vorurteilen unserer Kultur das Wort *Autonomie* ist. Schon die Neigung, Autonomie mit Abtrennung und Unabhängigkeit von anderen zu verwechseln, müßten wir ihrerseits zum Gegenstand von Erklärungen machen. Innerhalb dieser Diskussion verwende ich den Begriff im psychologischen Sinne, um die Fähigkeit zum Ausdruck zu bringen, nach seinem eigenen Willen zu handeln und nicht unter äußerer Kontrolle. Das soll nicht heißen, daß jemandes Handlungen nicht von anderen *beeinflußt* seien oder daß jemand kein Bedürfnis nach anderen habe.

Tatsächlich ist Autonomie niemals eine emotional neutrale Erfahrung. Da das Ich-Gefühl auf der Erfahrung von Kompetenz aufgebaut ist, stellt es als autonomes Gefühl eine tiefliegende Quelle der Lust dar. Doch auch die aus der Kompetenz bezogenen Befriedigungen sind nicht eine rein individuelle Angelegenheit. Die emotionale Befriedigung, die jemandes Fähigkeit zum effektiven Handeln erzeugt, ist im Grunde gespeist von jemandes Beziehung zu jenen anderen, an die er affektiv gebunden ist – und sei es (oder vielleicht gerade darum) in der Ablehnung. Die Frage, die wir daher stellen müssen, lautet: Unter welchen Umständen befördert Kompetenz ein gesteigertes Ich-Gefühl und das Gefühl für die erhöhte Fähigkeit, sich auf die Welt zu beziehen, und unter welchen Umständen werden Kompetenz und Herrschaft im Dienst der Entfremdung, der Ablehnung von Verbundenheiten, der Verteidigung von Abtrennung verfolgt – also als Schutzmaßnahmen gegen Angst und Furcht?

Im 4. Kapitel habe ich die widerstreitenden Wünsche und Ängste vorgeführt, die die Artikulation des Selbst beim Kleinkind begleiten und beeinflussen, und ich habe die Verbindungen hervorgehoben, die zwischen diesen emotionalen Kämpfen des Kindes und seinen gerade entstehenden Beziehungen zwischen dem Selbst und dem Anderen, zwischen Subjekt und Objekt, bestehen. Die Definition von Autonomie war ein Schlüssel mit unterschiedlicher Anwendung innerhalb dieser Analyse. Wenn man jemandes Ich-Gefühl als Mittler zwischen der Welt der kindlichen Konflikte und der Welt der erwachsenen Erfüllung versteht, dann kann das Maß an Striktheit, mit dem jemand seine Autonomie zu definieren sucht, als Reflex auf die Intensität der Konflikte und auf das Maß an möglicher Erfüllung verstanden werden. Eine zu strikt und zu statisch verstandene Autonomie schließt die kreative Ambiguität völlig aus, ohne die weder Liebe noch Spiel, noch bestimmte Arten von Erkenntnis Bestand haben können. Obwohl eine solche Analyse äußerst hilfreich für das Verständnis des Bedeutungszusammenhangs ist, der zu einer Verwechslung von Autonomie mit Trennung und Unabhängigkeit von anderen führt, gibt sie doch keine Erklärung dafür, warum derselbe Bedeutungszusammenhang zu einer Verwechslung von Objektivität und Herrschaft führt.

Um das herauszufinden, müssen wir zurückblenden und die Bedeutungsunterschiede untersuchen, die Autonomie an den Polen ihres Spektrums aufweist. Diese beiden kontrastierenden Auffassungen, eine statische und eine dynamische, müssen sowohl in ihrer Art als auch in ihrem Ausmaß als unterschiedlich aufgefaßt werden. Ihre Unterscheidung ist zugegebenermaßen schematisch; sie reduziert, was sich in der Praxis als eine komplexe Skala (oder ein Geflecht) von psychosozialen Entscheidungsmöglichkeiten in Richtung auf die beiden Pole darstellt. Der Vorteil solcher Vereinfachungen ist, daß sie uns in die Lage versetzen, verschiedene Merkmale der psychischen Landschaft klarer zu erkennen: Sie befördern eine gangbare und psychologisch überzeugende Alternative zu den Entwicklungszielen, die in den meisten psychologischen Theorien angenommen werden; sie werfen ein Licht auf die Nähe der herrschenden Normen zu bestimmten Formen der Pathologie; und sie heben die Funktion der Geschlechtsspezifik in diesem Bereich psychischer Entscheidungen hervor.

Bedeutungen von Autonomie

Um noch einmal zu rekapitulieren: Die dynamische Auffassung von Autonomie läßt den »potentiellen Raum« zwischen dem Selbst und dem Anderen unangefochten – die »neutrale Erfahrungszone«, die, wie Winnicott (1971) sie beschreibt, die zeitweise Aufhebung der Grenzen zwischen »Ich« und »Nicht-Ich« erlaubt, die für alle Gefühlserfahrungen notwendig ist – eine Erfahrung, die den kreativen Sprung zwischen Wissendem und Gewußtem zuläßt. Sie bestätigt das Hin und Her zwischen Subjekt und Objekt als Voraussetzung für Liebe und Erkenntnis.

In meiner früheren Erörterung dieses Prozesses habe ich über eine solche Autonomieauffassung in dem Sinne geschrieben, als erforderte sie ein Ich-Gefühl, das »sich in Opposition zur Mutter abgrenzt« – und als ob die »momentane Lockerung der Grenzen« eine sekundäre Möglichkeit innerhalb des Kontexts einer sicheren Abgrenzung des Selbst vom Anderen wäre. Jetzt scheint es mir wesentlich hervorzuheben, daß die dynamische Autonomie letztlich ebensosehr ein Produkt der Bezogenheit wie der Abgrenzung ist; keine von beiden hat Priorität. Die dynamische Autonomie spiegelt ein Ich-Gefühl (Winnicott nennt es das »wahre Selbst«), das sich von anderen abgrenzt und sich auf andere bezieht, und ein Gefühl für andere als Subjekte, mit denen man genug gemeinsam hat, um die Anerkennung ihrer unabhängigen Interessen und Gefühle zuzulassen – kurz gesagt, um sie als andere Subjekte anzuerkennen. Dieses Gefühl entwickelt sich nicht nur aus der Erfahrung von Kompetenz, aus der Fähigkeit, andere und die eigene Umgebung in befriedigender Weise zu beeinflussen, sondern auch und vor allem aus der Erfahrung einer Kontinuität und Gegenseitigkeit der Gefühle in der Beziehung zwischen Kind und Mutter (oder einem anderen primären Versorger). Dieses – für die meisten von uns nur gelegentlich realisierte – Ideal ermöglicht der sehr realen Unbestimmtheit in der Unterscheidung zwischen Subjekt und Objekt, mehr als Ausweg aus Verwirrung und Bedrohung zu dienen denn als Quelle derselben. Vor allem erlaubt dieses Ideal den Gebrauch der Unbestimmtheit, um ein klareres Durchschauen (und eine reifere Liebe) des Anderen in seiner oder ihrer Eigenständigkeit zu erreichen. Entsprechend entsteht so ein Gefühl für verantwortliches Handeln in einer Welt der Wechselwirkungen und der zwischenmenschlich Handelnden, mit denen man eine Wesensverwandtschaft empfindet, während man gleichzeitig ihre unabhängige Integrität erkennt und akzeptiert.

Verantwortliches Handeln ist in dem Maße wirksam, als es auf angemessener (oder realistischer) Anerkennung der Unterschiede zwischen einem Selbst und einem Anderen beruht. Gleichzeitig heißt, sich nach der Welt zu richten, sich nach anderen zu richten, jedoch mehr oder weniger als man selbst, das heißt, es ist mehr ein Handeln *in* der Welt als ein Handeln *nach* der Welt. Das soll nicht heißen, daß solche Handlungen (wie Handlung überhaupt) nicht auf ein erwünschtes Ziel ausgerichtet oder daß sie nicht von dem Wunsch hervorgerufen worden seien, eine Veränderung zu bewirken. Es soll nur soviel heißen, daß die Wünschbarkeit der Ziele nicht nur von den eigenen Bedürfnissen bestimmt wird, sondern ebenso von den Bedürfnissen anderer.

Wo eine solche Durchlässigkeit der Grenzen zwischen Selbst und Anderem bestehen kann, verliert die Unterscheidung zwischen Eigennutz und Altruismus allmählich ihre Deutlichkeit. Sie verschwindet jedoch nicht. Nicht aus jeder Differenz entsteht ein Konflikt. Doch Konflikt, ob inner- oder zwischenmenschlich, ist ein unentrinnbarer Aspekt der menschlichen Existenz. Und anders als die bloße Differenz bringt der Konflikt unvermeidlich das Problem der Kontrolle mit sich – die oberhalb und unterhalb der Kontrollarten vorkommt, die im Zusammenhang mit effektivem Handeln genannt worden sind. Konflikte wecken das Bedürfnis, sich selbst oder andere zu kontrollieren, und zwar als Reaktion auf ein Gefühl von Gefährdung. Selbstkontrolle ist also eine Reaktion auf innere (oder internalisierte) Bedrohung, während die Kontrolle der anderen eine Reaktion auf äußere (oder externalisierte) Bedrohung ist. Das Maß, in dem jemand Klarheit über die Differenz zwischen dem Selbst und dem Anderen erlangen kann, bestimmt seine Fähigkeit, die Quelle der Bedrohung richtig zu lokalisieren, und entsprechend wird er vermeiden können, in Selbstkontrolle als Versuch der Kontrolle über den Anderen (oder umgekehrt) zu geraten. Andererseits bewirkt die Aufrechterhaltung der Kontinuität zwischen dem Selbst und dem Anderen eine Verhinderung der Neigung, von dem Bedürfnis nach Kontrolle oder Zügelung des Anderen, mit dem man im Streit liegt, in den Wunsch nach Verletzung oder Zerstörung hineinzugleiten. Eine solche Kontinuität – als eine beständige Erinnerung an die Person des Anderen – kann das Bemühen um gewaltlose Lösungen zwischenmenschlicher Konflikte fördern und die aufgestiegenen aggressiven Gefühle verhindern oder auch nur zerstreuen.[4]

Das hier beschriebene Ideal erfordert einen besonderen Balanceakt. Es setzt voraus, daß die Angst vor Verschmelzung, vor dem Verlust der Grenzen einerseits und die Angst vor Einsamkeit und Bindungsverlust andererseits im Gleichgewicht gehalten werden *können*. Es setzt außerdem voraus, daß die gegensätzlichen Wünsche nach Intimität und nach Unabhängigkeit miteinander vereinbar sind. Dieses Ideal ist uns nicht unbekannt; man kann es in den Schriften der wichtigsten Objektbeziehungstheoretiker nachlesen, besonders bei Winnicott (1971), Fairbairn (1952) und Guntrip (1961) und noch expliziter bei Kohut (1971, 1977) – und es ist noch sehr viel stärker hervorgehoben bei Chodorow (1978) und Gilligan (1982). Doch es hat keine allgemeine Geltung. Es ist eine weit geläufigere Annahme in der psychologischen Literatur, daß die beiden Dispositionen, die Ängste und das Begehren, weder miteinander zu versöhnen sind, noch vergleichbares Gewicht haben. Dazu bemerkt Jean Baker Miller: »Heutige Forscher in der psychoanalytischen Tradition... sehen die Entwicklung des Selbst als einen Prozeß der Trennung des Selbst von der Matrix der Anderen, ein ›sein eigener Herr werden‹. Die Entwicklung des Selbst kommt zustande als Ergebnis einer Reihe von schmerzhaften Krisen, in denen der Einzelne eine entscheidende Sequenz der Trennungen von Anderen durchläuft.«[5] Freud war geneigt, Liebe und den Wunsch nach Vereinigung mit anderen als antagonistisch zur individuellen Entwicklung wie auch zur Kultur zu verstehen. In *Das Unbehagen in der Kultur* (1930) sagt er, daß Liebe den Interessen der Kultur entgegenstehe. Lust und Realität zeigen sich in seiner streng pessimistischen Lebensauffassung als gegensätzliche Prinzipien. Der Drang nach Verschmelzung ist so zwingend, daß er einem lebenslangen Widerstand unterworfen werden muß; er übersteigt in so hohem Maße den Wunsch nach Unabhängigkeit, daß Autonomie – und unter diesem Gesichtspunkt auch die Selbstgewißheit – sich nur unter Zwang entwickelt, unter dem Druck der Notwendigkeit.

Wenn diese Beschreibung zutrifft, dann wäre ein entwicklungsmäßiges Ideal, das scharf gezogene Grenzen zwischen dem Selbst und dem Anderen beinhaltet, psychologisch gesehen sinnvoll. Doch würden wohl alle psychologischen Theoretiker zustimmen, daß der Versuch, eine absolute Grenze zwischen Selbst und Anderem zu ziehen, ein Fehlgehen der Entwicklung darstellen würde oder zumindest »eine Entwicklung, die irgendwie zu weit gegangen ist« (Shapiro 1981, S. 74) – die Wachstum und Wahrnehmungsvermögen behindert und ebenso eine aufrichtige Selbsteinschätzung und die Fähigkeit, einen anderen zu lieben. Sie führt in einen Zustand von Selbstentfremdung, von negierter Verbundenheit und defensiver Getrenntheit, also in einen Zustand, der schließlich in »die Berührungslosigkeit mit den

Tatsachen des Lebens« (Winnicott 1971, S. 67) führt. So gesehen nimmt Autonomie die gängige Definition von freier und ungehinderter Selbständigkeit an, von Unabhängigkeit gegenüber anderen und der Umgebung. Doch Unabhängigkeit und Selbständigkeit machen für solche Individuen ständige Wachsamkeit und Kontrolle erforderlich, und diese Erfordernis ist ein Anzeichen für das Ausmaß, in dem eine solche psychologische Haltung bestehende Furcht und Angst vor dem »Nachgeben« (entweder gegenüber inneren Impulsen oder gegenüber äußerem Druck) spiegelt, das heißt, anhaltende Angst vor der eigenen Autonomie.

Ständige Wachsamkeit und Kontrolle sind die verräterischen Kennzeichen einer Auffassung von Autonomie, die ihre eigenen Ziele Lügen straft. Sie spiegeln nicht ein Vertrauen in die eigene Abgrenzung von anderen, sondern vielmehr den Widerstand (oder sogar die Ablehnung) gegen eine Gleichheit, nicht die Stärke des eigenen Willens, sondern vielmehr den Widerstand gegen den Willen eines anderen, nicht ein Gefühl der Selbstachtung, sondern vielmehr die Unsicherheit gegenüber der Beständigkeit des Selbst und nicht die Sicherheit über die eigenen Ich-Grenzen, sondern vielmehr ihre Verletzbarkeit. Sie verraten die Ängste vor Abhängigkeit, vor dem Verlust der Selbstkontrolle und vor dem Selbstverlust. Die Kontrolle (seiner selbst oder eines anderen) wird als eine Möglichkeit zur Linderung dieser Ängste eingesetzt. In dem Maße, wie jemandes psychische Welt von Konfliktempfindungen durchdrungen ist, scheint die Kontrolle eine natürliche und notwendige Reaktion zu sein. Doch ist es in erster Linie eine defensive Reaktion, und ihre Effektivität ist deshalb nur kurzlebig. Aus diesem Grund beschreibt David Shapiro diese Haltung (eine extreme Form dessen, was ich als statische Autonomie bezeichnet habe) als eine »Pseudo-Autonomie« und nicht als eine echte. Er führt aus: »Flexibilität – nicht Striktheit – ist ein Zeichen von aktiver Selbst-Lenkung. Und es ist Flexibilität, nicht Striktheit, die eine wirklich objektive Haltung zur Welt zum Ausdruck bringt.« (1981, S. 74–75)

Der Versuch, die psychische Landschaft so großflächig vorzuführen, muß notwendig die feineren Unterscheidungen zwischen den vielen Persönlichkeitsformen vermissen lassen, die nur das Streben nach einer erstarrten oder Pseudoautonomie und eine übermäßig abgegrenzte Ich-Definition gemeinsam haben. Eine so allgemeine Darstellung kann es nicht leisten, zwischen offenkundigen Fehlern und scheinbaren Erfolgen zu unterscheiden: denjenigen, deren Kontrollbestreben gegenüber anderen eine offensichtliche Verwirrung zwischen dem Selbst und dem Anderen aufdeckt, und denen, für die diese Bestrebung eine Klärung und Verfestigung dieser Unterscheidung bedeutet. Außerdem unterscheidet sie nicht zwischen den vielen Individuen, die trotz ihrer Unfähigkeit zum Lieben ein produktives und konstruktives Leben führen, und jenen, bei denen akute Ängste vor dem »Nachgeben« zu obsessiver Zwanghaftigkeit und sogar zu Paranoia führen. Vor allem aber unterscheidet sie nicht zwischen denen, für die Kontrolle die Bedeutung von Reglementierung und Gängelung hat, und jenen, für die Kontrolle die ausdrücklich aggressive Bedeutung von Herrschaft und Destruktion hat. Für unsere Zwecke verdient die letztgenannte Unterscheidung die größte Aufmerksamkeit.

Wenn Kontrolle eine natürliche und notwendige Reaktion auf Konflikte ist, wenn man sie als einen Versuch zur Bewahrung und Förderung der Autonomie unter unglücklichen Bedingungen versteht, dann ist Herrschaft eine Reaktion auf Konflikte in einer Welt aus unwiderruflich ungleichen Teilnehmern. Sie ist ein Mittel, um sich in einer schon festgelegten Hierarchie einen Platz zu verschaffen, in einer Welt, in der die Alternative zur Beherrschung als Unterwerfung angesehen wird. Die Tatsache, daß diese Reaktion auch dazu beiträgt, eine solche Welt zu erschaffen, soll hier nicht übersehen werden. Entscheidend ist aber, daß die Verlagerung von der Kontrolle zur Herrschaft nicht nur aus dem Kampf um Autonomie und um die Abgrenzung des Selbst vom Anderen verstanden werden kann, sondern von daher, daß sie viel wesentlicher aus der psychischen Angleichung der Autonomie an äußere Autoritäten entsteht. Es ist eine Angleichung oder Verschmelzung, die Jessica Benjamin als »ausdrücklich der Epoche des liberalen Kapitalismus angepaßt« (1982, S. 196) bezeichnet.[6] Der entwicklungsmäßige Zusammenhang dieser Angleichung wird in einem späteren Abschnitt behandelt werden, jetzt scheint es mir sinnvoll, die Phänomenologie von Autonomie und Autorität in der menschlichen Psychologie zu betrachten, vor allem insoweit, als sie die Beziehung zwischen Kontrolle und Herrschaft erhellt. In diesem Zusammenhang ist Shapiros Analyse des Sadismus und des starren Charakters von besonderem Nutzen (1981, Kapitel 5 und 6).

Herrschaft

Der Versuch, Kontrolle durch Herrschaft über einen anderen zu erlangen, ist ein uns allen vertrauter Vorgang, der seine extremste und durchsichtigste Form in der sadistischen Persönlichkeit annimmt. Erich Fromm hat dazu festgestellt, daß »das Verlangen, absolute und ungehinderte Kontrolle über ein Lebewesen zu haben« (1973, S. 322), das Wesensmerkmal des Sadismus ist. Er geht davon aus, daß seine primäre Funktion darin liegt, die »Erfahrung der Impotenz in die Erfahrung der Omnipotenz« (S. 323) zu transformieren. Er ist ein Zeichen der Anerkennung von Macht und der Verachtung von Schwäche, und diese Eigenschaften teilt der Sadist mit allen autoritären Persönlichkeiten. In diesem Sinne ist Sadismus ein besonderer Ausdruck für die extreme Verachtung von Schwäche und Verletzlichkeit.

Wesentlich für die Selbstachtung sadistischer Individuen ist die Existenz anderer, denen gegenüber sie ihre überlegene Macht demonstrieren können. Ihre Stellung in der Hierarchie, ihre Nähe zu denen, die sie respektieren, und ihre Distanz zu denen, die sie verachten, sind das absolute Maß für ihre Selbstachtung. Zusätzlich zu der allgemein bekannten Gleichsetzung von Macht und Wertschätzung nimmt der Sadist eine ausgesprochene Bestrafungshaltung gegenüber denjenigen an, die er für unterlegen erachtet. Shapiro schreibt dazu: »Für eine bestimmte Sorte von ›harten‹ Männern verkörpern solche Personen, die Frauen im allgemeinen sein können, vor allem aber ›effeminierte‹ Männer, wofür das strikte Individuum sich schämt, es weist sie defensiv zurück und haßt sie. Es ist von ihnen angeekelt, manchmal in Wut gebracht, die bis zur Obsession reicht; wenn es außerdem noch in einer Position von tatsächlicher Macht oder Autorität ist, kann es dahin getrieben werden, sie zu bestrafen... Eine solche Bestrafung... zeigt ihr eigentliches Wesen: ›Schwäche‹ durch ›Disziplinierung‹ zu bestrafen, Unterlegenheit zu beschämen und ihrer bewußt zu machen durch Erniedrigung und Degradierung, um zu ›zeigen, wer der Herr ist‹.« (1981, S. 106–07)

Die Wirkung eines solchen Verhaltens auf das Opfer hängt wesentlich von der Fähigkeit des Opfers zur »Identifikation mit dem Aggressor« ab. Jean Baker Miller hat eine Unterscheidung getroffen zwischen »zeitweiser« und »andauernder Ungleichheit« (1976, S. 4–6), die hier wesentlich ist. Für Söhne und Militärrekruten ist ein solches Bestrafungsverhalten absehbar und sogar intendiert, um die Erlangung derselben Stellung gegenüber anderen (zukünftigen) Untergebenen zu fördern; bei Frauen und anderen Individuen, die in Beziehungen von ständiger Ungleichheit geworfen sind, ist es wahrscheinlicher, daß sie die Entwicklung einer reziproken Opferhaltung oder masochistischen Haltung fördern. In beiden Fällen reproduziert sich ein solches Verhalten selbst[7]: Es perpetuiert das Beschäftigtsein mit Über- und Unterlegenheit und die Gleichsetzung von Selbstachtung mit der Position in der Machthierarchie.

Den Sadismus zu untersuchen ist für uns auch weiterhin von Bedeutung wegen seines engen Zusammenhangs mit Sexualität; ein Zusammenhang, der aus der Erotisierung der Macht erwachsen ist. Dem sexuellen Sadisten (oder Masochisten) erlaubt Aggression nicht nur sexuelle Anregung: Sie ist die absolute Essenz der sexuellen Erregung. Die Erniedrigung eines anderen ist gerade darum eine Quelle der Erotik, weil sie zweierlei befriedigt: das Bedürfnis, »sich mit dem Aggressor zu identifizieren«, das heißt den Wunsch, zu verschmelzen und eins zu werden mit den »Mächtigen da oben« (Shapiro 1981, S. 103), und außerdem bestätigt sie die eigene Abgrenzung von dem verhaßten und furchtbaren Schwachen. Indem der andere seinen Willen dem eigenen Willen des Sadisten überläßt, beweist dieser seine Macht und seine phallische Integrität. Damit verstärkt er seine Affinität zu denen da oben und demonstriert seine Distanz zu denen da unten. Sexualität nimmt jetzt eine ganz spezielle Bedeutung an: nicht Gegenseitigkeit, sondern Herrschaft, nicht Liebemachen, sondern »Ficken«, nicht Verlust der Grenzen des Selbst, sondern Versicherung des Selbst. Simone de Beauvoir hat das beschrieben als den Ausdruck »des Willens, der versessen ist auf die Erfüllung des Fleisches, ohne sich darin zu verlieren« (1970, S. 39); Shapiro nennt es eine »Sexualität des Willens« (1981, S. 129). Ein Gesichtspunkt, der von Bataille (1977) und Jessica Benjamin (1980) hervorgehoben worden ist, betrifft den grundsätzlich stellvertretenden Charakter dieser Art von Sexualität: Das Fleisch wird *durch* und *mit den Mitteln* des Selbstverlustes des Anderen befriedigt. Die sexuelle Unterwerfung des Anderen wird durch die Abgrenzung des Selbst vom Anderen in der Weise erotisch, als sie die Verachtung und die Impotenzängste (wie auch die Angst vor dem Ich-Verlust) vom Selbst auf den Anderen lenkt; zugleich transformiert sie die vorgestellte Omnipotenz des Anderen in Impotenz. Impotenz und Abhängigkeit werden so in der Willenlosigkeit des Anderen gebunden, und die Macht wird nach dem Willen des Selbst geregelt.[8]

Die hier beschriebene Haltung ist nicht auf den sexuellen Sadismus beschränkt. Sie ist, wenn auch weniger deutlich, in vielem gegenwärtig, was wir für normale Sexualität halten. John Updike behauptet, für die Männer allgemein zu sprechen, wenn er schreibt: »Wir wollen vögeln, was wir fürchten« (zitiert bei May 1980, S. 140); das Gefühl der Kontrolle über andere, das durch die sexuelle Eroberung hervorgerufen wird, unterscheidet sich nur graduell von dem durch Vergewaltigung bewirkten. Shapiro kommt zu dem Schluß, daß »gerade solche Gefühle die sexuellen Haltungen vieler ›harter‹ Männer charakterisieren und auch eine bestimmte Auffassung von ›Männlichkeit‹ bestimmen« (1981, S. 133); er unterschätzt jedoch die Vorherrschaft dieser Haltungen und dieser Auffassung. Offener Sadismus stellt lediglich ein Phänomen in seiner reinen Form zur Schau, das in der menschlichen Psychologie allgemein verbreitet ist: die Sucht nach Herrschaft, sexueller oder nichtsexueller. Eine von der sadistischen Persönlichkeit als einem Extremfall ausgehende Analyse der Psychodynamik von Herrschaft erhellt, daß Herrschaft nicht einfach eine Reaktion auf Abgrenzung oder Konflikt oder auf Ungleichheit an sich ist, sondern auf Ungleichheit, die durch das Schreckgespenst einer sich auflösenden Abgrenzung bedrohlich wird. Das heißt, Herrschaft ist eine Reaktion auf die Gefahren der Machtlosigkeit eines Anderen, die durch den eigenen Mangel an Abgrenzung und Autonomie hervorgerufen wird. Herrschaft garantiert die Unauflösbarkeit der Verschiedenheit, indem sie jede Verschiedenheit als Ungleichheit auslegt – eine Ungleichheit, die durch eine erzwungene vertikale (hierarchische) Distanz verschlimmert wird.

Autonomie und Geschlechtsspezifik

Autonomie, Kontrolle und Herrschaft liegen auf einem Kontinuum, das von sich aus keinen Unterschied zwischen männlich und weiblich macht. Menschen beiderlei Geschlechts haben Schwierigkeiten mit dem Sinn von Eigenständigkeit, Autonomie und Intimität und mit dem Bedürfnis, die Integrität ihres Selbst unter der Anspannung von Liebe, Konflikten und Machtabstufungen zu bewahren. In dem Bemühen, die Integrität des Selbst aufrechtzuerhalten, können Menschen beiderlei Geschlechts dahin kommen, und sie kommen dahin, Selbstkontrolle und Kontrolle von anderen als Mittel anzusehen, ihre Ich-Grenzen und zugleich auch ihre Selbstachtung zu stärken.

Es ist aber eine feststehende Tatsache in unserer Kultur, daß Männer dazu neigen, sich vor allem mit Fragen ihrer Autonomie zu beschäftigen, und es sind sehr viel häufiger Männer als Frauen, die diese Autonomie durch das Streben nach Herrschaft und Beherrschung zu stützen suchen. Diese Tatsache ist nicht nur ein Zeichen dafür, daß Männer einen größeren Zugang zur Macht haben, sondern es zeigt viel tiefergehend unser eigentliches Verständnis davon, was es heißt, ein Mann zu sein. Sie ist ein Spiegelbild der psychischen Konstruktion des Mannes.

Die erste und vielleicht wichtigste Verbindung zwischen Autonomie und Männlichkeit ist in dem vorhergehenden Essay beschrieben worden. Seit ich diesen Essay geschrieben habe, ist die Dynamik der Geschlechterentwicklung im Kontext der mütterlichen Obhut von anderen Autoren sehr viel umfassender dargestellt worden, vor allem von Nancy Chodorow (1978, 1979). Was Chodorow dieser Diskussion hinzufügt, ist die Hervorhebung des dualen Charakters des Ablösungs-Individuierungs-Prozesses. Dieser Prozeß führt nicht nur zu der Erkenntnis vom Selbst, das sich von anderen unterscheidet, sondern auch zu der endgültigen Anerkennung des Anderen als Subjekt, wie man es selbst ist. Diese Dualität entsteht aus der Reziprozität der Mutter-Kind-Wechselbeziehung. Im Geben und Nehmen dieser Wechselbeziehung (die ausführlich durch neueste Beobachtungen an agierenden Müttern und Kindern dokumentiert ist) fördert die mütterliche Anerkennung die Kontinuität und die Abgrenzung. Die Freude, die die Mutter (oder der primäre Versorger) auf die wachsende Autonomie des Kindes ausstrahlt, ist eine entscheidende Komponente in der Entwicklung dieser Autonomie. Noch entscheidender ist, daß sie dazu beiträgt, »eine Unterschiedlichkeit, die nicht Andersartigkeit oder Separiertheit ist, sondern eine besondere Art der Verbundenheit mit anderen« (Chodorow 1979, S. 60), zu befördern.

Die Möglichkeit, Freude an der Autonomie eines anderen zu haben, ist für sich schon der Beweis eines Selbstgefühls, das sich zugleich in bezug auf und in Abgrenzung von anderen definiert. Es hat zur Voraussetzung, einerseits eine Alternative zur Symbiose und andererseits zur Entfremdung vom Anderen zu sein. Doch ein solches Selbstgefühl, das durch den dialektischen Prozeß der mütterlichen Anerkennung ermöglicht wird, kann genauso durch zu große oder zu geringe Betonung der Trennung und der Unterschiedlichkeit gefährdet werden. In der von uns hier benutzten Sprache wirkt die kulturelle Definition von männlich und weiblich als polaren Gegensätzen, wobei der eine Pol auf Unterschiedlichkeit und der andere auf Ähnlichkeit basiert, gegen die Entwicklung dynamischer Autonomie für beide Geschlechter. Diese Definition führt zu einer Verunmöglichung von Kontinuität einerseits und Abgrenzung andererseits. Beide Verhinderungen sind gleichermaßen nachteilig für die Anerkennung von Intersubjektivität. Diese sexuellen Aufteilungen können im Hinblick auf die Reproduktion von Müttern ganz gut funktionieren, das heißt bei der Schaffung von Frauen, die besser für die Bemutterung geeignet sind als Männer (und von Männern, die besser für ein instrumentales Leben geeignet sind als Frauen). Indem aber die Autonomieentwicklung bei Frauen verhindert wird, tragen sie wiederum dazu bei, Mütter zu reproduzieren, die aufgrund ihres eigenen unterentwickelten Ich-Gefühls die wachsende Autonomie des Kindes als Verlust oder Zurückweisung empfinden und dadurch unfähig sind, das umfassende duale Potential der Mutter-Beziehung zu erfassen. Mütter, die sich auf ihre Kinder stützen im Hinblick auf die Kontinuität, von der sie durch ihre Sozialisierung abhängig sind und die sie ein Leben lang nicht leugnen können, sind schlecht vorbereitet, die dynamische Unabhängigkeit zu fördern, die ihre Kinder brauchen.[9] Eine Folge der Geschlechterpolarisierung ist also eine Deformation der Auffassung von Mutterschaft, die gerade die Bedingungen für ihre eigene Deformation schafft.

Das lenkt unsere Aufmerksamkeit auf einen wichtigen Gesichtspunkt, der auch in der feministischen Literatur oft aus dem Auge verloren wird und der auch in meinen früheren Darstellungen psychischer Entwicklungen fehlt: das unausweichlich selbstauslösende und zyklische Wesen des Entwicklungsprozesses. Weil Mütter (und Väter) selbst einmal Kinder waren, muß jede Analyse der psychischen Entwicklung, die die Mutterrolle (oder Vaterrolle) als einen Fixpunkt annimmt, fehlerhaft bleiben. Die psychische Entwicklung kann nicht als eine lineare kausale Abfolge vorgestellt werden, sondern muß als eine komplex wechselwirksame Dynamik verstanden werden, bei der die konstitutiven Faktoren als Ursache und Wirkung fungieren.

Obwohl eine Analyse, die das Hauptaugenmerk auf die Mutter-Kind-Beziehung lenkt (vor allem dann, wenn sie die Bedeutung des kulturellen Kontexts, in dem Entwicklungen stattfinden, berücksichtigt), uns erlaubt, die Unterschiede in der Autonomieentwicklung zwischen männlichen und weiblichen Kindern zu verstehen, ist sie nicht ausreichend für das Verständnis von Geschlechtsasymmetrien bei der Anpassung von Autonomie an die Macht. Dieses Phänomen ist ein entscheidender Bestandteil für die Ausprägung der Elternteile. Um den Zusammenhang von Autonomie, Macht und Geschlechtsspezifik zu erforschen, müssen wir die vorausgegangene Diskussion ergänzen, um die Konfrontation des heranwachsenden Kindes mit der Autorität zu erklären. Dabei müssen wir davon ausgehen, daß auch Autorität psychisch begründet ist.[10] Das erfordert eine genauere Betrachtung der Veränderungen in der frühen Entwicklung. Vor allem muß die zentrale Rolle untersucht werden, die der typische weiße Vater der Mittelklasse bei der Ausbildung von Geschlechtsspezifik und Autonomie für das Kind spielt.

Väterliche Autorität

Die Konfrontation mit der Autorität Erwachsener, vor allem mit Zwang ausübender Elternschaft, kann bei Kindern beiderlei Geschlechts zu Willenskämpfen führen. Erikson lokalisiert den kritischen Moment in der Autonomieentwicklung in die anale Phase (siehe z. B. Erikson 1968), und zweifellos ist das Erlernen der Sauberkeit ein besonders anfälliger Bereich für reale oder imaginierte Störungen in der kindlichen Autonomieentwicklung. Die traditionelle psychoanalytische Theorie macht die Probleme dieser Entwicklungsphase für die Entwicklung der sadistischen Persönlichkeit verantwortlich. Doch der Mißbrauch von Erwachsenenautorität und die damit verbundene Schädigung des wachsenden kindlichen Selbstbewußtseins können zu jeder Zeit im Laufe der Kindheit auftreten (siehe z. B. Stern 1977). Solcher Mißbrauch kann zu einer exzessiven Beschäftigung männlicher und auch weiblicher Kinder mit dem Problem der Kontrolle führen, und führt auch meist dazu. Die beiden Geschlechter differieren in der auffallend unterschiedlichen Weise, in der diese Beschäftigung zum Ausdruck kommt. Diese Unterschiede sind in erster Linie durch die Konfrontation des Kindes mit der väterlichen Autorität bestimmt, das heißt durch das, was wir als die ödipale Lösung des präödipalen Konflikts kennen.

In der traditionellen psychoanalytischen Theorie wird der Eingriff des Vaters in die Mutter-Kind-Dyade als entscheidend für die Abgrenzung angesehen. Als Gegenpart zur Mutter wird die Intervention des Vaters als besonders lebensnotwendig für das männliche Kind angesehen. Sie schützt den Knaben vor einer Liebe, die ihn »in gefährlicher Weise von einem Teil der äußeren Welt, nämlich von seinem erwählten Liebesobjekt, abhängig macht« (siehe Freud 1930, S. 47); es beschützt ihn auch gegen die furchtbare Macht der Mutter. Indem der Vater ein anderes Bild der Macht darstellt, auf das der Knabe sich beziehen kann, ermöglicht er seinem Sohn eine besondere Art der Lösung aus der Spannung der Mutter-Kind-Dyade und eine spezielle Lösung aus der Bedrohung der Autonomie, die sowohl aus der Liebesverführung als auch aus dem Druck der mütterlichen Macht herrührt.

Nach unserem Verständnis bedeutet diese Loslösung eine neue Auffassung von Autonomie. Sie basiert nun nicht mehr auf gegenseitiger Anerkennung, Freude und Respekt, sondern auf einer Anpassung an die väterliche (legitimierte) Macht. Nicht nur die dialektische Einheit von Abgrenzung und Verbundenheit ist gebrochen: Das Gefühl der Unterschiedlichkeit ist durch die Einführung einer neuen Art von Beziehung gesichert.[11] Anstelle der Verführung der mütterlichen Intimität wird dem Sohn durch seine Identifikation mit dem Vater die Aussicht auf Herrschaft über das Mütterliche geboten. Seine männliche Identität muß nicht länger auf der fragwürdigen Definition des Männlichen als »Nicht-Weiblichem« beruhen; vielmehr wird jetzt, wie bei Chodorow (1979, S. 64–66) und bei Benjamin (1980) diskutiert, »weiblich« als »nicht-männlich« definiert.

Weder Benjamin noch Chodorow haben ausreichend darauf hingewiesen, daß die Bedeutung dieser väterlichen Intervention nicht nur von der Autorität des Vaters abhängt, sondern auch von der Entlegitimierung der mütterlichen Autorität und der daraus resultierenden Deformation der Mutterrolle. Väterliche Autorität wird dem Sohn nicht einfach auferlegt, sie wird gewöhnlich aktiv gutgeheißen und sogar eingefordert. Die Anziehungskraft, die die Macht des Vaters auf Söhne und Töchter ausübt, wächst, wie Feministinnen oft beobachtet haben, im direkten Verhältnis zu dem Maß, in dem eine Kultur die Mutter abwertet. Doch die Mütter sind in diesem Prozeß keine passiven Zuschauer. Sie reagieren auf diese Abwertung in einer Weise, die ihr Dilemma häufig noch verschlimmert. Mütter sind sowohl Handelnde als auch Opfer, genauso wie Väter sowohl Opfer als auch Handelnde sind. Das heißt – und das will ich versuchen zu zeigen –, die bedrängende Mutter ist nicht nur eine böswillige Karikatur unserer Kultur oder einfach eine Projektion der eigenen Ängste des Kindes; es ist eine Rolle, die viele Mütter als Reaktion auf ihre eigene Machtlosigkeit unbewußt annehmen. Für diesen Zusammenhang ist mein entscheidender Gesichtspunkt jedoch, daß die Autorität des Vaters ihre Anziehungskraft aus der öffentlichen (und familiären) Legitimation eben dieser Autorität bezieht *und* aus der Erfahrung einer sowohl realen als auch vorgestellten mütterlichen Macht. Die Aufspaltung zwischen väterlicher Autorität und mütterlicher Macht – die in der

Kultur kodifiziert sind, in der Familie reproduziert werden und in der kindlichen Vorstellung ihre Ausprägung finden – schlägt sich entscheidend in der Entwicklung der kindlichen Geschlechtsidentität nieder. Sie ist das Ergebnis und wesentlicher Bestandteil des gesamten sozialen Systems, das nicht nur von Vätern und Söhnen errichtet worden ist – und diese prägt –, sondern ebenso von Müttern und Töchtern. Je bedrängender die Mutter ist, desto attraktiver wirkt sich die Intervention der väterlichen Autorität aus; je autoritärer der Vater ist, desto tiefer ist die Spaltung, die so zwischen Autonomie und Liebe (vor allem der Liebe von und zu Frauen)[12] herbeigeführt wird, oder genauer gesagt, zwischen Autonomie und Abhängigkeit. Je größer der Gegensatz zwischen Autonomie und Abhängigkeit, desto weiter wird die Kluft zwischen Männlich und Weiblich. Mit dieser »statischen« Definition von Autonomie wird der Machtbegriff seinerseits neu definiert: Fortan sitzt seine Legitimation im Phallus. Die Macht der Mutter wird zunächst durch Entlegitimierung neutralisiert und schließlich durch Ablehnung.

Das feministische Verständnis der psychoanalytischen Theorie macht deutlich, in welcher Weise eine solche Spaltung die Möglichkeit ausschließt, die Mutter als eine eigenständige Person anzuerkennen. Im individuellen wie auch im kulturellen Unbewußten ist sie eine Figur, die von gleichzeitigen Phantasien der Omnipotenz und der Impotenz verunklärt wird.[13] Nur wenige von uns lernen die wahre Mutter kennen, ihre wirkliche Macht oder die realen Grenzen ihrer Macht. Statt dessen lebt sie als ein Gespenst fort, das abwechselnd überwältigend und inkonsequent ist. Indem das männliche Kind sich mit dem Vater identifiziert und sich von der Mutter weg-identifiziert, versucht es, sich aus der Einflußsphäre der Mutter völlig zu entfernen. Durch Beherrschung lernt der Knabe, ihre Omnipotenz in Impotenz zu transformieren.

Für das weibliche Kind hat die Intervention des Vaters jedoch ganz andere Implikationen. Wie der Sohn von seinem Vater eine neue Bedeutung von Männlichkeit lernt, so erlernt die Tochter eine neue Bedeutung von Weiblichkeit. Sie lernt Unterwerfung als die Kehrseite der Beherrschung – als eine Technik weiblicher Verführung. Sie sucht in der Liebe nach einem Mittel, stellvertretend an der Autorität des Vaters teilzuhaben und gleichzeitig die unterschwellige Macht der Mutter für sich zu ergreifen und auszudehnen. Das heißt, sie wird das Muttergespenst internalisieren, während sie gleichzeitig all seine Ambiguität unterdrückt.[14]

Herrschaft und Unterwerfung sind verwandte Verhaltensweisen – beide sind Ersatzverhalten für wirkliche Abgrenzung und dynamische Autonomie. Beide führen erstaunlicherweise zu demselben Ergebnis. Bei Kindern beiderlei Geschlechts und ebenso bei den meisten Erwachsenen[15] hält die mythische Macht der Mutter an.[16] Die Erotisierung der väterlichen Macht und die damit verbundene Entwertung der mütterlichen Macht mögen sowohl Töchtern als auch Söhnen Schutz versprechen gegen die Gefahren, die in der Mutter verkörpert sind, doch in beiden Fällen hat dieser Schutz nur begrenzte psychische Wirksamkeit. Anstatt wirkliche Abgrenzungsfähigkeit und Selbstvertrauen zu fördern, hält er andauernde Angst vor der Differenz zwischen dem Selbst und dem Anderen aufrecht, indem er das Bemühen um Herrschaft bei Knaben und das Bemühen um Unterwerfung bei Mädchen unterstützt. Er verschärft außerdem die bereits sichtbare Differenz zwischen männlich und weiblich und entläßt Töchter und Söhne mit einem Auftrag, den sie als Mütter und Väter erfüllen werden. Bei Müttern, die in fundamentaler Unklarheit über die Natur und die Grenzen ihrer eigenen Macht bleiben, wird die Liebe selbst vergiftet. Bei dem Versuch, eine Art Macht zu behaupten, können sie leicht Liebe mit Besitzanspruch und Aufdringlichkeit verwechseln.[17] Eine solche Verwechslung ist sehr weit verbreitet und sie wirkt sich auf zwei Arten aus, indem sie uns alle dazu bringt, das eine Mal rücksichtsvolle und entgegenkommende Fürsorgehandlungen als Aufdringlichkeit fehlzuinterpretieren und das andere Mal Aufdringlichkeit als Liebesbeweis falsch auszulegen. Vielmehr noch kann das Verhalten von Müttern, da sie ja auch Mitglieder derselben Kultur sind, Väter und Söhne häufig in ihrer eigenen Verwirrung über die mütterliche Liebe und Macht noch bestärken und von daher auch in ihrem defensiven Verhalten, das zunächst in Autonomie und schließlich in Macht und Herrschaft zum Ausdruck kommt.

Schlußfolgerung

Sehr wahrscheinlich ist die menschliche Natur so geartet, daß die Spannung zwischen Autonomie und Intimität, zwischen Trennung und Verbindung, zwischen Aggression und Liebe unlösbar ist. Aber Spannung ist nicht dasselbe wie Opposition, und der Vorsatz dieser Analyse war es, die Wege zu verstehen, auf denen unsere psychische Erfahrung – vor allem die der Abtrennung des Männlichen vom

Weiblichen – zu einer Spaltung von Autonomie und Intimität, Trennung und Verbindung, Liebe und Macht führt. Zu diesem Zweck habe ich eine Entwicklungstheorie vorgeführt, die sowohl ein kulturelles Ideal darstellt als auch einen großen Anteil an gelebter menschlicher Erfahrung, der auch weiterhin bestehen wird – vor allem in der heutigen »narzißtischen« Kultur (siehe Lasch 1979; auch Loewald 1979, S. 751–75). Die psychoanalytische Theorie ist zwar deskriptiv, aber auch normativ. Sie umfaßt ein Elternschaftsmodell, das weitreichende Konsequenzen für die Verhaltensweisen hat, die Väter und Mütter tatsächlich zeigen. In diesem Sinne spielt die psychoanalytische Theorie selbst eine Rolle in der psychosozialen Dynamik, die der Verbindung von Liebe mit weiblicher »Impotenz« und von Autonomie mit männlicher »Macht« eine solche Kraft verleiht. Freuds tief pessimistische Auffassung von der menschlichen Natur, sein radikales Mißtrauen gegen den mütterlichen Einfluß und seine konsequente Idealisierung der »ödipalen Sozialisation« haben erfolgreich dazu verholfen, die Psychologie seiner Epoche »einzubürgern«.

Die Korrekturen, die von Objektbeziehungstheoretikern angebracht worden sind, und die feministischen Überprüfungen sind von größter Bedeutung für das Bemühen, die Phänomenologie in ihren sozialen Kontext einzusetzen.[18] Sie verändern von sich aus nicht die Phänomenologie selbst, doch tragen sie dazu bei, die akzeptierten Normen zu verlagern, sie bieten die Möglichkeit einer indirekten Veränderung. Zunächst einmal erleichtern sie die Erkenntnis und Anerkennung von anderen Erfahrungsweisen, die bisher von der traditionellen psychoanalytischen Theorie verschleiert worden waren, die jedoch heutigen psychologischen Beobachtern zunehmend sichtbar werden. Vor allem das Werk solcher psychoanalytischer Neuerer wie Ernest Schachtel (1959)[19], John Bowlby (1969), Mary Ainsworth (1969) und in jüngster Zeit Heinz Kohut (1971, 1977). Kohut stellt nicht nur die Bedeutung der ödipalen Phase in Frage, sondern auch und vor allem ihre Notwendigkeit, und lenkt die Aufmerksamkeit auf die Art und Weise, in der Mutter-Kind-Interaktionen die Autonomieentwicklung durch Liebe, Aufmerksamkeit und Verständnis unterstützen. Die Arbeiten der genannten Autoren tragen dazu bei, das Werk der Mütter zu legitimieren, und legen auch für Väter verständnis- und liebevollere Rollen nahe (allerdings nur implizit). Auf diese Weise tragen sie dazu bei, das Gleichgewicht der sozialen Werte zu verlagern, indem sie Raum schaffen für eine Alternative zu jenen Mustern männlicher und weiblicher Sozialisation, die eine Sexualisierung von Aggression, Macht und

Herrschaft reproduzieren.[20] Mit anderen Worten, sie schaffen Unterstützung für eine Auffassung von legitimierter Macht, die ebenso in mütterlicher Liebe wie in väterlicher Autorität wurzelt: Macht als ein Resultat kann nun im Verständnis des gegenseitigen Interesses und Wohlgefühls definiert werden und nicht mehr in erster Linie im Verständnis des Konflikts.[21]

Eine solche Neubestimmung der Macht, die sich wiederum von Herrschaft unterscheidet, hat tiefgreifende Konsequenzen für die menschlichen Beziehungen, sowohl in privaten als auch in öffentlichen Bereichen.[22] Was uns jedoch unmittelbar betrifft, sind ihre Implikationen für die Beziehung von Wissenschaft und Natur. Um diese Möglichkeiten auszuloten, muß ich zunächst die psychische Dynamik darstellen, die den Wunsch nach Herrschaft über andere Menschen mit dem Ehrgeiz nach Beherrschung der Natur verbindet und von da aus ein Bündel von Verbindungen zur Wissenschaft herstellt. Das nächste Kapitel widmet sich dementsprechend einer Untersuchung der kognitiven Entsprechungen zu der emotionalen Dynamik, die in diesem Essay erörtert worden ist.

6. Kapitel:
Dynamische Objektivität:
Liebe, Macht und Erkenntnis

> »Ich sage es noch einmal, ein gewöhnlicher Mensch kommt dann dem Wesen des wissenschaftlichen Prozesses am nächsten, wenn er sich verliebt.«
> »Du verliebst dich in das Objekt deiner Neugierde?«
> »Wie kommst du ausgerechnet auf *diesen* Vergleich?« entgegnete sie. »Gerade die Tatsache, daß etwas zum Objekt deiner Neugierde *wurde*, ist bereits *Prozeß*. Es ist schrecklich, das so auszudrücken, wie du es tust. Objekte der Neugierde? Ich nenne sie lieber Dinge. Du verliebst dich in ein Ding. Einmal verliebst du dich in eine Feuerstelle, ein anderes Mal in einen Baum, und ich meine ernsthaft, daß gewöhnliche Leute so der reinen Wissenschaftserfahrung am nächsten kommen.«
> June Goodfield, *An Imagined World*, S. 229

Wie Bacon sehr deutlich erkannt hat, bringt uns Wissen sicherlich Macht. Außerdem bringt es uns Einsicht, die einzige Möglichkeit des Menschen, sich in der Welt zurechtzufinden. In beiderlei Hinsicht scheint die Verwandtschaft von Wissen und Sexualität bestätigt zu werden. Sexualität wird von verschiedenen Leuten unterschiedlich aufgefaßt, und genauso ist es mit dem Wissen. Betrachten wir die folgende Unterhaltung, von der mir ein Kollege kürzlich berichtet hat. In einem Kurs forderte mein Kollege nach einer Lesung der biblischen Schöpfungsgeschichte seine Studenten auf, darüber nachzudenken, warum das Wort *Wissen* in diesem Text gleichzeitig im sexuellen und im erkenntnistheoretischen Sinne gebraucht sei. Ein junger Mann antwortete: »Das ist doch klar! Beide handeln von Macht!« »Nein«, entgegnete ein anderer Student – es war eine junge Frau –: »Weil sie beide etwas miteinander zu tun haben.«

Der Student, der geantwortet hätte, daß beide Antworten richtig sind, war nicht dabei. Die meisten von uns sind psychisch so angelegt, daß sie Liebe und Macht als unversöhnliche Alternativen ansehen; wir wissen nicht, wie wir von beidem in einem Atemzug reden sollen. In dem vorangehenden Kapitel wurde gesagt, daß diese Opposition zwischen Liebe und Macht, die ein so zentrales Thema in der emotionalen Entwicklung von Männern und Frauen ist, selbst verantwortlich ist für die Verwandtschaft von Macht und Herrschaft. In diesem Kapitel werde ich den kognitiven Ausdruck dieser Disjunktion untersuchen: die Opposition von Liebe und Wissen, eine Disjunktion, die ebenso zentral für die Entwicklung der modernen Wissenschaft ist wie für die Schaffung des westlichen Mannes.[1] Ich werde zeigen, daß es genau diese Opposition ist – die zu einer Entscheidung zwischen Liebe und Macht zwingt –, die die Gleichsetzung von Wissen und Macht zu einer unheilvollen macht und zugleich ermöglicht, daß Objektivität von Herrschaft vergiftet wird. Die letztgenannte Verbindung ist emotional begründet; sie stammt von der Kontinuität zwischen der Gegenstandswelt des Wissenschaftlers und der »Objekt«welt (besser: Subjektwelt) des Kindes, das der Wissenschaftler einmal war.

Der Schlüsselbegriff dieser Analyse ist, wie schon im vorangehenden Essay, die psychische Autonomie. Während die vorangehende Diskussion fast vollständig mit emotionalen Kategorien geführt wurde, liegt der Schwerpunkt dieses Essays auf der Wechselbeziehung von kognitiver und emotionaler Erfahrung. Entsprechend müssen wir nun die Wechselbeziehung zwischen der Entwicklung des kindlichen Selbstgefühls (und dem des Erwachsenen) und seinem Realitätssinn näher betrachten; vor allem müssen wir verstehen, wie die Bedeutung, die wir der Objektivität zumessen, sich in unserem Verständnis von Autonomie widerspiegelt und wie sie dadurch bestimmt ist. Dafür ist es sinnvoll, zwei Auffassungen von Objektivität – eine »dynamische« und eine »statische« – in Parallelität zu den zwei Auffassungen von Autonomie, die ich zuvor erörtert habe, vorzuführen. Die Rolle, die diese beiden Arten von Objektivität in der Wissenschaftspraxis (wenn nicht auch in der Ideologie) spielen, kann als Parallele zu der Rolle gesehen werden, die dynamische und statische Autonomie in der psychischen Entwicklung spielen.

Objektivität definiere ich als das Streben nach einer im höchsten Maße authentischen und daher im höchsten Maße zuverlässigen Einsicht in die Welt, die uns umgibt. Ein solches Streben ist in dem Grade dynamisch, als es aktiv auf die Gemeinsamkeit zwischen Geist und Natur als Quelle für das Verstehen abhebt. Dynamische Objektivität hat eine Form des Wissens zum Ziel, die der uns umgebenden Welt ihre unabhängige Integrität garantiert, doch tut sie das in einer Weise, die an dem Wissen um unsere Verbundenheit mit dieser Welt festhält, ja sie beruht auf diesem Wissen. Insofern ist dynamische Objektivität der Empathie nicht unähnlich, sie ist eine Form des Wissens von anderen Personen, die ausdrücklich auf die Gemeinsamkeit von Empfindungen und Erfahrungen abhebt, um das eigene Verständnis für den anderen in seiner Eigenständigkeit zu bereichern. Im Gegensatz dazu nenne ich statische Objektivität das Streben nach Wissen, das bei der Trennung des Subjekts vom Objekt ansetzt und nicht die Lösung des einen vom anderen zum Ziel hat. Statische und dynamische Objektivität scheinen die gleiche Zielsetzung zu haben, doch die Voraussetzungen, die jemand für die Art seines Vorhabens benennt, lasten entscheidend auf dem Ergebnis. Jean Piaget, der eine leicht abweichende Terminologie benutzt, macht uns aufmerksam:

»Objektivität besteht darin, die zahllosen Einmischungen des Ich in das alltägliche Denken und die zahllosen Illusionen, die daraus resultieren – Illusionen der Sinne, der Sprache, der Ansichten, der Werte etc. –, so umfassend zu realisieren, daß der jedem Urteil vorausgehende Schritt das Bemühen ist, das sich einmischende Ich auszuschalten. Im Gegensatz dazu besteht Realismus darin, die Existenz des Ich zu ignorieren und daher die eigene Sichtweise unmittelbar als objektiv und absolut anzusehen. Realismus ist also anthropozentrische Illusion, Finalität – kurz gesagt, all jene Illusionen, von denen es in der Geschichte der Wissenschaften wimmelt. Solange das Denken sich nicht seiner selbst bewußt ist, fällt es den ständigen Verwechslungen von objektiv und subjektiv, von Realem und Vorgeblichem zum Opfer.« (1972, S. 34)

Dynamische Objektivität ist also ein Streben nach Wissen, das sich der subjektiven Erfahrung (Piaget nennt es das Bewußtsein eines Selbst) im Interesse einer effektiveren Objektivität bedient. Indem sie Kontinuität zur Voraussetzung hat, erkennt sie die Differenz zwischen dem Selbst und dem Anderen als Möglichkeit für eine tiefere und stärker artikulierte Verwandtschaft. Die Anstrengung, das Selbst vom Anderen zu lösen, ist bereits eine Quelle der Einsicht – potentiell in die Natur des Selbst und des Anderen. Sie ist ein wichtiges Mittel, um zu erahnen, was Henri Poincaré im 19. Jahrhundert »die verborgenen Harmonien und Beziehungen« genannt hat. Zu diesem Zweck richtet der Wissenschaftler eine Art der Aufmerksamkeit auf die natürliche Welt, die jemandes idealer Aufmerksamkeit für die menschliche Welt entspricht: Es ist eine Form der Liebe. Die Fähigkeit zu einer solchen Aufmerksamkeit erfordert, wie die Fähigkeit zu Liebe und Mitgefühl, ein ausreichendes Gefühl der Selbstsicherheit, um Differenz und Kontinuität auszuhalten; sie hat die Entwicklung von dynamischer Autonomie zur Voraussetzung.

Über diese Art der Aufmerksamkeit ist viel geschrieben worden, doch nur wenige Autoren haben ihr einen solchen Grad an Bedeutung für die menschliche Entwicklung zugemessen wie Ernest Schachtel. Schachtel weicht entschieden von Freud ab, indem er davon ausgeht, daß seitens des Kleinkindes ein angeborenes, »autonomes« Interesse an der Umgebung besteht, das ein mindestens ebensogroßer Antrieb für die Ausbildung des Selbst und der Realität ist wie die biologischen Bedürfnisse (1959, S. 252). Dieses Interesse (oder diese »Weltoffenheit«), so argumentiert er, ist bei Menschen aufgrund ihrer größeren Gehirntätigkeit höher entwickelt als bei anderen Lebewesen. Es ist die Grundlage für die tiefe Freude, die ein Kind durch die Tätigkeit als solche, durch seine spontane Erkundung der Welt erlebt. Im Gegensatz zu Freud (1949, S. 148) sieht Schachtel als Ziel solcher »Aktivitäts-Affekte« nicht die »Zerstörung« von Bindungen, sondern die Herstellung von Beziehungen zur menschlichen und natürlichen Umgebung.

Schachtels Postulat eines angeborenen, ursprünglichen, nach außen, auf die Welt gerichteten Bedürfnisses – eines Impulses, der weder mit der Bezogenheit in Konflikt steht, noch abgeleitet ist von dem ebenfalls ursprünglichen Bedürfnis nach »Eingebettetsein« – erlaubt ihm, eine wichtige Unterscheidung zu treffen. Es erlaubt ihm, das Gefühl des »Einsseins« hervorzuheben, das mit dem Gegenstand eines solchen Interesses aus dem »ozeanischen Gefühl« heraus entwickelt werden kann, einem Gefühl, das Freud nur als eine Regression in den frühkindlichen Zustand erkennen konnte, in dem Selbst und Realität noch nicht als getrennt erfahren werden. Eine solche Einheit, schreibt Schachtel, »kann nicht nur in regressiver Weise hergestellt werden, nämlich durch den Wunsch, in den Mutterschoß zurückzukehren, sondern auch auf eine neue Art, auf einem höheren Entwicklungsniveau, nämlich durch die liebende Bezogenheit auf andere und auf die Welt«. (1959, S. 182)

Die Wahrnehmungswerkzeuge, die sich entwickelt haben, um dieses Interesse für die Welt zu befriedigen, sind ein Teil dessen, was wir »allozentrische« oder fremdzentrierte Wahrnehmung nennen. Sie erfordern eine »völlige Konzentration der Wahrnehmungsmöglichkeiten und des Erfahrungsspektrums des Wahrnehmenden auf den Gegenstand, so daß dieser in möglichst umfassender Weise erfahren wird«. Es ist also eine Art der Aufmerksamkeit erforderlich, die ihrerseits ein

»zeitweises Abschalten aller egozentrischen Gedanken und Bestrebungen des Wahrnehmenden« voraussetzt, »ein Abstellen aller Beschäftigung mit dem Selbst und der Selbstachtung und eine völlige Hinwendung zu dem Gegenstand... Das Einssein der allozentrischen Wahrnehmung führt nicht zum Selbstverlust, sondern zu einem gesteigerten Gefühl von Lebendigkeit«. (S. 181) Schachtel zitiert Rilke, um den Geisteszustand zu beschreiben, der für eine solche Wahrnehmung nötig ist: Damit du einen Gegenstand zu dir sprechen lassen kannst, mußt du ihn eine Zeit lang für den einzigen halten, der existiert, für das einzige Phänomen, das sich durch deine hingebungsvolle und ausschließliche Liebe ins Zentrum des Universums gestellt sieht. (Schachtel 1959, S. 225)

Für Schachtel ist die allozentrische Wahrnehmung eine Wahrnehmung, die im Dienst einer Liebe steht, »die andere in ihrem totalen und einzigartigen Dasein bestätigen möchte«. Es ist eine Bestätigung des Objekts als »Teil derselben Welt, deren Teil der Mensch ist«. (S. 226) Im Gegensatz zu einer Wahrnehmung, die von Eigen-Interesse (autozentrische Wahrnehmung) beherrscht ist, erlaubt die allozentrische Wahrnehmung ein reicheres, »globaleres« Verständnis des Gegenstandes in seiner Eigenständigkeit. »Das ist der Grund dafür«, stellt Schachtel fest, »daß Liebe mehr sieht als Haß. Haß kann gerissen sein im Erkennen aller Angriffsmöglichkeiten, doch solche Gerissenheit kann auch zu einschneidenden Erkenntnissen führen... diese beziehen sich immer nur auf Teile des anderen und sie sind ›partiell‹ im Hinblick auf die Seiten des anderen, die als Angriffspunkte dienen. Haß ist jedoch unfähig, seinen Gegenstand in seiner Totalität wahrzunehmen.« (S. 226)

Solch ein intensives Interesse an der Welt und eine so totale Inanspruchnahme durch einen Gegenstand ist uns vor allem von kleinen Kindern vertraut. Doch die Fähigkeit, diese Art der Aufmerksamkeit zur Erreichung von objektiver Erkenntnis der Welt einzusetzen, erfordert mehr als Interesse; es erfordert die Entwicklung der Fähigkeit, das Selbst vom Anderen abzugrenzen. Vor allem erfordert es, nach Schachtels Ansicht, ausreichendes Vertrauen in die eigene Fähigkeit und in die Fähigkeit der anderen, das Bedürfnis zu befriedigen, die Ausrichtung der Aufmerksamkeit relativ frei von Notwendigkeiten und Ängsten zuzulassen. Obwohl Schachtel entschieden von Freud abweicht, wenn er ein angeborenes autonomes Interesse des Kindes an seiner Umwelt postuliert, führt er die traditionelle psychoanalytische Theorie (und die Objektbeziehungstheorie) in seiner Darstellung der Entwicklung von

Werkzeugen der allozentrischen Wahrnehmung wieder zusammen. Das Streben nach Objektivität erfordert nach seiner Ansicht zweierlei: erstens das Beibehalten des angeborenen kindlichen Interesses an der Welt und zweitens die Ausbildung der Fähigkeit, sich auf Objekte als separate, von den eigenen Bedürfnissen, Wünschen und individuellen Sichtweisen abgetrennte Gegenstände zu konzentrieren. Allozentrische Wahrnehmung, die dem, was ich dynamische Objektivität genannt habe, sehr verwandt ist, entwickelt sich aus dem Zusammentreffen des fremd-zentrierten Interesses und den Instrumenten der »fokalen Aufmerksamkeit«. Umgekehrt resultiert ihr Fehlen entweder aus der Verhinderung des natürlichen Interesses, der mangelhaften Ausbildung der perzeptiven und kognitiven Werkzeuge, an denen sich der wachsende Sinn des Kindes für Autonomie zeigt, oder aus der Wechselwirkung von beidem, wobei das Interesse an der Welt verkehrt wird in ein Eigeninteresse im Dienst der persönlichen Bedürfnisse und Ängste.

Für uns ist diese letzte Wendung in der Entwicklung von entscheidender Bedeutung – die Wendung von der Allozentrik zur »sekundären Autozentrik« (die man im allgemeinen als Instrumentalismus bezeichnen würde). Obwohl Schachtel feststellt, daß »der Mensch ohne die Perspektive der sekundären Autozentrik nicht leben könnte«, fährt er fort: »Sie kann seinen Blick für die Wirklichkeit blockieren und zur Stagnation in einer geschlossenen, autozentrischen Welt führen.« (S. 166) Die Frage ist, ob die Gegenstandswahrnehmung auf die Perspektive beschränkt ist, »wie die Gegenstände einem bestimmten *Bedürfnis* des Wahrnehmenden dienen können oder wie sie von ihm für einen bestimmten Zweck *benutzt* werden können« (S. 167), das heißt, ob die Wahrnehmung von Gegenständen auf ihre Brauchbarkeit beschränkt wird. Wenn auch für die meisten von uns Wissenschaft der offensichtlichste Ausdruck eines objekt-zentrierten Interesses ist, so sieht Schachtel das anders. Seiner Ansicht nach bieten sich Dichter und Künstler als geeignetere Modelle für allozentrische Wahrnehmung an.

Die Begründung dafür ist nicht sehr kompliziert. Schachtel stellt zwar fest, daß die Bedingungen für Kreativität in Wissenschaft und Kunst sich im wesentlichen ähneln, wenn nicht sogar die gleichen sind, er sagt aber auch, daß wissenschaftliche Objekte häufiger als reine »Gebrauchsgegenstände« betrachtet werden:

»Der Wissenschaftler hat für die Betrachtung seines Gegenstandes eine oder mehrere Hypothesen und den Zweck seiner Untersuchung bereits im Sinn, und insofern *benutzt* er den Gegenstand, um eine

Hypothese zu erhärten oder zu entkräften, aber er zieht nicht das Objekt als solches in Betracht, das Objekt in seiner umfassenden Eigenart. Außerdem ist das Hauptziel der modernen Naturwissenschaft die Voraussage, das heißt, das Vermögen, Objekte in der Weise zu manipulieren, daß bestimmte vorausgesagte Ereignisse eintreten werden. Das bedeutet, daß nur jene Aspekte des Objekts für relevant erachtet werden, die es für eine solche Manipulation oder Kontrolle geeignet machen... Insofern wird es ein Gebrauchsgegenstand... Indem Wissenschaftler versuchen... einen Gegenstand oder ein Phänomen für ein System, eine vorgefaßte Konzeption oder Hypothese passend zu machen, läßt sich häufig feststellen, daß sie sich blind machen gegen die reine und umfassende Existenz dieses Gegenstandes. Wahrnehmung kann dann fast ein Akt aggressiver Gewalt werden, bei dem der Wahrnehmende, wie Prokrustes mit seinen unseligen Opfern, den Gegenstand um jene Aspekte beschneidet, die er für seine Zwecke nicht gebrauchen kann.« (S. 171)

Schachtel beschreibt eine Beziehung zu Gegenständen, die ein vertrauter Begleitumstand des Objektivismus im allgemeinen ist. Das Subjekt vom Objekt zu lösen heißt, »die empirische Realisierung der Verwandtschaft zwischen dem Selbst und dem Anderen« zu negieren; in eben dieser Realisierung aber besteht das Wesen der dynamischen Objektivität, und es ist, mit Schachtels Worten, notwendig für die Wahrnehmung eines Gegenstandes in seiner Ganzheit. Man kann noch weitere und spezifischere Verbindungen zwischen den Wandlungen des Autonomiebegriffs und seinen kognitiven Entsprechungen im Normalverhalten ziehen, indem man die extremen Ausprägungen der Wechselbeziehungen zwischen dem Selbst und dem Anderen betrachtet – Verhaltensformen, die als pathologisch eingestuft werden. Für unseren Zusammenhang möchte ich zu Shapiros *Autonomy and Rigid Character* (1981) und seinem früheren Werk *Neurotic Styles* (1965) zurückkehren. Im letztgenannten Werk beschreibt Shapiro die kognitiven Entsprechungen einer obsessiv-zwanghaften und paranoiden Psychologie; der Vollständigkeit halber werde ich dem einige Bemerkungen über die kognitiven Entsprechungen des Sadismus hinzufügen.

Das zentrale Problem des Obsessiv-Zwanghaften ist die Kontrolle, und zwar weniger die Kontrolle über andere als die Selbstkontrolle. Shapiro schreibt: »In seiner Psychologie ist die Selbstlenkung in ihrer üblichen Bedeutung der willentlichen Entscheidung und des vorsätzlichen, zweckhaften Handelns verkehrt zu einer in sich selbst befangenen Lenkung aller seiner Handlungen und, als unterstände er einem

Aufseher, zur Ausübung ständigen mutwilligen Drucks auf sich selbst und zur Lenkung... sogar seiner eigenen Wünsche und Gefühle.« (1965, S. 36) Unter diesem strikten Regime dient die Aufmerksamkeit derselben Art von Kontrolle wie das ganze übrige Verhalten, so daß es zu einer so verschärften und einengenden Bündelung kommt, daß sie die umfängliche Wahrnehmung eines Gegenstandes, den flüchtigen Eindruck, die intuitive Ahnung und die ganzheitliche Empfindung unmöglich macht. Die Folge ist der Verlust der inneren Überzeugung: Wahrheit wird nur gefolgt, aber nicht erfahren, die Grundlage für Urteile und Entscheidungen wird in Regeln gesucht und nicht im eigenen Gefühl. Der Obsessiv-Zwanghafte »sagt nicht, ›Das ist wahr‹, er wird eher sagen ›Es muß so sein‹ oder ›Es paßt‹«. (1965, S. 50) Und was nicht paßt, wird nicht zur Kenntnis genommen: »Die starre oder dogmatisch zwanghafte Person ignoriert ganz einfach das Unübliche; sie folgt strikt ihren eigenen Denkgewohnheiten und geht allem anderen aus dem Weg.« (1965, S. 62)

Der kognitive Typus des Paranoiden ist zwar in mancher Hinsicht ähnlich, aber letztlich doch ganz anders. Die Aufmerksamkeit des Paranoiden ist starr, doch hat sie nicht einen so engen Fokus. Sie gründet sich auf die Furcht vor dem Kontrolliertwerden durch andere und weniger auf der Befürchtung, die Selbstkontrolle zu verlieren; sie ist mehr in der Furcht vor dem Nachgeben gegenüber anderen begründet als vor dem Nachgeben gegenüber den eigenen unliebsamen Impulsen. Der (die) Paranoide ignoriert nicht, was ihm (ihr) nicht paßt, sondern muß vor jedem möglichen Fingerzeig auf der Hut sein. Nichts, nicht das kleinste Detail, entgeht seinem (ihrem) prüfenden Blick. Es *muß* alles passen. Der paranoide Wahn leidet nicht an einem Mangel an Logik, sondern an einem Mangel an Realitätssinn. Seine Verzerrungen stammen, zumindest teilweise, aus dem starken Bemühen, alle Anzeichen für eine einzige Interpretation passend zu machen. Ist das einmal geschehen, dann ist die innere Logik so unausweichlich, daß sie keinen Raum für eine andere Interpretation läßt; die Einzelteile stehen fest an ihrem Platz, da sie ganz genau zusammenpassen. Das Ergebnis ist so überzeugend, daß *ausschließlich* diese Interpretation vorgestellt werden kann. In mancher Hinsicht ähnelt der Paranoide dem klassischen Beispiel des peinlich genauen Wissenschaftlers. Normalerweise erkennen Wissenschaftler jedoch, daß ihre Interpretation nicht für jedes Detail zutreffend sein kann, daß es immer und unvermeidlich eine gewisse Abweichung zwischen Logik und Realität gibt.

Eine zweite und vielleicht noch wichtigere Unterscheidung zwischen der paranoiden und der wissenschaftlichen Wahrnehmung läßt sich an dem Einfluß der subjektiven Kräfte auf die Interpretation festmachen.[2] Beim Paranoiden ist Interpretation vor allem von subjektiven Bedürfnissen bestimmt – vor allem von dem Bedürfnis, sie gegen das überall auftauchende Gefühl der Bedrohung für die eigene Autonomie zu verteidigen. Wie bei dem obsessiv-zwanghaften Typus ist das Organisationsprinzip die Wachsamkeit – für den Paranoiden die Wachsamkeit gegen äußere Bedrohung; für den Obsessiv-Zwanghaften gegen die Bedrohung von innen. In beiden Fällen dient die Wachsamkeit dazu, das Autonomiegefühl zu stützen, das hinsichtlich seiner Zerbrechlichkeit überentwickelt ist – ein Autonomiegefühl, das »nur in dieser auffallend strikten und übertriebenen Form aufrechterhalten werden kann, gerade weil es so schwach ist«. (Shapiro 1965, S. 80) In beiden Fällen wirkt sich das Vorhandensein einer solchen Wachsamkeit – die andererseits auch die Wahrnehmung in bestimmten Zusammenhängen schärft und für viele Arten der wissenschaftlichen Arbeit außerordentlich nützlich sein kann – gegen jene affektiven und kognitiven Erfahrungen aus, die Rezeptivität, Reziprozität oder ganz einfach einen entspannten Geisteszustand erfordern. Die Gegenstandswelt, die in Erscheinung tritt, ist eine Welt, die in vieler Hinsicht mit äußerster Sorgfalt definiert werden muß, doch ist es eine Welt, deren Parameter in erster Linie von den Bedürfnissen des Beobachters festgesetzt werden.

Eine ähnliche Feststellung kann für den kognitiven Fokus gemacht werden, der aus einer Beziehung zu Gegenständen herrührt, die auf Beherrschung basiert. Bei der sadistischen Persönlichkeit sind die Beziehungen zu anderen vor allem durch den Maßstab der Macht bestimmt. Die Stärke des eigenen Willens wird an der Unterwerfung des anderen gemessen. Entsprechend haben Verstand und Kompetenz – gewöhnlich Zielvorstellungen für innere Werte – hauptsächlich in dem Maße ihren Wert, als sie dazu dienen, Überlegenheit oder Herrschaft zu fördern. Die Wahrnehmung wird in den Dienst des Bedürfnisses nach Herrschaft gestellt. Sie soll bezwecken, Verletzlichkeit, Schwachpunkte und Empfindlichkeiten für Angriffe aufzudecken.

Man muß nicht so weit blicken wie die Pathologie des Sadismus, um den kognitiven Gebrauch der Wahrnehmung für Zwecke der Beherrschung oder, allgemeiner ausgedrückt, für defensive oder offensive Zwecke zu belegen. Ein Beweis liegt bereits in der Verhaltensweise, in der sich viele ganz normale Individuen dem Neuen und Unbekannten nähern, und in der Sprache, die sie zur Beschreibung dieser Konfrontation benutzen. Ich denke speziell an die Aggression, die im üblichen wissenschaftlichen Sprachgebrauch zum Ausdruck kommt. Ich meine nicht nur die Aggression, von der Schachtel spricht, durch die der Wissenschaftler »den Gegenstand um jene Aspekte beschneidet, die er für seine Zwecke nicht gebrauchen kann«, sondern die Art von Aggression, die eine grundsätzlich feindselige Haltung zum Forschungsgegenstand spiegelt. Der Biologe T. S. Painter, zum Beispiel, hatte Vergnügen daran, seinen Promovenden zu erzählen, daß »Forschung der Wildjagd sehr ähnlich [ist]. Man muß zur richtigen Zeit am richtigen Ort sein, um seine Beute zu sehen, und natürlich muß man ein geladenes Gewehr bei sich haben und wissen, wie man damit umgeht«. (Painter 1971, S. 33) In dem Bemühen, die Natur zu »meistern«, »ihre Burgen und Festungen zu stürmen«, kann Wissenschaft sich leicht nach einem Schlachtfeld anhören. Manchmal wird diese Bildsprache so extrem, daß sie sogar das konventionelle Bildfeld des Kriegers oder Jägers überschreitet. Beachten wir beispielsweise die Sprache, in der ein Wissenschaftler sein Vorhaben beschreibt: »Ich wollte die Arbeitsweise eines anderen Kopfes durch diese minuziösen, quälenden Nachforschungen verfolgen, um zu sehen, wie ein schonungsloser Beobachter die Natur in den Griff nimmt und sie ausquetscht, bis ihr überall der Schweiß ausbricht und ihre Schließmuskeln sich lösen« (zitiert bei Ehrenreich und English 1978, S. 69). Bei vielen Wissenschaftlern müssen Probleme »in Angriff genommen«, »bewältigt« oder »zurechtgebogen« werden.[3] Wenn subtilere Mittel versagen, flüchtet man sich zu »roher Gewalt«, zu der »Hammer und Meißel«-Methode. Von einem leiseren Diskurs, in dem Probleme meist »gelöst« werden, wird befürchtet, daß diese Probleme durch ihre »Lösung« zum Verschwinden gebracht werden; der Vorgang wird als Bereinigung des Feldes von Hindernissen angesehen. Die damit verbundene Feststellung, daß das Ziel der Problemlösung darin besteht, neue Fragen aufzuwerfen, neue Perspektiven zu zeigen und ein neues Verständnis, mag zwar gegenwärtig sein, tritt aber kaum in Erscheinung.

Nur wenige Wissenschaftler, wenn überhaupt, die so reden, können sadistische, paranoide oder obsessiv-zwanghafte Persönlichkeiten genannt werden. Dieselben Ängste um die Autonomie, die in verschärfter Form in der Pathologie manifest werden, sind in gemilderter Form in der menschlichen Bevölkerung weit verbreitet. Wenn sie bei Wissenschaftlern besonders auffallend erscheinen, dann darum, weil die Wissenschaft so, wie sie von einer objektivistischen Ideologie dargestellt wird, eine willkommene Zufluchtsstätte für solche Besorgnisse ist. Eine Wissenschaft, die für sich selbst mit dem Versprechen einer kühlen und objektiven Distanz zu ihrem Forschungsgegenstand wirbt, trifft eine Auswahl für jene Individuen, für die ein solches Versprechen emotionale Unterstützung bedeutet. Genauso gehe ich davon aus, daß eine Wissenschaft, die Macht und die Ausübung von Herrschaft über die Natur verspricht, eine Auswahl für jene Individuen trifft, für die Macht und Kontrolle zentrale Bedürfnisse sind. Eine Wissenschaft, die den Erwerb von Wissen als einen feindseligen Prozeß begreift, trifft eine Auswahl für jene, die dazu neigen, sich in einem feindseligen Verhältnis zu ihrer natürlichen Umgebung zu empfinden. Der Zusammenhang zwischen diesen drei Komponenten der wissenschaftlichen Ideologie liegt nicht in ihrem intellektuellen Zusammenhalt, sondern im Zusammenhalt der emotionalen Bedürfnisse, an die sie appellieren.

Mein Argument ist, daß die besondere Art der Aggression, die im wissenschaftlichen Diskurs zum Ausdruck kommt, nicht nur das Fehlen einer Gefühlsbindung an die Forschungsgegenstände spiegelt, sondern auch die subjektiven Gefühle, die viele Kinder (und manche Erwachsene) erleben, wenn sie sich bemühen, ihr Selbstgefühl als ein von den unmittelbareren Objekten ihrer emotionalen Welt abgetrenntes zu sichern. Der Wettkampf, in den viele Wissenschaftler sich hineingezogen fühlen, sei es mit der Natur als ganzer oder mit den einzelnen Gegenständen ihrer Forschung, spiegelt den Wettkampf, in dem sie sich gegen andere zu befinden glauben. Ähnlich ist das Bedürfnis, die Natur zu beherrschen, eine Projektion des Bedürfnisses, andere Menschen zu beherrschen; es entsteht weniger aus Machthunger als aus Angst vor Impotenz. Die Machtgefühle, die solche Herrschaft mit sich bringt, *ähneln* nicht nur jenem Machtgefühl, das aus der Unterwerfung anderer unter den eigenen Willen entstehen kann, es sind tatsächlich dieselben Gefühle. In diesem Sinne ist der Traum von der Herrschaft über die Natur, den so viele Wissenschaftler haben, ein Echo auf den Traum, den der typische Sohn zu verwirklichen hofft, indem er sich mit der Autorität des Vaters identifiziert. Doch solche Träume setzen sich ihre eigenen Grenzen. Sie bewahren den Sohn davor, jemals die reale Mutter kennenzulernen. Und so, ließe sich folgern, wirken sie dem Bemühen des Wissenschaftlers in ähnlicher Weise entgegen, die »reale« Natur kennenzulernen.

Glücklicherweise ist die Praxis der Wissenschaft jedoch ganz anders als ihre ideologischen Rezepte. Wissenschaftler unterscheiden sich weitgehend in der Art, wie sie an ihre Themen herangehen, und in ihrem Arbeitsstil. Diese Unterschiede sind ein Zeichen für ihre unterschiedlichen Denkweisen über die Natur und über sich selbst; einzelne Wissenschaftler messen der Erlangung von Objektivität ganz unterschiedliche Bedeutung bei, und parallel dazu gibt es eine breite Skala von Bedeutungen, die der Autonomie zugewiesen werden. Solche Unterschiede sind allerdings wesentlich für die Vitalität des Wissenschaftsbetriebs. Sie sind auch maßgeblich für eine Grundthese dieses Buches: Die tatsächliche Wissenschaft läßt sich genauer beschreiben durch die Vielfalt ihrer Techniken und Verfahrensweisen, die ihre Praxis ausmachen, als durch ihre herrschende Sprachregelung oder Ideologie.

Während manche Wissenschaftler ihre Aufgabe in vorwiegend feindlichen Begriffen darstellen wie Wettstreit, Kampf, Ausübung von Herrschaft, sehen andere sie als eine vorwiegend erotische Tätigkeit an. Michael Polanyi, zum Beispiel, hebt statt der Distanz das Bedürfnis hervor, »unseren Körper so weit auszudehnen, daß er das Objekt aufnimmt – so daß wir ganz in ihm aufgehen«. (1967, S. 16) Eine andere Wissenschaftlerin von heute stellt fest, daß für die Praxis der wissenschaftlichen Forschung »die beste Analogie immer die Liebe ist«. Der Lohn für eine Entdeckung ist das Gefühl, daß »man etwas Zentrales bei einer anderen Person oder bei einem Thema berührt hat, und man fühlt sich beruhigt und dankbar ... weil man es ermöglicht hat, in eine Schicht des Verstehens vorzudringen, die für andere undurchdringlich geblieben ist«. (Goodfield 1981, S. 63, 69) Für diese Wissenschaftlerin ist Verstehen nicht ein Produkt kühler Distanz. Sie sagt vielmehr: »Wenn du wirklich etwas von einem Tumor verstehen willst, dann mußt du ein Tumor *sein*.« (S. 213) Und sie weist leidenschaftlich die Metapher zurück: »die Natur auf die Folter spannen und ihr die Antworten abzwingen«: »Ich halte diese Analogie für schrecklich ... Sie ist wie eine Vergewaltigung ... Während die Wissenschaft so ist ... wie der Unterschied zwischen Vergewaltigung und Sich-Lieben.« Und sie fährt fort: »Wir alle sind ein Teil der Natur, und wenn man den Menschen objektiviert, das heißt also sich selbst, dann ist man noch immer das Opfer der Inquisition, wenn auch in anderer Weise.« (S. 231)

Weitere solche Beispiele gibt es im Überfluß. Sie gehören zur Tradition der modernen Wissenschaft seit den Alchimisten der Renaissance. Aber sie existieren in der Geschichte nur sotto voce, als stimmlose Minderheit, die im herrschenden Sprachgebrauch nicht gehört wird. Durch die Dynamik einer einfachen Selektion hat diese Rhetorik eine entscheidende Auswirkung auf den speziellen Verlauf der wissenschaftlichen Entwicklung in der westlichen Welt gehabt. In diesem

Abschnitt habe ich behauptet, daß die Sprache der Herrschaft, des Zwanges und der Überlegenheit der Auslese für eine Wissenschaftlergemeinschaft dient, die zu bestimmten emotionalen und kognitiven Verhaltensweisen neigt. Im nächsten Abschnitt beschäftige ich mich mit einem sekundären Selektionsprozeß, in dem dieselbe Rhetorik, die von dieser Gemeinschaft verinnerlicht worden ist, ihrerseits für die Selektion kompatibler wissenschaftlicher Arbeitsweisen, Methodologien und Theorien sorgt. Die genaue Untersuchung einzelner Fälle zeigt (ungeachtet der Popperschen Forderungen nach dem Gegenteil), daß es eine auffallend rekurrente Einheitlichkeit der Arbeitsweise bei Wissenschaftlern gibt, Übereinstimmung auch in der Haltung, die sie zu ihrem Forschungsgegenstand einnehmen, und in der theoretischen Orientierung, die sie bevorzugen (siehe Keller 1983 und 9. Kapitel). Ideologien machen sich vor allem in dem Prozeß bemerkbar, in dem bestimmte Techniken, Methodologien und Theorien sich als die »gute« Wissenschaft legitimieren. Bestimmte Methoden und Theorien werden dadurch zu den »besten« erkoren, daß Wissenschaftler gemeinschaftlich unter den konkurrierenden methodologischen und theoretischen »Kandidaten« ihre Wahl treffen. Die Kriterien für diese Auswahl sind komplex. Die Frage besteht nicht nur darin, welche Theorie die umfassendste Erklärung und die beste Voraussage bietet, sondern auch darin, welche Theorie am besten die Fülle der nicht spezifizierbaren »ästhetischen« Kriterien befriedigt (siehe z. B. Kuhn 1962; Hanson 1958) – einschließlich der Frage, welche Theorie am besten mit den eigenen ideologischen und emotionalen Erwartungen übereinstimmt. Wenn erotische Themen in der Wissenschaftsgeschichte meist unterdrückt worden sind, dann sind sie von einer Rhetorik und Ideologie der Aggression unterdrückt worden, die, wenn auch niemals bindend, entscheidend die Entwicklung von Wissenschaftlern und Wissenschaft geprägt hat.

Um ein klareres Bild von den Auswirkungen eines Diskurses auf die Wissenschaft, der auf verschiedenen Normen basiert – und zwar auf dem Ideal einer dynamischen Objektivität, und weniger auf dem einer statischen –, zu gewinnen, müssen wir jene (offiziell meist nicht anerkannten) Traditionen untersuchen und verstehen, die in der Wissenschaftspraxis, und sogar in ihrer Ideologie, leicht aufgefunden werden können. Wir müssen jenem Teil der Wissenschaft besondere Aufmerksamkeit widmen (in seinen Methoden und seinen Inhalten), der von solchen Leuten betrieben worden ist, der ihr Verhältnis zu ihrem Forschungsgegenstand eher in erotischen als in feindseligen

Begriffen zum Ausdruck gebracht haben. Aus diesem Grund kehre ich im letzten Kapitel des Buches zu dem von Barbara McClintock erstellten Modell zurück, das wohl das überzeugendste Beispiel für dynamische Objektivität in der gegenwärtigen Wissenschaft ist. Ich werde versuchen, die Schlüsselelemente herauszuarbeiten, die ihre Auffassung von Wissenschaft und ihre praktische Arbeit ausmachen.

Dritter Teil
Der Einfluß von Theorie, Praxis und Ideologie auf das Entstehen von Wissenschaft

Bisher habe ich den Schwerpunkt auf die Frage gelegt, wie die Wissenschaft die Natur benennt, wie sie sich auf sie bezieht, sie formt und beherrscht. Doch die Wissenschaftler unter meinen Lesern können zu Recht fragen, was die bisherige Argumentation mit dem zu tun hat, was sie in ihrer täglichen Arbeit tatsächlich *tun*. So sagte ein Physiker als Antwort auf eine Vorlesung, die ich kürzlich hielt: »Alles gut und schön, aber Sie sprechen nicht von Wissenschaft, Sie sprechen von Philosophie!«

Im besten Falle ist die »Ausübung« von Wissenschaft eine so fesselnde und absorbierende Tätigkeit, daß es für jemanden, der selbst damit befaßt ist, schwerfällt, sich außerhalb der Anforderungen zu stellen, die durch die zur Erforschung anstehenden Fragestellungen gesetzt werden, und über die Voraussetzungen nachzudenken, die der Forschung zugrunde liegen. Die Intensität, mit der man in die unmittelbaren Problemstellungen eingespannt ist, verhindert dieses Nachdenken. Denken wir etwa an die erhöhte Spannung, die in den Laboratorien für die Grenzbereiche der heutigen Forschung herrscht; zum Beispiel bei der Enträtselung der molekularen Mechanismen des Immunsystems, einem Gebiet, auf dem die laufenden Entwicklungen wirklich revolutionär sind. Sich auf dem laufenden zu halten und zu verfolgen, wie die Argumente und Daten sich entwickeln, und ständig weiterdenken zu müssen, erfordert die völlige Inanspruchnahme; das Gefühl, eine neue Welt zu entdecken oder sogar entstehen zu lassen, intensiviert gleichzeitig die Spannung in einem Maße, für das es in anderen akademischen Bereichen kaum eine Parallele gibt. Das Ergebnis ist, daß die damit verbundene Notwendigkeit zur Reflexion, zur Überprüfung jener »stillschweigenden Voraussetzungen«, die unwissentlich unser Denken leiten, ausgeschaltet ist.

Es ist tatsächlich selten, daß Wissenschaftler das Bedürfnis empfinden, über ihre Voraussetzungen nachzudenken; der Erfolg ihres Unternehmens scheint es, jedenfalls auf kurze Sicht, nicht zu erfordern. Manch einer würde sogar behaupten, daß der Erfolg ihres Unternehmens es erfordert, daß sie *nicht* über Dinge nachdenken, die sie in alte, fruchtlose Diskussionen zurückversetzen. Die Daten sollen für sich selbst sprechen, fordern jene Wissenschaftler. Das Problem bei diesem Argument ist natürlich, daß Daten niemals für sich selbst sprechen.

Es ist geradezu eine Binsenweisheit, daß es so etwas wie Rohdaten nicht gibt; alle Daten setzen eine Interpretation voraus. Und wenn eine Interpretation Bedeutung haben soll, das heißt, wenn die Daten für mehr als eine Person verständlich sein sollen, dann muß es eine

Mitwirkung in einer Gemeinschaft mit gemeinsamen Praktiken geben, muß es gleiche Auffassungen über die Bedeutung von Begriffen und ihre Beziehung zu »Objekten« in der realen Welt geben. Kurz gesagt, in der Wissenschaft wie auch anderswo erfordert Interpretation die Verwendung einer gemeinsamen Sprache.

Eine gemeinsame Sprache zu sprechen bedeutet mehr, als nur die »richtigen« Namen zur Bezeichnung von Dingen zu kennen; es bedeutet, die »richtige« Syntax zu kennen, um Behauptungen und Fragestellungen zu formulieren; noch wichtiger aber ist, daß es bedeutet, eine mehr oder weniger abgestimmte Verständigung darüber zu erreichen, worin berechtigte Fragen und sinnvolle Antworten überhaupt bestehen. Jede explizit gestellte Frage bringt ein Bündel von impliziten (unausgesprochenen und oft unerkannt gebliebenen) Erwartungen mit sich, die die Skala der möglichen Antworten in einer Weise beschränken, daß nur ein eigens auf diesem Gebiet ausgebildeter Antwortgeber es erkennen wird. Bei einer Frage von der Art »Wie erklärt sich X?« ist die Skala der möglichen Antworten durch die unausgesprochenen Voraussetzungen zum Bedeutungsspektrum von »erklären« festgelegt; es ist eine Festlegung, die von Mitgliedern einer bestimmten Gemeinschaft als Selbstverständlichkeit angenommen wird.

Wie auch in anderen Bereichen, zeigt sich die Zugehörigkeit zu einer wissenschaftlichen Gemeinschaft meist ganz unmittelbar an der Verwendung einer eigenen Sprache. Ein Individuum läßt sich sehr leicht als ein qualifizierter Wissenschaftler eines bestimmten Fachgebietes durch die »richtige« Verwendung von Vokabular und Syntax identifizieren und durch einen ausgeprägten Sinn dafür, was eine Frage zu einer guten und eine Antwort zu einer befriedigenden macht – kurz gesagt, durch sein Erfassen dessen, wie »gute und schlechte Wissenschaft auseinandergehalten wird«. (Watson 1966, S. 240)

Mitglieder von Gemeinschaften sind sich meistens einer gewissen Abhängigkeit ihrer Vorstellungswelt von Sprache bewußt. Typisch für viele, wenn nicht alle wissenschaftlichen Gemeinschaften ist die weitverbreitete Annahme, daß der Bereich, in dem sie forschen, direkt zugänglich sei und sich in Konzepten abbilde, die nicht von der Sprache geprägt sind, sondern nur aufgrund von Anforderungen der Logik und des Experiments. Dieser Annahme zufolge liegen die »Naturgesetze« außerhalb der Relativität von Sprache – ja, sie liegen außerhalb der Sprache: Sie liegen in logischen Strukturen verschlüsselt, die nur vom Verstand erkannt und im Experiment bestätigt werden müssen. Die logische Folge ist, daß die deskriptive Sprache der Wissenschaft transparent und neutral ist; sie bedarf nicht der Überprüfung. Diese Annahme mag für die praktischen Erfordernisse der wissenschaftlichen Arbeit bequem sein, doch ist sie abhängig von den speziellen Anforderungen, die die Wissenschaft an die Wahrheit stellt, und von der Art Wahrheit, die sie fordert. Aus diesem Zusammenhang erklärt sich auch die Spannung, die diese Arbeit erzeugt. Die Annahme ist also ein untrennbarer Teil einer objektivistischen Ideologie. In die Praxis übertragen bedeutet es aber auch, daß diese Annahme erstaunlich effektiv die gesetzten Ziele unterstützt.

Das Vertrauen in die Transparenz der Sprache bestärkt einen in dem Glauben, daß die eigene Sprache absolut sei. Es erlaubt den Gebrauch sprachlicher Kennmuster nicht nur, um eine Zugehörigkeit festzustellen, sondern auch, um ein ausschließliches Verständnis zu ermöglichen, das die Grenzen der wissenschaftlichen Disziplinen abstecken soll. Eine Sprache, die für transparent gehalten wird, wird unempfindlich. Werden die Grenzen zu anderen Disziplinen gegen die Einflüsse von außen geschlossen, trägt das dazu bei, daß die Unbemerktheit all der selbst-bestärkenden und selbst-verwirklichenden Merkmale der eigenen Sprache aufrechterhalten wird. Die Indifferenz der Wissenschaftler (oder ihre Leugnung) gegenüber dem Abkapselungscharakter ihrer Sprache ist sicher hilfreich für ihre Forschungsarbeit; da sie aber bewirkt, daß ein inneres Bewußtsein von den grundlegenden Voraussetzungen und eine äußere kritische Haltung dazu verhindert werden, spricht die Indifferenz gegen eine tiefgreifende Veränderung.

Der Begriff »Naturgesetz« ist in seiner heutigen Verwendung Produkt und Ausdruck für den Mangel an Reflektiertheit. Mit ihm wird eine Metapher in die naturwissenschaftliche Forschung eingeführt, die unauslöschlich durch ihren politischen Ursprung gekennzeichnet ist. Die philosophische Unterscheidung zwischen deskriptiven und normativen Gesetzen wird herangezogen, um die Neutralität wissenschaftlicher Beschreibung zu unterstreichen. Doch werden Naturgesetze, ebenso wie Staatsgesetze, immer schon von oben erlassen und von unten befolgt. »Diejenigen, die den Begriff als erste verwendet haben, verstehen Naturgesetze als Gebote, die von Gott über die Materie erlassen worden sind, und selbst Schriftsteller, die diese Auffassung nicht akzeptieren, sprechen häufig davon, daß Naturgesetze von den Phänomenen ›befolgt‹ werden oder daß sie die Urheber seien, von denen die Phänomene erzeugt worden sind.« *(Oxford English Dictionary*, siehe *law)* Es gibt sicherlich eindeutige und signifikante Unterschiede zwischen deskriptiven und normativen Gesetzen, doch zumindest einige dieser Unterschiede beruhen auf einer vorausgesetzten ontologischen Hierarchie. Während Staatsgesetze vom Gesetzgeber geändert werden können, gibt es gegen ein Naturgesetz keinen gesetzlich verankerten Einspruch. Naturgesetze sind (zumindest im Prinzip) Sakramente, denen die Materie für immer unterworfen ist. So schreibt Boyle 1665: »Die Weisheit Gottes ... bindet die Kreatur an die feststehenden Naturgesetze.« (zitiert in *Oxford English Dictionary* III,17) Die extreme Ausprägung des Wunsches, eine beobachtete Regelmäßigkeit als Gesetz zu formulieren, ist die Suche nach dem einen »umfassenden« Naturgesetz, das alle anderen Gesetze in sich einschließt und daher immun ist gegen jede Korrektur – das heißt, mit Bacon gesprochen, »das summarische Gesetz, in dem die Natur das Zentrum ist und das abhängig ist von Gott und ihm unterworfen«. (ed. Spedding et al. 1869, S. 124)

Der Glaube in die Naturgesetze als Hauptgegenstand der wissenschaftlichen Forschung ist so tief verwurzelt, daß es auf den ersten Blick schwierig ist (vor allem in der Physik), sich andere vorzustellen. Der Begriff der Ordnung, der weiter gefaßt ist als der des Gesetzes und frei von zwingenden, hierarchischen und zentralisierenden Implikationen, birgt in sich das Potential, unseren Wissenschaftsbegriff zu erweitern. Die Kategorie der Ordnung umfaßt Organisationsmuster, die spontan, aus sich selbst erzeugt oder von außen auferlegt sein können; es ist darum eine breitere Kategorie als das Gesetz, weil Gesetze einen äußeren Zwang beinhalten. Umgekehrt stellen Ordnungen, die durch Gesetze zustandegekommen sind oder durch Gesetze herstellbar sind, nur eine Unterkategorie jener übergeordneten Kategorie von beobachtbaren oder erfaßbaren Regelmäßigkeiten, Rhythmen und Mustern dar.[1]

Natürlich wird der Gesetzesbegriff einmal mehr und einmal weniger streng verwendet. Eine strenge Verwendung des Begriffs ist dann offensichtlich, wenn er sich auf kausale, deterministische Strukturen bezieht – heutzutage beispielhaft bei den naturwissenschaftlichen Gesetzen. Diese Gesetze beinhalten eine vorausgesetzte Hierarchie zwischen Strukturprinzipien und strukturierter Materie und ähneln darin auffallend den Gesetzen autoritärer Staaten. Newtons Gesetze, zum Beispiel, stellen ein Universum dar, das sich in strikt kausaler Abfolge entwickelt; wenn die Kräfte einmal spezifiziert sind, ist der Zustand dieses Universums in jedem zukünftigen Augenblick bereits völlig determiniert durch seine Anordnung zu einem Anfangszeitpunkt. Die Kontrolle liegt bei diesem Modell in der ursprünglichen Schöpfung, im Aufziehen und Stellen der kosmischen Uhr; die daraus folgende Ordnung wird durch Newtons Bewegungsgesetze aufrechterhalten.

Die gegenwärtigen theoretischen Strukturen hingegen, die durch angestrengtes Suchen nach deterministischen Gesetzen zustandegekommen sind, enthüllen häufig ihre inneren, nur in einer Richtung verlaufenden Hierarchien. Die Kontrolle kann also in einem souveränen Leitorgan liegen, zum Beispiel in einem »Schrittmacher« oder einem »Master-Molekül« (siehe 8. Kapitel). Das »zentrale Dogma« der Molekularbiologie ist ein einschlägiges Beispiel dafür; es stellt DNS als den Leitregler der zellularen Organisation dar, bei dem der Transfer von Informationen nur in einer Richtung verläuft.[2]

Unser Verständnis davon, was ein Gesetz ausmacht (in der Natur wie in der Gesellschaft), ist natürlich Veränderungen unterworfen, und nicht alle Gesetze beinhalten unbedingt Zwang. Nicht alle naturwissenschaftlichen Gesetze sind kausal oder deterministisch; sie können auch statistisch, phänomenologisch oder ganz einfach »Spielregeln« sein (Feynman 1963, S. 2). Doch in vielen, vielleicht in den meisten Wissenschaftsdisziplinen wird die Finalität einer Theorie weiterhin an ihrer Vergleichbarkeit mit den klassischen Gesetzen der Physik gemessen, die kausal und deterministisch sind.

Selbst im weitesten (meist rein deskriptiven) Sinne des Wortes *Gesetz* sind die Arten von Ordnung in der Natur, die ein Gesetz herstellen kann, auf jene Ordnungen beschränkt, die in den Sprachen (meistens mathematischen) ausgedrückt werden können, in denen Naturgesetze kodifiziert sind. Alle Sprachen sind in der Lage, Regelhaftigkeit zu beschreiben, doch nicht alle erkannten und beschreibbaren Regelmäßigkeiten lassen sich im verfügbaren Wissenschaftsvokabular ausdrücken. Die Quantenmechanik ist ein schlagender Beweis für die Unrealisierbarkeit eines Traumes, der bis zu Platon zurückverfolgt werden kann – der Traum von einer völligen Ebenbürtigkeit von Theorie und Wirklichkeit –, und durch sie ist die Möglichkeit verworfen worden, daß Naturphänomene umfassend von irgendeiner Sprache dargestellt werden könnten, am wenigsten aber von den verfügbaren Wissenschaftssprachen. Die Annahme, daß alle wahrnehmbaren Regelmäßigkeiten durch heutige (oder zukünftige) Theorien dargestellt werden können, heißt, dem, was in der Natur möglich ist, vorschnell Grenzen aufzuerlegen. Die weitere Annahme, daß alle feststellbaren

Manifestationen von Ordnung zu dem, was wir Gesetze nennen, zusammengefaßt werden können, umschreibt noch bedenklicher die geltende Bedeutung von Ordnung und grenzt unser potentielles Verständnis ein.

Ich bin der Auffassung, daß der Gesetzesbegriff zwar Ausweitungen und Überprüfungen unterworfen ist, daß aber das Wort selbst – und daher auch das Konzept – geprägt bleibt durch seine politischen und theologischen Ursprünge. Ein Interesse an Ordnung und weniger an Gesetzen könnte weitreichende Veränderungen in unserer Auffassung von Wissenschaft mit sich bringen. Direkter gesagt, es würde eine Verlagerung des Interessenschwerpunktes der wissenschaftlichen Forschung von der Aufstellung einheitlicher Naturgesetze zu einem Interesse an den vielfältigen und unterschiedlichen Arten von Ordnung, die in der Natur zum Ausdruck kommen, bedeuten. Das frühere Forschungsinteresse, mit dem Schwerpunkt auf Gesetzlichkeit, hat in der Vergangenheit der Physik den Vorzug gegenüber der Biologie gegeben; eine Ausrichtung auf Ordnung könnte bewirken, daß man seine Modelle eher in der Biologie als in der Physik suchen wird. Innerhalb der Physik und der Biologie läßt sich erwarten, daß die Prioritäten sich von hierarchischen Modellen, die auf einfachen, relativ statischen Systemen beruhen, wegbewegen werden zu mehr globalen und interagierenden Modellen, die auf komplexen dynamischen Systemen beruhen.

Eine solche Verlagerung würde entsprechende Veränderungen in unserem Naturverständnis mit sich bringen und im selben Maße die Rolle des Wissenschaftlers verändern. Die »Gesetze« der Natur bezeichnen die Natur als blind, gehorsam und einfach; gleichzeitig bezeichnen sie ihren Schöpfer als gebieterisch, zeugungskräftig, erfinderisch und komplex. Historisch gesehen ist der Schöpfer Gott; da aber im Wissenschaftler Entdecker und Schöpfer zusammenfallen, ererbt er die Aura der Kreativität ineins mit der Aura der Autorität. Unter dieser Bedingung sind die für den Wissenschaftler denkbaren Gesetze – natürlich – völlig angemessen, um die natürliche Ordnung zu beschreiben und zu erfassen. Andererseits erlaubt die Auffassung von der Natur als einer geordneten und nicht lediglich gesetzesabhängigen der Natur selbst, zeugungskräftig und erfinderisch zu sein, und zwar in einem komplexeren und reicheren Maße, als wir es darstellen oder vorschreiben können. In dieser alternativen Sichtweise wird die Natur als aktiver Partner in einer eher reziproken Beziehung zu einem Beobachter angesehen: Sie ist ebenso aktiv, aber weder allwissend noch allmächtig. Eine solche Beziehung zwischen Geist und Natur würde andere Forschungsmethoden erfordern, die nicht weniger exakt sind, aber eine Zurückhaltung und ungehinderte Aufmerksamkeit voraussetzten, die einem erlaubten, »auf das Material zu hören« (siehe 9. Kapitel), und nicht davon ausgingen, daß wissenschaftliche Daten selbstverständlich »für sich selbst sprechen«.

Unser Interesse auf die Ordnung zu richten und nicht auf das Gesetz, erweitert unsere Vorstellungen von Natur und Wissenschaft. Es bedeutet, die Natur weder als gesetzesgebunden noch als chaotisch oder ungeregelt anzusehen und Wissenschaft weder als objektivistisch noch als idiosynkratisch. Es erfordert eine Wissenschaft, die auf Respekt basiert und nicht auf Herrschaft, die weder machtlos noch zwangsausübend ist, sondern befähigend, wie Wissen es immer ist.

Setzt man meine frühere Darstellung der relativen Unzugänglichkeit der Wissenschaftssprache und der daraus resultierenden Widerständigkeit gegen äußere Einflüsse voraus, kann man zu dem Schluß kommen, daß Veränderungen – von der Art, wie ich sie vorschlage, oder ganz anderer Art – nicht stattfinden können. Doch natürlich finden ständig Veränderungen (in den Modellen, den Theorien und Zielsetzungen) in der Wissenschaft statt. Die Physik, die am stärksten gesetzesgebundene Wissenschaft von allen, war allein in diesem Jahrhundert einschneidenden Veränderungen unterworfen. Ich denke nicht nur an die naheliegenden Umwälzungen, die Relativitätstheorie und Quantenmechanik bewirkt haben, sondern auch an die subtilere – und letztlich vielleicht radikalere – Aushöhlung des Newtonschen Paradigmas, die damit begann, daß Physiker ihre Aufmerksamkeit immer komplexeren Phänomenen zugewandt haben. In bezug auf diese Probleme erscheinen die traditionellen Raster und Analysetechniken immer weniger geeignet. Entsprechend erkennen wir allmählich die Entwicklung neuer mathematischer Verfahren. Diese Verfahren machen es möglich, traditionelle zeitabhängige Differentialgleichungen, die Systeme beschreiben, die sich, spezifischen Gesetzen folgend, im Laufe der Zeit herausbilden, durch Gleichungen zu ersetzen, die besser geeignet sind, die Herausbildung bestimmter Ordnungsformen aus einer Ordnungsvielfalt, die die innere Dynamik des Systems hervorbringen kann, zu beschreiben.

Auch die Biologie hat im Laufe dieses Jahrhunderts wichtige Veränderungen durchlaufen. In einer Bewegung, die im Entstehen der Molekularbiologie ihren Höhepunkt fand, trat die bis dahin übliche

»naturalistische« Tradition hinter dem Auftauchen der modernen Experimentalbiologie zurück. Die Biologie forderte und erhielt ihren Platz als »legitimierte« Wissenschaft, gleichberechtigt mit der Physik, indem sie sich für Einfachheit als vorrangigen Wert einsetzte. Doch heute erkennen wir im Vorfeld der modernen Biologie, daß das Interesse an Komplexität wieder auflebt. Da Molekularbiologen sich stärker mit höheren Organismen beschäftigen und da sie unerwartete Komplexitäten in der Genetik niederer Organismen entdecken, bricht das einfache Bild des Originalabdrucks, der in der DNS der Zellen enthalten ist, allmählich zusammen. Neueste Entwicklungen in der Biologie tendieren dahin, solche simplen Erklärungen zu widerlegen, und bekunden statt dessen ein neues (in mancher Hinsicht erneutes) Interesse an mehr dynamischen, systematischen und »interaktionistischen« Beschreibungen, Beschreibungen, die für eine Naturauffassung geeignet sind, die in ihrer Komplexität geordnet ist und nicht in ihrer Einfachheit nur Gesetzen folgt.

Seit sich in der Wissenschaft tatsächlich Veränderungen vollziehen – nicht nur in Modellen und Theorien, sondern in der Sprache selbst –, müssen wir folgende Fragen stellen: Wo entsteht der Impetus für solche Veränderungen, wenn man die Abkapselungsneigungen der Wissenschaftsideologie voraussetzt? Solche Veränderungen, die aus der Entwicklung neuer Modelle und der Neuformulierung von Theorien resultieren, werden von innen heraus ermöglicht und sogar vom Wissenschaftsdiskurs gefordert. Doch radikalere Veränderungen (im Diskurs selbst) sind nur darum möglich, weil die Wissenschaft kein geschlossenes System ist. So wie die Natur unvermeidlich unsere Gesetze übertritt, und zwar in größerem Umfang, als es dargestellt wird, so werden in der Wissenschaftspraxis die eigenen Vorschriften übertreten, und zwar in größerem Umfang, als ihre Ideologie es besagt. In diesen zwei Grenzbereichen, dem einen zwischen Wissenschaft und Natur und dem anderen zwischen Wissenschaftsideologie und Praxis, bleibt die Eigendefinition der Wissenschaft geschmeidig. In der Praxis sprechen Wissenschaftler, vor allem aus demselben Fachgebiet, trotz des großen Drucks zur Konformität, leicht unterschiedliche Dialekte. Immer wieder lassen sich einzelne finden, deren Anschauung und Beziehung zur Natur von der Norm abweichen. Infolgedessen werden auch in einer relativ stark umgrenzten Gemeinschaft unterschiedliche Fragen gestellt. Weil aber die Ordnung in der Natur umfassender ist als die Gesetze, die wir erfinden können, werden unterschiedliche, unerwartete, oft scheinbar regelwidrige oder unverständliche Antworten überliefert – manchmal sogar gehört. Die Geschichte von Barbara McClintocks Leben und Werk ist ein lebendiges Beispiel für beide Arten von produktiver Disharmonie (Keller 1983).

Aufgrund dieser beiden Zwischenbereiche – dem einen zwischen den Gesetzen der Natur und ihrer feststellbaren Ordnung und dem anderen zwischen Wissenschaftsideologie und Praxis – kann es graduelle Verlagerungen in den Voraussetzungen geben, die festlegen, was sinnvolle Fragen und was befriedigende Antworten sind. Da aber eine Abneigung dagegen besteht, den Abstand zwischen Theorie und Wirklichkeit de facto anzuerkennen oder den Pluralismus innerhalb der wissenschaftlichen Gemeinschaft de facto zur Kenntnis zu nehmen, werden die daraus resultierenden Fragen und Antworten oft nicht gehört; die Realisierung von Veränderungen hat immer gegen ein Gespinst von inneren Widerständen zu kämpfen.

Ein gewisses Maß an Abgeschlossenheit ist ebenso notwendig für die effektive Ausübung von Wissenschaft wie die Offenheit, und jeder Versuch, sich vorzustellen, wie Wissenschaft anders aussehen könnte, muß die Dialektik zwischen beiden berücksichtigen. Da Wissenschaft als ein in sich geschlossenes Unternehmen auf eine bestimmte Weise funktioniert (die durch das festgelegt ist, was die Leute, die wir Wissenschaftler nennen, tun), ist es logischerweise unmöglich, sich eine grundsätzlich andere Wissenschaft vorzustellen. Eine »andere Wissenschaft«, die als Wissenschaft bezeichnet werden könnte, müßte in einer kontinuierlichen Entwicklung entstehen und nicht aus der Diskontinuität. Da die Abgeschlossenheit aber nicht total ist und Veränderungen eintreten können und tatsächlich eintreten, *hat* es Sinn, davon zu sprechen, wie die Wissenschaft anders aussehen könnte, welche Verlagerungen wünschenswert erscheinen, und Möglichkeiten herauszufinden, durch die Veränderungen gefördert werden können.

Die Tendenz der Veränderungen, von denen ich spreche, dürfte nun klar sein. Ein solches Veränderungsvorhaben erfordert größte Aufmerksamkeit von verschiedenen Standpunkten aus, in welcher Weise sich die Dialektik von Abgeschlossenheit und Offenheit auf die Hervorbringung wissenschaftlicher Erkenntnisse auswirkt und wie sie funktioniert. Weil sich die Wirkungsweise dieser Dialektik aber weitgehend im Verborgenen abspielt, bleibt es schwierig, ihrer habhaft zu werden, und zwangsläufig verharren die Analysen im Bruchstückhaften.

Die folgenden Essays sind als Beitrag zu diesem Thema gedacht; jeder Essay liefert ein Beispiel für die Wechselwirkung von Theorie, Ideologie und Praxis in der Wissenschaftsproduktion und ihrer Interpretation. Nur am Ende des letzten Essays wird die Geschlechtsspezifik explizit zum Thema erhoben, implizit ist sie in allen drei Essays thematisch. Geschlechterideologie wirkt sich nicht als explizite Kraft auf die Erstellung von wissenschaftlichen Theorien aus. Ihre Wirkung ist immer indirekt (wie die von Ideologie allgemein): in bezug auf die Ausbildung und Auswahl bevorzugter Zielsetzungen, Werte, Methodologien und Erklärungsmodelle. Der ideologische Druck, der an jedem Beispiel aufgezeigt wird, kann im Lichte des jeweils vorangehenden Essays so verstanden werden, daß er in direkter Beziehung zu der Bindung der modernen Wissenschaft an eine bestimmte Auffassung von Männlichkeit steht.

Das 7. Kapitel, *Kognitive Verdrängung in der heutigen Physik*, wurde 1979 als Leitfaden zu *Gender and Science* geschrieben. Darin untersuche ich die Diskussionen zur Interpretation der Quantenmechanik, die in den letzten fünfzig Jahren stattgefunden haben und gehe der beharrlichen Weigerung heutiger Physiker nach, die Unmöglichkeit zu akzeptieren, daß Theorie, sogar prinzipiell, in der Lage wäre, eine vollständige Darstellung der Wirklichkeit zu leisten. Diese Weigerung kann einerseits als Beweis für den tiefverwurzelten Wunsch gelten, die natürliche Ordnung in Gesetze zu verwandeln, und andererseits als Beweis für die noch immer bestehende Bindung an die objektivistische Philosophie, von der man angenommen hatte, daß sie von der Quantenmechanik negiert worden sei.

Das 8. Kapitel, *Die Bedeutung des Schrittmacherbegriffs in Theorien zur Aggregation beim zellulären Schleimpilz*, illustriert an Beispielen, die ich aus meiner eigenen Erfahrung als theoretische Biologin bezogen habe, die Voreingenommenheit für »Master-Molekül-Theorien«, die die Biologie des 20. Jahrhunderts beherrscht hat. Wie das 7. Kapitel kann auch dieses als Beispiel genommen werden für eine Art der theoretischen Beschreibung, die aus dem Interesse an Ordnung entstanden ist und nicht aus dem Interesse an Gesetzen. Das letzte Kapitel über die Genetikerin Barbara McClintock beschäftigt sich mit der am weitesten entwickelten Darstellung einer Wissenschaftsauffassung, die auf Ordnung beruht und nicht auf Gesetzen, die auf Respekt beruht und nicht auf Herrschaft. Entscheidend für McClintocks Auffassung ist, daß sie darauf besteht, daß eine sinnvolle Forschungsarbeit vor allem die Bereitschaft erfordert, »darauf zu hören, was das Material dir zu sagen hat«. In diesem Essay fasse ich die wichtigsten Themen aus der Geschichte ihres Lebens und ihrer Arbeit zusammen und erörtere ihre Relevanz für den thematischen Zusammenhang von Geschlechtsspezifik und Wissenschaft.

Jeder Essay beschreibt ein Spannungsverhältnis zwischen unterschiedlichen Sichtweisen. Wenn diese Spannungen im Prinzip auch produktiv sein mögen für Veränderungen, so werden sie doch durch dauernde ideologische Festlegungen gedämpft. Die Diskussionen über die Bedeutung der Quantenmechanik stecken weiterhin in der Sackgasse, die Frage der Schrittmacher bei der Aggregation der Schleimpilze bleibt weiterhin ungelöst, und die Bedeutung des Werkes von McClintock ist noch immer Gegenstand heftiger Diskussionen, obwohl sie inzwischen allgemein mit Beifall bedacht wird. Die ideologischen Festlegungen der modernen Wissenschaft sind tiefverwurzelt und bewirken eine Widerstandskraft gegen Veränderungen, die man nicht unterschätzen sollte.

7. Kapitel:
Kognitive Verdrängung in der heutigen Physik

Nach mehr als fünfzig Jahren eines unbestreitbaren Erfolges als Theorie ist die Quantenmechanik noch immer von Fragen der Interpretation umstellt, die weiterhin sowohl Physiker wie Philosophen beschäftigen. Ich behaupte, daß die Diskussionen über die Bedeutung der Quantenmechanik darum lahmgelegt sind, weil die Physiker es versäumt haben, ein ihrer Theorie angemessenes kognitives Paradigma zu formulieren. Die üblichen Interpretationen, die sie anbieten, können in einer von zwei Hinsichten als unzureichend angesehen werden: Sie behalten implizit eines der beiden grundlegenden Dogmen der klassischen Physik bei, nämlich entweder die Objektivität oder die Wißbarkeit der Natur. Was statt dessen erforderlich wäre, ist ein Paradigma, das einerseits die Interaktion zwischen dem Wissenden und dem Wissensgegenstand als unvermeidlich anerkennt und andererseits die ebenso unvermeidliche Kluft zwischen Theorie und Phänomen berücksichtigt.

Der Psychologe Jean Piaget hat den Vergleich zwischen der historischen Entwicklung des wissenschaftlichen Denkens und der geistigen Entwicklung des Kindes eingeführt. Beide vollziehen sich nach seiner Darstellung durch die Ausbildung getrennter Stadien der strukturellen Organisation, und jedes Stadium bringt neue Möglichkeiten der begrifflichen Einordnung mit sich; damit verbunden ist die Möglichkeit der verbalen Artikulation, wenn die neue Organisationsebene erkannt ist. Vor der Ausprägung einer neuen begrifflichen Struktur findet das Wissen, das bereits in nonverbaler Gestalt (mehr im sensomotorischen Schema als in der begrifflichen Vorstellung) vorhanden ist, keine Möglichkeit, sich zu artikulieren, und in dem Maße, wie es mit früher ausgeprägten Strukturen im Widerspruch steht, erfordert es kognitive Verdrängung. Piaget erklärt dazu, daß ein Handlungsschema, das »sich nicht in das System bewußter Begriffe einordnen läßt, eliminiert... und aus dem Bereich des Bewußtseins verdrängt wird, bevor es in begrifflicher Form bis dahin vordringen konnte«. (1973, S. 249) Ein Kind, das sich im Übergang zwischen zwei Stadien befindet, zeigt Verwirrung, Ablehnung und Vermeidung, wenn es gezwungen wird, Wahrnehmungen zu artikulieren, die kognitive Strukturen voraussetzen, über die es noch nicht verfügt. Es ist ein Zeichen des mangelnden

Gleichgewichts, das auffallend an den Mechanismus der affektiven Verdrängung erinnert.

Im folgenden möchte ich zeigen, daß es in der Wissenschaftsgeschichte vergleichbare Übergangsperioden gibt und daß sich in der heutigen Physik ein besonders eindringliches Beispiel findet. Heute, fünfundsiebzig Jahre nachdem das Newtonsche Weltbild seine ersten Erschütterungen erfuhr, herrscht tiefe Verwirrung über die eigentliche Bedeutung der wissenschaftlichen Revolution, die durch die Relativitätstheorie und kurz darauf durch die Quantenmechanik eingeleitet wurde. Diese Verwirrung ist bei Physikern ebenso offensichtlich wie bei Philosophen und dem Laienpublikum. In meiner Untersuchung lege ich jedoch den Schwerpunkt auf jene Verwirrung, die in den Köpfen der Physiker herrscht, denn sie sind es, die Zugang zu dem Wissen haben, das diese Revolution notwendig macht, während Philosophen und Laienpublikum notwendigerweise davon abhängig sind, was die Physiker über ihr Wissen mitteilen. Auch die Physiker untereinander haben noch keine befriedigende und einheitliche Darstellung einer neuen Einordnung, die vor allem durch die Quantenmechanik erforderlich geworden ist, erreicht. Dieser Mangel zeigt sich in der beachtlichen Menge von Interpretationen und ihren einseitigen Anpassungen, und er wird nur leicht verschleiert durch entfernte Ähnlichkeit und Übereinstimmung.

Dieser letzte Punkt muß hervorgehoben und genauer betrachtet werden. Physiker entfalten ein außerordentliches Vertrauen in den Stand der Quantenmechanik, das gekoppelt ist mit einer allgemeinen Zurückhaltung, über ihre Auswirkungen zu diskutieren. Das Vertrauen in den theoretischen Stand der Quantenmechanik wird weitgehend dadurch gerechtfertigt, daß er seit mehr als fünfzig Jahren empirisch gestützt wird. Das Problem besteht in dem Nebeneinander von Vertrauen in die Interpretierbarkeit und den »Sinn« dieser Theorie und der gleichzeitigen Ablehnung, Fragen der Deutung zu diskutieren. Die oft sehr erhitzten Debatten darüber, wie die Quantenmechanik interpretiert werden sollte, sind meistens auf einen kleinen Kreis philosophisch interessierter Physiker beschränkt. Für die übrigen, also für die Majorität der Physiker, sind Fragen zur Bedeutung der Quantenmechanik »unter die Obhut« einer Deutung gefallen, die man vage als »Kopenhagener Deutung« bezeichnet. Weitere Nachforschungen werden durch eine implizite oder explizite Botschaft entmutigt, die zweierlei besagt: erstens, daß das Überdauern solcher Fragen nur ein Beweis für das mangelnde Verständnis des Forschers sei, und zweitens, daß solche Fragen »reine« Philosophie und daher nicht legitim seien. Wenn man jedoch insistiert und versucht, Kenntnis davon zu erhalten, *wie* die Kopenhagener Deutung die heiklen Fragen löst, die die Quantenmechanik aufwirft, wird man durch Diskussionen oder durch Befragung der Literatur herausfinden, daß es nicht nur eine Kopenhagener Deutung gibt. Dieser Begriff scheint vielmehr eine Art Schutzschirm darzustellen, unter dem sich eine Vielzahl von unterschiedlichen, oft widersprüchlichen Standpunkten versammelt. Diese Erkenntnis liefert auf den ersten Blick den Beweis dafür, daß es sich um Ausflucht und Rechtfertigung handelt. Betrachtet man den Inhalt der Meinungsverschiedenheiten, so wird klar, wogegen diese Ausflüchte sich richten. Es soll die Notwendigkeit umgangen werden, eine kognitive Struktur auszubilden, die sich grundsätzlich von der früheren Struktur unterscheidet. Die frühere Struktur, die ich »klassischen Objektivismus« nenne, besteht aus einem Bündel von Formulierungen über die Welt und unser Verhältnis, das wir als Wissende zu ihr haben. Dieser Vorrat an Formulierungen hat den Charakter der Wissenschaft seit ihren Anfängen entscheidend geprägt. Die Verwirrung um die Deutung der Quantenmechanik rührt von Überzeugungen her, die die Funktion haben, eine oder mehrere Komponenten der klassischen Orientierungsrichtung beizubehalten.

Erwin Schrödinger (1967) hat die beiden grundlegenden Dogmen der Wissenschaft so bezeichnet: Es ist die Überzeugung, daß die Natur erstens objektivierbar und zweitens wißbar sei.[1] Das erste Dogma beruht auf der Annahme, daß es eine objektive Realität gibt, die von uns abgespalten ist und eine eigenständige Existenz führt, die von uns als Beobachtern völlig unabhängig ist. Diesem Leitsatz liegt die radikale Dichotomie von Subjekt und Objekt zugrunde, die für die klassische Haltung wesentlich ist. Ihm ist implizit die Annahme einbeschrieben, daß die äußere Wirklichkeit aus Objekten zusammengesetzt sei – ein Zusatz, der zwar von der Logik her nicht notwendig ist, in der Praxis aber eine unumgängliche Begleiterscheinung, wenn nicht eine Vorbedingung, für die klassische Sichtweise darstellt. Der Grund für das Zusammentreffen dieser beiden Annahmen liegt sicherlich darin, daß eine Welt, die aus deutlich voneinander abgegrenzten Objekten besteht, zu der Spaltung beiträgt und sie erleichtert, durch die das Subjekt von seiner eigenen körperlichen und objektiven Existenz abgetrennt wird. Das ist der Motor, der gewöhnlich für die »Spaltung unserer Welt in zwei Welten«, wie Alexandre Koyré es nennt (1968), verantwortlich gemacht wird.

Eine Weltsicht, die eine völlige Trennung zwischen uns als Subjekten und der Realität als Objekt postuliert, ist für die Wissenschaft kaum von Interesse, da sie kein Wissen ermöglicht. Wissenschaft entsteht aus der Umsetzung von Schrödingers zweitem Lehrsatz, aus dem Vertrauen heraus, daß die Natur, die so objektiviert wird, auch wißbar sei. Es wird nicht nur eine Beziehung zwischen uns als den Wissenden und der Wirklichkeit, die erkannt werden soll, postuliert, sondern die postulierte Beziehung soll von ganz besonderer Art sein. Für die meisten Wissenschaftler bedeutet sie die Kongruenz zwischen unseren wissenschaftlichen Überzeugungen und der natürlichen Welt – nicht unähnlich Platons Auffassung von der Verwandtschaft zwischen Geist und Idee oder Gestalt (vgl. 1. Kapitel) –, die uns erlaubt, die Gesetze der Wirklichkeit ohne Verzerrungen, ohne Irrtum und ohne Unterwerfung zu lesen. Der Glaube in die Wißbarkeit der Natur ist der bedingungslose Glaube an die Eins-zu-eins-Entsprechung von Theorie und Wirklichkeit. Was das daraus resultierende Wissen »objektiv« macht, ist die Spaltung in uns selbst, auf der es basiert, und diese Spaltung vielleicht noch mehr als die vorgeschobene Subjekt-Objekt-Spaltung. Wissenschaftliche Erkenntnis wird dadurch objektiviert, daß sie erstens streng unterschieden wird von anderen Arten der Erkenntnis, die affektiv getönt und daher vergiftet sind, und zweitens dadurch, daß sie den Objekten der Natur transzendental verbunden ist. Diese glücklich getroffene Ehe zwischen dem wissenschaftlichen Verstand und der Natur wird nicht durch einen weltlichen Akt vollzogen, sondern durch eine Art der direkten Vereinigung mit der Natur oder mit Gott, für die der wissenschaftliche Verstand einzigartig und unbestritten ausgerüstet ist.[2]

Die Einsamkeit, die andere in einer Welt empfinden mögen, in der Subjekt und Objekt voneinander abgespalten sind, wird für den Wissenschaftler dadurch gemildert, daß er einen besonderen Zugang zu der metaphysischen Verbindung zwischen den beiden hat. Die widerstreitenden Impulse, die in diesen beiden Komponenten des Objektivismus enthalten sind, werden auf subtile Weise in der klassischen Newtonschen Weltsicht gelöst. Ihre Vermischung erschwert unser Bemühen, die für die Wissenschaft klar ersichtlichen Ziele, Macht und Transzendenz, deutlich in den Blick zu nehmen. Zugleich führt sie zu der romantischen Auffassung, den Wissenschaftler als einen religiösen Mystiker anzusehen – unverheiratet, asketisch und von der Sinnenwelt abgerückt –, und zu der technologischen Auffassung, daß die Wissenschaft ganz der Herrschaft, der Kontrolle und der Beherrschung der Natur hingegeben sei. Mir scheint, daß eine Untersuchung der ursprünglichen Ursachen es ermöglichen würde einzuschätzen, wie diese Impulse zusammenwirken, um den (kollektiven und individuellen) Charakter der wissenschaftlichen Arbeit zu bestimmen. Die Möglichkeiten, die in einer solchen Analyse liegen, reizen die Vorstellung, und ich werde später noch etwas mehr dazu sagen. Zunächst möchte ich versuchen herauszufinden, wie diese beiden Komponenten sich unter dem starken Einfluß der Quantenmechanik entwickelt haben.

Physikalische Theorien liefern eine Beschreibung von Wirklichkeit, indem sie den Zustand eines Systems festlegen, wobei System ein einzelnes Teilchen meint oder eine Gruppe von Teilchen. In der klassischen Theorie ist der Zustand eines Systems ein Punkt im Phasenraum, das heißt, die Koordinaten und Impulse des oder der Teilchen. Die Quantenmechanik schließt eine solche Spezifizierung aus und bietet statt dessen einen Vektor im Hilbert-Raum oder die Wellenfunktion, die die maximal mögliche Information über den Zustand des Systems enthält. Es ist das Charakteristische dieser Beschreibung, daß sie solche Begriffe wie Welle-Teilchen-Dualität, Komplementarität und Unschärfe hervorbringt. Die Wellenfunktion ist nicht ein Punkt im Raum, sondern eher eine Verteilung von Punkten. Sie legt nicht generell einen festen Wert für Koordinaten und Impulse oder für irgendeinen anderen Aspekt des Systems fest, sondern nur eine »Wahrscheinlichkeitsamplitude«. Je präziser die Spezifizierung ist, die durch die Wellenfunktion für eine beobachtbare Größe (beispielsweise Position) vorgenommen wird, desto weniger präzise ist ihre Spezifizierung für die komplementäre beobachtbare Größe (beispielsweise Impuls). Fragen der Interpretation ergeben sich aus der Notwendigkeit, das Verhältnis dieser Beschreibung zu dem tatsächlichen System zu artikulieren. In der klassischen Theorie ergaben sich nur geringe Schwierigkeiten daraus, daß man den Zustand des Systems gleichzeitig und gleichermaßen als ein Merkmal der theoretischen Beschreibung und des Systems selbst ansah. In der Quantenmechanik jedoch ist es gerade die Art der Beschreibung, die durch die Theorie bedingt ist, die es äußerst schwierig, wenn nicht unmöglich macht, diese Gleichsetzung aufrechtzuerhalten. Trotz der Tatsache, daß die Wellenfunktion eines Systems, noch vor einer Messung, nicht in der Lage ist, einen definitiven Wert für die zu messende Größe vorzugeben, ergibt jede Messung notwendigerweise definitive Positionen, Impulse, Spins und so weiter. Der Zustand des Systems ist nach der Messung ziemlich bestimmt bezüglich der gemessenen Variablen, wie indefinit er auch vorher gewesen sein mag. Die Wellenfunktion wird als »zusammengebrochen« bezeichnet. Es ist notwendig, diese Feststellung näher zu erklären, da sie die größten Probleme und Verwirrungen hervorruft, die in den Diskussionen über die Quantenmechanik herrschen.

In besonders anschaulicher Form werden diese Probleme am Beispiel von Schrödingers Katze zum Ausdruck gebracht, deren hypothetischer Tod im Stil von Rube Goldberg durch den Zerfall eines radioaktiven Kerns ausgelöst worden ist. Der Zeitpunkt des Zerfalls und von daher der Zeitpunkt, an dem die Katze getötet wird, bleiben unbestimmt; die Theorie kann nicht mehr als eine »Wahrscheinlichkeitsamplitude« für den Zerfall zu einem bestimmten Zeitpunkt angeben. Wenn genug Zeit vergangen ist, um eine Zerfallswahrscheinlichkeit von fünfzig Prozent anzugeben, wird die Wellenfunktion für das System eine »Überlagerung« von Zuständen sein, bei der lebende Katze und tote Katze im gleichen Verhältnis gemischt sind. Das anschauliche Paradox entsteht aus der Tatsache, daß jede Katze entweder lebendig oder tot sein muß, während die Wellenfunktion beides darstellt. Schematisch gesehen kann man auf zwei Arten des Irrtums hinweisen, die, in unterschiedlichen Graden und Verbindungen, immer wieder vorkommen, wenn es um die Lösung dieses Paradoxes geht.[3]

Der erste Irrtum liegt in der sogenannten statistischen Deutung, in der behauptet wird, daß der Zustand des Systems nur die Beschreibung einer begrifflichen Gesamtheit von ähnlich dargestellten Systemen sei. Nicht das Wissen über ein einzelnes System ist das Ziel, es wird nicht einmal für möglich gehalten. Jede einzelne Katze von Schrödinger ist zu einem bestimmten Zeitpunkt entweder lebendig oder tot. Die Wellenfunktion beschreibt jedoch nur eine Gesamtheit solcher Katzen. In ihrem »Zusammenbruch« wird kein Unterschied gesehen zu dem »Zusammenbruch« irgendeiner Wahrscheinlichkeits-Verteilungs-Funktion angesichts neuer Erkenntnisse. Während diese Sichtweise viele Fallen vermeidet, die andere Ansichten sich selbst stellen, erlaubt sie die Beibehaltung der klassischen Sicht, daß das Elementarteilchen klar definierte Koordinaten und Impulse (und daher eine klassische Flugbahn) habe, die man allerdings nicht kennen kann. Das heißt, die Objektivierbarkeit einer Eins-zu-eins-Übertragung dieser Realität auf unsere theoretischen Konstrukte ist aufgegeben worden. Die Notwendigkeit, die Entsprechungen zwischen Theorie und Wirklichkeit auf den empirischen, experimentellen Beobachtungsvorgang zurückzuführen, wird anerkannt. Die Ergebnisse dieser Erfahrung zwingen uns, unsere frühere Annahme aufzugeben, daß eine völlige Übereinstimmung erreicht werden könne.

Das ist insofern eine radikale Haltung, als sie einen entscheidenden Entwicklungsschritt darstellt, der über den Glauben hinausgeht, daß eine direkte Korrespondenz bestände, die nicht durch die Erfahrung vermittelt ist – ein Glaube, der meiner Ansicht nach eigentlich magisch genannt werden müßte. Diese Haltung ist insofern nicht radikal genug, als sie es nicht schafft, das Bild von Wirklichkeit aufzugeben, das aus dem klassischen System hervorgegangen ist. In dieser Interpretation wird es korrekterweise als Fehler verstanden, den Elementarteilchen selbst wellenartige Eigenschaften zuzuschreiben. Es wird erkannt, daß die wellenartigen Eigenschaften zum Beobachtungsprozeß gehören (das heißt, durch ihn entstehen). Ich zitiere einen Physiker: »Den Studenten sollte nicht beigebracht werden, daran zu zweifeln, daß Elektronen, Protonen und andere Partikel Elementarteilchen sind ... Die Welle kann nicht anders beobachtet werden als durch die Beobachtung von Elementarteilchen.« (Mott 1964, S. 409) Was hier nicht zugestanden wird, ist, daß dieselbe Feststellung von den teilchenartigen Eigenschaften gemacht werden kann und muß. Auch sie kommen nur durch den Beobachtungsprozeß zustande. Wird der bequeme Glaube aufgegeben, daß die Wellenfunktion eine theoretische Beschreibung eines individuellen Systems liefert, führt die Tatsache, daß man weiterhin dem klassischen Bild dieses Systems anhängt, zu der extremen Feststellung, daß die Quantenmechanik überhaupt nicht in der Lage ist, irgend etwas über das individuelle System auszusagen (vgl. z. B. Peres 1974, S. 886). Es beruht vor allem auf dieser letztgenannten Feststellung, daß die statistische Interpretation unzureichend ist. Die Wellenfunktion, oder der quantenmechanische Zustand, gibt nicht ein Bild von dem individuellen System selbst, sondern von den zugehörigen Prozessen der Vorbereitung und Messung eines einzelnen Systems oder einer Gesamtheit von Systemen, und ist in der Lage, ziemlich genaue Aussagen über ein individuelles System zu erzielen. Das kann die statistische Interpretation nicht liefern.[4]

Der zweite und viel weiter verbreitete Irrtum, der die Interpretationen der Quantenmechanik durchzieht, liegt darin, daß der Wellenfunktion selbst eine Art objektiver, materieller Realität zugewiesen wird. Dieser Fehler findet sich implizit in allen Sichtweisen, die davon ausgehen, daß der quantenmechanische Zustand eine vollständige und erschöpfende Beschreibung des Systems darstelle. Er kommt in solchen Aussagen zum Ausdruck, die von der Behauptung ausgehen, daß ein

System den »Zustand ›psi‹ hat« oder daß »es einen Zustand oder eine Wellenfunktion gibt«, was von der Annahme ausgeht, daß man bei der Bestimmung dieses Zustandes eine dem System eigene oder eine objektive Eigenschaft dieses Systems mißt und nicht eine Eigenschaft des Meßvorgangs selbst. Diese Haltung hat eine lange Geschichte, die von Schrödingers ursprünglicher Ansicht herrührt, daß die Wellenfunktion eine Art materieller Verteilung des Elementarteilchens sei. Der Haltung liegt die Auffassung zugrunde, daß das Teilchen oder System tatsächlich wellenartige Eigenschaften besitzt, und führt dazu, den »Zusammenbruch« der Wellenfunktion als ein reales Paradox anzusehen. In der Überraschung darüber, daß die Wellenfunktion von einer Verteilung der Werte zu einem einzigen Wert hin »zusammenbrechen« kann, ist auch der Glaube enthalten, daß das System selbst in dem Prozeß einem ähnlichen Zusammenbruch unterliegt. Wenn das so ist, dann ist die Frage, wie sich das vollziehen kann, in der Tat sehr schwierig; verständlicherweise hat diese Frage die Diskussionen um die Quantenmechanik von Anfang an verfolgt.

Viele Autoren haben darauf hingewiesen, daß der Akt der Beobachtung selbst den Zusammenbruch der Wellenfunktion »bewirke«, und haben dadurch zu weiteren Diskussionen Anlaß gegeben, in denen es um die Frage geht, was im Beobachtungsvorgang für diese Reduktion verantwortlich ist. Eugene Wigner (1975) ist so weit gegangen zu behaupten, daß es der Akt des Erkennens selbst sei, der entscheidenden Einfluß darauf ausübt, was als physikalischer Effekt im System wahrgenommen wird, indem er das System in einen Zustand mit definiten Koordinaten, Impulsen oder Spins zwingt. Er begründet es damit, daß in der Physik allgemein anerkannt ist, daß zu jeder Aktion eine Reaktion gehört, und es daher unverständlich wäre anzunehmen, daß Phänomene einen Einfluß auf unser Bewußtsein haben können, ohne daß umgekehrt unser Bewußtsein eine Auswirkung auf die Phänomene hat. Insofern würde Schrödingers Katze in einen Zustand versetzt, in dem sie eindeutig lebendig oder eindeutig tot ist, und zwar durch den Akt des Erkennens selbst.

Dies ist die extremste Position in einer Reihe von Standpunkten, die man auch die »subjektiven« Deutungen der Quantenmechanik nennt. Sie alle stehen in loser Verbindung mit der Kopenhagener Deutung. *Subjektiv* bedeutet für diese Interpretationen, daß die klassische Überzeugung von der Unabhängigkeit des Objekts vom Subjekt nicht mehr gilt. Die Erfahrung beweist die Unzulänglichkeit der klassischen Dichotomie. Subjekt und Objekt sind unausweichlich miteinander verknüpft, allerdings auf subtile Weise. Das ist soweit richtig. Die Schwierigkeiten entstehen erst aus der Tendenz, unsere Fähigkeiten zur Beschreibung dieser Interaktion zu überschätzen. Das heißt, wenn wir nicht bereit sind, Aspekte der Realität anzuerkennen, die in der theoretischen Beschreibung nicht enthalten sind, dann muß das System selbst, zum Beispiel das Elektron, als Reaktion auf unsere Beobachtung sich beugen, drehen oder zusammenbrechen. Ein solches System kann nicht ein klassisches Elementarteilchen sein. Typische Elementarteilchen sind nicht »verstreut« und »brechen nicht zusammen«. Wir lassen das traditionelle Bild fallen, aber wir zwingen der Realität das Bild unserer theoretischen Darstellung auf, was implizit besagt, daß das System dieses spezielle Objekt *ist*, nämlich die Wellenfunktion. Kurz gesagt, die Subjekt-Objekt-Spaltung ist aufgegeben, aber nicht die Anerkennung der Eins-zu-eins-Entsprechung von Theorie und Wirklichkeit. In diesen Interpretationen wird der Glaube an die »Wißbarkeit« der Natur auf Kosten ihrer »Objektivierbarkeit« beibehalten. In dem Bestreben, die Realität mit der Theorie in Übereinstimmung zu bringen, nimmt die Realität notwendigerweise recht bizarre Eigenschaften an, und das ist sehr unbefriedigend.

Um aus dieser Klemme wieder herauszukommen, haben Theoretiker immer ausgefallenere Alternativen angeboten. Der Erfindungsreichtum, den Physiker bewiesen haben, ist recht eindrucksvoll, wie bei dem Kind zwischen zwei kognitiven Paradigmen. So haben zahlreiche Physiker große Begeisterung für eine Lösung entwickelt, die »Viel-Welten-Interpretation der Quantenmechanik«, in der eine Sichtweise des Universums vorgeführt wird, die folgendermaßen aussieht: Das Universum spaltet sich unaufhörlich in eine Vielzahl von gegenseitig nicht beobachtbaren, doch gleichermaßen realen Welten. In jeder Welt erzielen Messungen eindeutige Resultate. Schrödingers Katze ist in einigen Welten eindeutig lebendig und in anderen eindeutig tot. Das einzig Unbestimmte ist, in welcher Welt wir selbst uns dann befinden. Diese Deutung beweist darin einen bemerkenswerten Einfallsreichtum, daß sie es fertigbringt, ihr Vertrauen in die Objektrealität des Systems zu bewahren und in ihre buchstäbliche Übereinstimmung mit der Theorie. Ein Preis mußte allerdings bezahlt werden – der Preis der Seriosität.

Die ganze Verwirrung kann dadurch vermieden werden, daß man die Fragen allesamt fallenläßt. Das streng positivistische Ethos, das die heutige Wissenschaft umgibt, ermöglicht es manchen, vielleicht den meisten Physikern, die Definition von Wirklichkeit auf den Kern des uns zur Verfügung stehenden theoretischen und empirischen Wissens zu beschränken und alle Fragen für bedeutungslos zu erklären, die sich mit der wirklichen Natur der untersuchten Systeme und unserer Beziehung zu diesen Systemen beschäftigen. Ich will mich jetzt nicht auf eine Kritik dieser Haltung einlassen, sondern nur auf das hinweisen, was dabei offenkundig ist, daß diese Haltung nämlich einen sehr bequemen Vorwand liefert, unter dem alle Arten von bisherigen Annahmen über die Welt und ihr Verhältnis zur Wissenschaft heimlich weiterbestehen können und weiter bestehen. Es ist zu dumm, daß wir einem Kind nicht auch die Erlaubnis geben können, auf Piagets vielsagende Fragen (Fragen, die nicht innerhalb eines vorliegenden kognitiven Paradigmas abgehandelt werden können) ganz einfach zu antworten: »Ihre Fragen sind sinnlos.«

An dieser Stelle muß man sich fragen, warum es so schwierig ist, das klassische Paradigma vollständig aufzugeben. Piaget macht kognitive Verdrängungen für die Vertrautheit und den Erfolg der seit langem ausgebildeten Strukturen verantwortlich, und zweifellos hat er zumindest teilweise recht. Die klassischen Dogmen der Wissenschaft haben sich als außerordentlich erfolgreich erwiesen und sind es in den meisten Bereichen der Wissenschaft auch weiterhin. Die Verwirrung, die so lange in den Diskussionen über die Quantenmechanik geherrscht hat, und die heftigen Emotionen, die diese Diskussionen hervorrufen können, sind wohl ein Beleg dafür, daß mehr auf dem Spiel steht als nur die Bequemlichkeit und der Erfolg eines älteren Paradigmas. Die große Schwäche von Piagets Entwicklungssystem ist, daß er es versäumt hat, die Auswirkungen der affektiven Komponenten auf den Entwicklungsprozeß in Erwägung zu ziehen. Die Begriffe Egozentrik, Omnipotenz und Objektpermanenz haben grundlegende Bedeutung sowohl für den Bereich der affektiven als auch der kognitiven Beziehungen. Obwohl man wiederholt versucht hat, das psychoanalytische Verständnis der affektiven Entwicklung mit Piagets Verständnis der kognitiven Entwicklung in Übereinstimmung zu bringen, muß auf diesem Gebiet noch weiter geforscht werden. Einige Bemerkungen dazu sollen genügen.

Wir wissen durch Piaget und die Psychoanalyse, daß die Fähigkeit zum objektiven Denken und Wahrnehmen nicht angeboren ist, sondern als Teil des langen und schmerzhaften Kampfes um die psychische Autonomie erworben wird – ein Zustand, der niemals frei von Ambiguität und Spannung ist. Der innere Druck, das Selbst vom Anderen abzugrenzen (ein Druck, der durch die traditionelle Betonung der Ich-

Autonomie noch verstärkt wird), macht uns höchst anfällig für Ängste in bezug auf Wünsche und Erfahrungen, die diese Abgrenzung gefährden könnten. Wir wissen außerdem, daß diese Ängste manchmal dadurch gemildert werden können, daß jemand seiner emotionalen und kognitiven Umgebung eine übertriebene Abgrenzungsstruktur auferlegt. Es sieht so aus, als diente die Objektivierung in der Wissenschaft einer vergleichbaren Funktion. Die Subjekt-Objekt-Trennung und das Bestehen auf der Prämisse, daß Wissenschaft affektfrei sei, können in gewissem Grade durch ein stark affekt-beladenes Motiv der Isoliertheit entstehen und dazu dienen, das Autonomiegefühl zu stärken. Wenn das richtig ist, dann würde das ständige Festhalten an dem Glauben in die Objektivierbarkeit der Natur durch die emotionalen Funktionen unterstützt, die durch diesen Glauben bedient werden.

Ebenso kann das Festhalten an der Prämisse, daß die Natur »wißbar« sei, unter psychologischen Gesichtspunkten betrachtet werden. Das Ideal einer vollkommenen Übereinstimmung zwischen uns als den Wissenden und einer objektiven, erkennbaren Realität erinnert auffallend an jene Vorstellungen – weitverbreitet unter Kindern – die wir magisch nennen. Diese Idealvorstellung ist ein Zeichen für den anhaltenden Glauben in die Allwissenheit, der aus dem Bereich des Magischen in den Bereich der Wissenschaft übertragen wurde. Er basiert auf der Vision von der metaphysischen Vereinigung mit der Natur und befriedigt ein ursprüngliches Bedürfnis nach Verbundenheit, das in einem anderen Bereich negiert wird. Ein solches Ideal wirkt der Anerkennung einer realistischeren, reiferen und demütigeren Beziehung zur Welt entgegen, zu einer Welt, in der die Grenzen zwischen Subjekt und Objekt niemals zu strikt gezogen werden dürfen und in der Wissen, welcher Art auch immer, niemals total sein kann. Ich bin der Ansicht, daß unter diesen Gesichtspunkten die Antinomien der Quantenmechanik nicht länger derart problematisch wären.

Beide Dogmen, das der Wißbarkeit und das der Objektivierbarkeit, müssen aufgegeben werden. Das Zeugnis der Quantenmechanik spricht für sich: Wie erfolgreich diese Dogmen in der Vergangenheit auch gewesen sein mögen, sie sind nicht mehr angemessen. Noch wird das Ergebnis dieses Beweises durch Auslegungen getrübt, die implizit versuchen, Überreste des klassischen Paradigmas beizubehalten. Jede der herrschenden Schulrichtungen – die statistische und die Kopenhagener Deutung – leidet an Unzulänglichkeiten, die den Vertretern der jeweils anderen Richtung offensichtlich sind, und die Diskussionen zwischen beiden halten an. Die Unmöglichkeit, in dieser Debatte eine

Lösung zu erzielen, spiegelt die Schwierigkeiten, die Quantentheoretiker damit haben, ihr Festhalten an zumindest einer der beiden grundlegenden Prämissen der klassischen Physik vollständig aufzugeben, nämlich: die Objektivierbarkeit und Wißbarkeit der Natur. Die Einsichten, die in der Quantenmechanik enthalten sind, warten noch auf ihre Darstellung in einem kognitiven Paradigma, das noch radikaler ist als alles, was die konventionellen Interpretationen uns bisher geboten haben.

8. Kapitel:
Die Bedeutung des Schrittmacherbegriffs in Theorien zur Aggregation beim zellulären Schleimpilz

Ein Problem kann einen Wissenschaftler aus vielen verschiedenen Gründen beschäftigen. Diese Gründe oder Interessen beeinflussen ihrerseits die Art und Weise, in der er oder sie mit dem Problem umgeht. Darum scheint es mir sinnvoll, daß ich mit der Darstellung meines eigenen Ausgangsinteresses für das Problem der Schleimpilzaggregation anfange.

Dieses Interesse begann vor mehr als zehn Jahren, als ich in meiner Tätigkeit als mathematische Biologin mit einem Problem befaßt war, das als die Grundfrage der Entwicklungsbiologie verstanden werden kann: dem Ursprung von Struktur oder dem Ursprung von Differenz in einem zunächst undifferenzierten System. Alle Zellen eines komplexen Organismus entstehen aus derselben Urzelle und haben daher vermutlich dasselbe genetische Material. Was also determiniert die verschiedenartige Ausprägung einer gegebenen genetischen Gesamtheit in Zellen, die sehr unterschiedliche strukturale und funktionale Eigenschaften annehmen? Gerade zu der Zeit entdeckte ich einen älteren und damals wenig bekannten Aufsatz von Alan Turing (1952). Turing zeigt darin, daß ein hypothetisches System von aufeinander einwirkenden chemischen Substanzen, die reagieren und sich im Raum ausbreiten, eine regelmäßige räumliche Struktur ausbilden können, die, so spekulierte er, eine Grundlage für eine nachfolgende morphogenetische Entwicklung sein würde. Das Bestechende an dieser Sichtweise war, daß sie einen Weg aus der unendlichen Regression eröffnete, in die das Denken über die Ausbildung biologischer Strukturen so oft verfällt. Das heißt, sie ging nicht von der Existenz eines bereits bestehenden Musters oder einer Differenz aus, aus der sich die beobachtete Struktur herausbilden könnte. Statt dessen bot sie einen Mechanismus zur Selbstorganisation, in dem die Struktur spontan aus der Homogenität entstehen kann.

Als Mathematikerin und nicht als Biologin denkend, fand ich es selbstverständlich, nach einem System zu suchen, das sich für eine solche Analyse eignen würde, also ein nachweisbares Beispiel für solche Prinzipien der Selbstorganisation sein müßte. Zu diesem Zeitpunkt begegnete ich Lee Segel, der mich auf das Problem der Aggregation beim zellulären Schleimpilz *Dictyostelium discoideum* aufmerksam machte. Dictyostelium hat die bemerkenswerte Eigenschaft, alternativ aus eigenständigen Zellen oder als multizellulärer Organismus zu existieren. Solange es genug Nahrung gibt, sind die einzelnen Zellen autark, wachsen und teilen sich durch binäre Spaltung. Sind diese Zellen aber ausgehungert, dann durchlaufen sie innere Veränderungen, die zu ihrer Aggregation in Zellhaufen führen; wenn diese Zellhaufen größer werden, fallen sie um und kriechen als »Conus« weg. Unter geeigneten Bedingungen von Licht, Feuchtigkeit und pH-Wert stoppt der »Conus«, bildet einen Stiel und differenziert in Stiel- und Sporenzellen; die Sporen entwickeln sich irgendwann zu einzelligen Amöben.

Das Einsetzen der Aggregation ist der erste sichtbare Schritt in einem Prozeß, der eventuell zu der zellulären Differenzierung führt, die sich im multizellulären Organismus beobachten läßt. Vor der Aggregation ist keine Differenz zwischen den Zellen feststellbar. Hat die Aggregation jedoch eingesetzt, bewirkt sie selbst eine verschiedenartige Umgebung, die vermutlich die Grundlage für die weitere Differenzierung bildet. Die Frage ist: Was löst die Aggregation aus?

Es war bereits bekannt, daß die einzelnen Zellen ein Acrasin (als zyklisches AMP identifiziert) erzeugen, für das sie chemotaktisch empfindlich sind, und eine Acrasinase, die das Acrasin abbaut. Turings Vorbild folgend, untersuchten Segel und ich die räumliche Stabilität eines homogenen Feldes von undifferenzierten Zellen, die durch Produktion und Abbau von Acrasin und die Chemotaxis auf das Acrasin interagieren. Wir konnten zeigen, daß die Voraussetzung für Instabilität, für das Einsetzen der Aggregation, durch ein Ansteigen der Acrasinproduktion einzelner Zellen und/oder der chemotaktischen Empfindlichkeit *ohne vorherige Differenzierung* gegeben war. Daß diese Veränderungen tatsächlich stattfinden, wurde unabhängig davon im Experiment erhärtet (Bonner et al. 1969).

Da unsere Analyse linear angelegt war, konnten wir uns leider nur zum Einsetzen der Instabilität äußern. Außerdem war das Modell selbst über die Maßen vereinfacht. Vor allem ignorierten wir die Tatsache (und das erwies sich als ein fataler Fehler), daß der Aggregationsprozeß nicht stetig ist, sondern stoßweise verläuft. Obwohl wir diese Vereinfachung im Interesse der mathematischen Durchführbarkeit vorgenommen hatten, hofften wir, daß das pulsierende Verhalten durch eine Instabilität zweiten Grades zustande käme. Unser Hauptanliegen war nicht, eine detaillierte Beschreibung des Aggregationsprozesses vorzunehmen, sondern eine Alternative zu der weitverbreiteten Auffassung vorzulegen, daß spezielle Zellen (manchmal auch Stifterzellen genannt) notwendig seien, um die Aggregation einzuleiten. Vor allem suchten wir nach einer Alternative zu der Darstellung, die Shaffer (1962) zuvor gegeben hatte und die besagte, daß die Aggregation durch die Aussendung periodischer Signale zustande käme, die von einer zentralen Zelle (einer Stifter- oder Schrittmacherzelle) ausgingen und von den übrigen Zellen durch das Medium übermittelt würden. Es bestanden zumindest zwei Gründe, um nach einer Alternative für diese Darstellung zu suchen. Erstens gab es keinen Beweis dafür, daß solche »speziellen« Zellen existierten. Zweitens war bekannt, daß sich neue Zentren ausbildeten, wenn man die Zentren des Aggregationsmusters entfernte – das heißt, die Aggregation wird nicht verhindert.

Dennoch wurde kurze Zeit, nachdem Segel und ich unser Modell veröffentlicht hatten (Keller und Segel 1970), die Idee der Initiatorzelle von Cohen und Robertson (1971 a) wieder aufgegriffen, und zwar in einer erheblich detaillierteren Beschreibung der Übertragung von Signalen, die von Schrittmacherzellen durch eine Population von übertragungsfähigen Zellen ausgesendet werden. Sie stützten diese Beschreibung mit einem abstrakten Modell, um seine Brauchbarkeit zu demonstrieren, und unternahmen eine Reihe von Experimenten, die dazu dienten, die zeitlichen Eigenschaften des Signals zu messen. Diese Eigenschaften wurden für viele Forscher zum Schwerpunkt ihrer Forschungen. Weiterhin wurden Photos hergestellt, die konzentrische und spiralförmige Wellenmuster zeigen (die auffallende Ähnlichkeit mit der chemischen Reaktion von Zhabotinsky haben); Zeitrafferaufnahmen zeigen sich nach außen bewegende Wellen, während die Zellen selbst nach innen wandern. Die Beschäftigung mit der Phänomenologie von Aggregationswellen hat allerdings dazu geführt, daß der Hauptunterschied zwischen diesen beiden Modellen eher verschleiert als erhellt wurde: die Existenz oder Nichtexistenz von determinierten Initiator- oder Schrittmacherzellen. Aus Gründen, über die ich mir noch nicht im klaren bin, war die Fragestellung, die ich für das Hauptproblem gehalten hatte – die Frage, durch was die anfängliche Differenzierung ausgelöst wird –, *nicht* das Kernproblem für die meisten Biologen oder Biomathematiker, die sich mit diesem Thema befaßten. Die Schrittmacher-Idee war von zuviel Enthusiasmus umgeben, und das läßt vermuten, daß diese Frage ziemlich ausgeschlossen war. Die Annahme von Schrittmacher-Zellen wurde als so selbstverständlich empfunden und erklärte das Phänomen so schlüssig, daß die Frage, von der ich ausgegangen war, ganz einfach aus dem Blickfeld verschwand.

In den folgenden Jahren hat sich das Wort Schrittmacher als vollendete Tatsache in die Literatur eingeschlichen. Obwohl es noch immer keinen Beweis für oder gegen ihre Existenz gab, selektierten Forscher die Mutanten, die weniger oder gar keine »Schrittmacher« produzierten, und beriefen sich sogar auf den Fall des zellulären Schleimpilzes, den sie mit anderen Systemen konfrontierten, die eine ähnliche Phänomenologie zeigten, bei denen die Frage nach der Existenz von Zentren oder Schrittmachern allerdings noch offen war (besonders die Zhabotinsky-Reaktion, Winfree 1980). Der Einfluß des Schrittmacherbegriffs war so groß, daß er manchmal überhandnahm und großen Einfluß darauf hatte, wie die Leute über die Zhabotinsky-Reaktion selbst dachten. In einem Gespräch über die Gefahren des analogen Denkens in der Biologie stellte Nancy Kopell (1980) kürzlich fest:

»Im Fall des Schleimpilzes gibt es Zellen mit speziellen Eigenschaften, die das Verhalten der sie umgebenden Zellen steuern. [Im weiteren Gesprächsverlauf räumte Kopell die Unsicherheit dieser Behauptung ein.] Dieses sind die Zellen im Zentrum des aggregierenden Haufens, die periodische Stöße von zyklischem AMP abgeben. Sobald man unter den Einfluß dieser Analogie gerät, ist es so gut wie unvermeidlich, daß die Zentren des Zhabotinsky-Musters in diesem Licht gesehen werden. Und tatsächlich werden sie in der Literatur häufig Schrittmacher genannt; zumindest eine Gruppe von Autoren spricht von der Kommunikation zwischen dem Zentrum und den äußeren Ringen als ›chemischen Radiowellen‹. In bezug auf den Schleimpilz ergibt das physiologisch gesehen einen Sinn; in bezug auf das Zhabotinsky-Reagens ist es reine Vermutung. Wofür könnte die ›Sendestation‹ gut sein? Einige Forscher behaupten, daß sie Muster ohne jede Heterogeneität in den Zentren herstellen könnten. Andere produzieren mehr der gesuchten Muster einfach dadurch, daß sie Hausstaub zusetzen, und von einem Experimentator ist sogar bekannt geworden, daß er sich den Bart über dem Reagens gerieben hat.«

Der Kern der Sache ist jedoch, daß »Sendestationen«, obwohl sie physiologisch gesehen einen Sinn ergeben, ganz offensichtlich beim Schleimpilz genausowenig notwendig sind wie bei der Zhabotinsky-Reaktion.

Als die Schrittmacher-Idee vorherrschend wurde, war ich einfach verblüfft. Doch andere Interessen lenkten mich von der mathematischen Biologie ab, vor allem das Interesse an Geschichte und Philosophie der Wissenschaft. In meiner biographischen Studie über die Zellgenetikerin Barbara McClintock (1983) interessierte ich mich für den Einfluß, den bestimmte Typen von Modellen auf die Verstehbarkeit und von daher auf die Akzeptierbarkeit verschiedener Theorien in der Biologie haben. Die Geschichte von McClintock ist auch eine Geschichte des Konfliktes mit einer Gemeinschaft, die sich zunehmend darauf festlegte, Gene und später DNS als den zentralen Wirkstoff in der Zelle anzusehen – als den Wirkstoff, der alle anderen zellulären Prozesse steuert. Es ist die Geschichte des Konfliktes zwischen dieser Gemeinschaft und einer einzelnen, die die Ansicht vertrat, daß Gene oder DNS nur einen Teil der Zelle bilden. Diese beiden Sichtweisen haben eine lange Geschichte in der Biologie, vor allem in der Genetik. Dazu schrieb David Nanney vor mehr als zwanzig Jahren: »Eine dieser Sichtweisen wurde besonders stark bevorzugt... Die erste wollen wir als ›Master-Molekül‹-Konzept bezeichnen... das ist die Theorie vom Gen schlechthin, die aufgestellt worden ist, um eine totalitäre Herrschaft zu suggerieren... Das zweite Konzept wollen wir als ›Fließgleichgewichts‹konzept bezeichnen. Mit diesem Begriff... meinen wir eine dynamische, sich selbst erhaltende Organisation aus verschiedenen Arten von Molekülen, die ihre spezifischen Eigenschaften nicht den jeweiligen Merkmalen einer einzelnen Molekülart verdankt, sondern den funktionalen Wechselwirkungen zwischen diesen Molekülarten.« (Nanney 1957, S. 136) Um zu verstehen, warum die Biologie die frühen Arbeiten über genetische Transposition von Barbara McClintock nicht aufgenommen hat, wurde mir zunehmend klar, daß ich über die Rolle nachdenken mußte, die frühere Bindungen (in diesem Falle an die Hierarchie) in der Geschichte der Entwicklung wissenschaftlicher Theorien spielen.

Die Schleimpilzaggregation war in meinem Bewußtsein weit zurückgedrängt, als ich einen Anruf von einem Neuling auf dem Gebiet der mathematischen Biologie erhielt, der auf den Aufsatz, den Segel und ich über dieses Thema geschrieben hatten, aufmerksam geworden war, sich jedoch nicht in der Lage sah, eine ernstzunehmende Kritik oder Fortsetzung vorzunehmen. Er wollte wissen, was da vor sich ging. Warum, so formulierte er seine Frage, ist euer Aufsatz unterdrückt worden?

Unser Aufsatz ist natürlich nicht unterdrückt worden. Dennoch war diese Frage provokativ und zwang mich, an der Rolle zu zweifeln, die frühere außerwissenschaftliche Festlegungen für das Schicksal des von uns erstellten Modells gespielt haben. Aus diesem Zusammenhang heraus wird mein Standpunkt deutlich: Ich will sagen, daß die Geschichte der Schrittmacher bei der Schleimpilzaggregation ein besonders einfaches Beispiel für die Neigung zu solchen Erklärungsmodellen ist, die einen einzelnen zentralen Machthaber postulieren. Ich behaupte außerdem, daß solche Erklärungen einleuchtender und in ihrer Konzeption einfacher erscheinen als globale oder auf Wechselwirkung beruhende Modelle und daß wir danach fragen müssen, warum das so ist. Wir müssen außerdem danach fragen, in welchem Maße diese Modelle besser an mathematische Probleme angepaßt sind, für die es bereits Lösungen gibt. Worauf kommt es bei den mathematischen Problemen an, für die es bereits Lösungen gibt? Mathematische Lösbarkeit ist ein wesentliches Ziel, und es ist allgemein bekannt, daß in allen mathematischen Wissenschaften die Modelle eher vorherrschen, die berechnet werden können. Kann es nicht sein, daß bestehende Festlegungen (ideologischer Art, wenn man will) nicht nur die Modelle beeinflussen, die als befriedigend empfunden werden, sondern auch das analytische Instrumentarium, das dafür entwickelt worden ist?

Das Keller-Segel Modell war in seiner ursprünglichen Form natürlich unzureichend, vor allem, weil es ihm an einer nichtlinearen Analyse fehlte. Außerdem hat es nicht die sehr komplexe innere Dynamik der einzelnen Zellen berücksichtigt, die mit dem Oszillationscharakter der zyklischen AMP-Produktion zusammenhängt. Vor zehn Jahren verfügten wir noch nicht über die mathematischen Methoden für eine solche Analyse. In der Zwischenzeit haben wir jedoch einen enormen Zuwachs auf dem Gebiet der nichtlinearen Gleichungen zu verzeichnen, vor allem auf dem Gebiet der Reaktions-Diffusions-Gleichungen. Ein Ergebnis dieser Forschungen ist, daß es jetzt möglich ist, diejenigen Analysen vorzunehmen, die zum Verständnis der Wechselwirkung von Produktion und Diffusion von Acrasin und zellulärer Chemotaxis notwendig sind. Mehrere dieser Analysen sind inzwischen von Marcus Cohen und Pat Hagan (1981) vorgenommen worden.

Die Analyse von Cohen und Hagan basiert auf einem Modell der zyklischen AMP-Produktion in einzelnen Zellen, das Cohen zuvor erstellt hatte. Aus diesem Modell lassen sich Fließgleichgewicht, Stimulations- und Oszillationsdynamik ersehen, die mit unterschiedlichen Werten eines internen Parameters entstehen, der mit dem Grad der Zellaushungerung lose in Verbindung steht. Das System wird multizellulär und räumlich unter Berücksichtigung der Diffusion von extrazellulärem zyklischem AMP. Durch ihre Analyse der sich ergebenden Raum-Zeit-Gleichungen waren Cohen und Hagan in der Lage, das Entstehen von Spiralen, Zielmustern und Strömungen zu zeigen, die alle verschiedenen Werten des zellulären Kontrollparameters entsprechen. Der springende Punkt dabei ist: Die unterschiedlichen Morphologien kommen durch sukzessive Spaltungen eines einzelnen Reaktions-Diffusions-Systems zum Vorschein und setzen nicht die Ausprägung neuer genetischer Information voraus. Nach außen verlaufende konzentrische Wellen werden durch die örtlichen Maxima in der Frequenz der zyklischen AMP-Oszillationen erzeugt; man nimmt an, daß die Frequenz mit dem internen Parameter in einer Weise variiert, daß sie in dem Modell nicht explizit gemacht wird. Die Bewegung der Amöben selbst, die im wesentlichen von dem chemischen System in diesem Modell abgekoppelt ist, folgt dem Gefälle des zyklischen AMP, das von den Wellenmustern erzeugt wird.

Das Cohen-Hagan-Modell hat den großen Vorteil, daß es von der Notwendigkeit zur vorherigen Differenzierung entbindet. Zellen, die, aus welchem Grund auch immer, im Zustand größerer Aushungerung sind, werden leichter Anwärter auf die Aggregationszentren[1]. Diese Zellen müssen keine Schrittmacher sein. Sie können jedoch weiterhin als solche angesehen werden. Die Geschichte beweist, daß allein der Hinweis auf die Überflüssigkeit von Schrittmachern noch nicht ausreicht, den Begriff selbst von dem Einfluß zu befreien, den er auf unser Denken ausübt.

Mein eigener Vorbehalt gegenüber diesem andererseits auch bemerkenswerten Analysebeispiel hat mit der Annahme zu tun, die in die Grundlagen zum Cohen-Hagan-Modell eingebaut ist, daß zelluläre Bewegung als ein Phänomen zweiter Ordnung angesehen werden kann. Die Autoren beginnen mit der Behauptung, daß »die chemischen Wellen der Zellbewegung zugrunde liegen und sie steuern«. Während diese Annahme einerseits dadurch gerechtfertigt sein mag, daß die Wanderungsgeschwindigkeit der Zelle im Vergleich zur Wellengeschwindigkeit klein ist, ist es ebenso wichtig festzustellen, daß sie andererseits dadurch zustande kommt, daß die Mathematik, die für Reaktion-Diffusion-Systeme entwickelt worden ist, nicht richtig angeglichen worden ist, um die Chemotaxis mit einzubeziehen. In demselben Maße, wie wir uns auf die Beschaffenheit der Instabilität konzentrieren, die für das Entstehen von Zentren verantwortlich ist, müssen auch die Zellen und ihre Bewegung als wesentlich in Betracht gezogen werden. Hagan und Cohen befassen sich nicht mit diesem Problem, doch wir können spekulieren, daß örtlich räumliche Inhomogenitäten

– zum Beispiel von der Art, wie sie aus dem einfachen Keller-Segel-Modell hervorgegangen sind – durch einfache Zellakkumulation und die daraus folgende örtliche Erschöpfung der Nahrung[2] zu dem Mechanismus werden können, der das frühe örtliche Einsetzen der Oszillation auslöst. Die Bedeutung der zell-chemischen Interaktion ist noch immer eine offene Frage, aber vielleicht sollten wir vorsichtig sein, eine Analyse mit der Annahme zu beginnen, daß das chemische System das zelluläre System »steuerte«.

Ich bin der Meinung, um es allgemeiner auszudrücken, daß wir aus dem Schrittmacher-Beispiel lernen sollten, vorsichtig damit zu sein, kausale Zusammenhänge auf alle Systeme zu übertragen, die aufgrund ihrer Eigenschaften offenbar in komplexer Weise interaktiv sind. Unser Auftrag als Wissenschaftler ist es, Naturphänomene zu verstehen und zu erklären, doch die Wörter *verstehen* und *erklären* haben viele unterschiedliche Bedeutungen. In unserem eifrigen Bestreben nach vertrauten Erklärungsmodellen laufen wir Gefahr, die Diskrepanzen nicht wahrzunehmen, die zwischen unseren eigenen Neigungen und Anfälligkeiten und der Spannweite von Möglichkeiten liegen, die den Naturphänomenen innewohnt. Wir laufen Gefahr, nur die Beispiele auf die Natur zu übertragen, die wir gerne hören.

9. Kapitel:
Eine Welt der Differenz

> O Lady! Wir erhalten, was wir geben nur,
> In unserem Leben lebt allein Natur:
> Unser ist ihr Hochzeitskleid,
> unser ist ihr Totenhemd!
> Samuel Taylor Coleridge,
> *Trübsinn: Eine Ode*

Wenn es darum geht, über die Möglichkeiten nachzudenken, wie Wissenschaft anders aussehen könnte, dann läßt sich kaum eine geeignetere Anleitung finden, als Barbara McClintock sie gibt. Bei ihren Kollegen ist McClintock als Außenseiterin und Visionärin bekannt, in der Geschichte der Genetik nimmt sie einen zentralen und zugleich einen peripheren Platz ein – einen Platz, der trotz höchster Anerkennung in jeder Hinsicht durch Differenz gekennzeichnet ist.

Barbara McClintock wurde 1902 geboren und lieferte bereits in ihren Zwanzigerjahren Beiträge zur klassischen Genetik und Zytologie, die ihr ein Maß an Anerkennung eintrugen, das nur wenigen Frauen ihrer Generation vorstellbar war. Sie wurde von vielen großen Männern der klassischen Genetik (wie T.H. Morgan, R.A. Emerson und Lewis Stadler) ermutigt und gefördert und erhielt einen Laborraum und Forschungsstipendien, die sie benötigte, um das zu verwirklichen, was sehr bald zu ihrem eigentlichen Lebensziel geworden war: die Geheimnisse der Pflanzengenetik zu verstehen. Sie lehnte die üblichen Möglichkeiten, die Frauen damals in der Wissenschaft offenstanden, ab (etwa als wissenschaftliche Assistentin oder als Lehrerin an einem Frauencollege)[1] und widmete ihr Leben ganz der Forschung. Mitte der dreißiger Jahre hatte sie in der Geschichte der Genetik bereits einen unverrückbaren Markstein gesetzt. Doch das Forschungsstipendium ging unwiederbringlich zu Ende. Da sie keinen Job in Aussicht hatte, befürchtete sie, die Wissenschaft verlassen zu müssen. Da Morgan und Emerson der Ansicht waren, daß »es eine Wissenschaftstragödie wäre, wenn sie ihre Arbeit nicht fortsetzen könnte« (zitiert bei Keller 1983, S. 74), setzten sie bei der Rockefeller Foundation durch, daß man ihr eine zweijährige Unterstützung gewährte. Morgan beschrieb sie als den »besten Menschen der Welt« auf ihrem Fachgebiet, doch bedauerte er ihre »schwierige Persönlichkeit«: »Sie ist böse auf die Welt, weil sie davon überzeugt ist, daß sie viel größere Möglichkeiten in der Wissenschaft hätte, wenn sie ein Mann wäre« (S. 73). Erst seit 1942 war McClintocks berufliche Existenz gesichert: Ihr wurde Zuflucht am Carnegie Institution of Washington in Cold Spring Harbor gewährt, wo sie für immer blieb. Zwei Jahre später wurde sie in die National Academy of Science gewählt. 1945 wurde sie Präsidentin der Genetics Society of America.

Diese Zweischneidigkeit von Erfolg und Bedeutungslosigkeit, die treffend die ersten Stationen von McClintocks Karriere umschreibt, zieht sich als Leitmotiv durch ihr ganzes Berufsleben. Trotz der neidlosen Anerkennung und Bewunderung durch ihre Kollegen ist ihr wichtigstes Werk bis in jüngste Zeit weitgehend ungewürdigt und unverstanden geblieben und so gut wie überhaupt nicht in den wachsenden Korpus der biologischen Erkenntnisse aufgenommen worden. Diese Arbeit, die sie in ihren Vierzigerjahren begonnen hatte, führte sie zu der Entdeckung, daß genetische Elemente in scheinbar koordinierter Weise von einer Stelle auf den Chromosomen zu einer anderen springen können; sie führte sie, kurz gesagt, zur Entdeckung der genetischen Transposition. Selbst heute noch, da sie Nobelpreisträgerin ist und mit vielen anderen Auszeichnungen und Preisen für eben dieses Werk überhäuft wurde, betrachtet sie sich in wesentlichen Aspekten als Außenseiterin in der Welt der modernen Biologie – nicht, weil sie eine Frau ist, sondern weil sie in philosophischer und methodologischer Hinsicht eine Abweichlerin ist.

Sicherlich erscheint McClintock selbst ihre Bedeutungslosigkeit und ihr Abweichlertum viel offensichtlicher – und viel dramatischer – als anderen. Während all der Jahre, als ihre berufliche Existenz so ungesichert war, haben selbst ihre treuesten Kollegen nicht realisiert, daß sie keinen festen Job hatte. »Wovon sprechen Sie eigentlich?« fragten mich einige. »Sie war so gut! Wie konnte sie da keinen Job haben?« Wie Morgan selbst es nahelegt, wurde ihre Erwartung, daß sie aufgrund von Verdiensten ausgezeichnet würde, auf derselben Basis wie ihre männlichen Kollegen, als Zeichen für ihre Undankbarkeit interpretiert – für das, was Morgan ihre »schwierige Persönlichkeit« nannte.

Wenn man über die zweite Phase ihrer Karriere spricht, während der ihr revolutionäres Werk über genetische Transposition ihr eher den Ruf der Exzentrizität als den der Größe eintrug, dann sind ihre Kollegen eher geneigt, das Schwergewicht auf die anhaltende Bewunderung zu legen, die viele von ihnen ihr entgegengebracht haben. Ihr kam natürlich mehr deren Mangel an Verständnis zum Bewußtsein und das Abtun ihrer Arbeit durch jene Kollegen, die sie weniger bewunderten. Vor allem ist sie sich der wachsenden Isolation bewußt, die daraus folgte.

Heute ist die genetische Transposition kein zweifelhaftes Randphänomen mehr. Ein bedeutender Biologe sagt dazu: »(Bewegliche Elemente) gibt es überall, in Bakterien, Hefepilzen, *Drosophila* und Pflanzen. Vielleicht sogar bei Mäusen und Menschen.« (Marx 1981, zit. bei Keller 1983, S. 193) Doch die Bedeutung der Transposition wird weiterhin stark diskutiert. McClintock sah in beweglichen Elementen den Schlüssel für die Regulation der Entwicklung. Selbst heutige Molekularbiologen, die dieser Möglichkeit sehr viel wohlwollender gegenüberstehen, als es noch vor zwanzig oder zehn Jahren der Fall war, sind noch immer unsicher. Unter evolutionären Gesichtspunkten erscheint den meisten (wenn auch nicht allen) McClintocks Auffassung, daß die Transposition ein Überlebensmechanismus sei, der den Organismen in Streßzeiten zur Verfügung steht, als reine Ketzerei.

Mein Interesse hier, wie auch in anderen Zusammenhängen, besteht nicht darin herauszufinden, wer »recht« hat, sondern in den Unterschieden der Wahrnehmung, die solchen Widersprüchen in den Auffassungen zugrunde liegen. Die Wechselfälle in McClintocks Karriere verleihen diesen Unterschieden nicht nur besondere Schärfe, sondern auch besondere Bedeutung. In meinem Buch *A Feeling for the Organism: The Life and Work of Barbara McClintock* habe ich gesagt, daß es vor allem die Zweischneidigkeit von Erfolg und Bedeutungslosigkeit ist, die ihre Karriere für die Geschichte und Philosophie der Wissenschaft so bedeutsam macht. Ihr Erfolg bestätigt unbestreitbar ihre Legitimität als Wissenschaftlerin, während ihre Bedeutungslosigkeit uns Anlaß gibt zu untersuchen, welche Rolle Meinungsverschiedenheiten für das Fortschreiten wissenschaftlicher Erkenntnis spielen und welches Schicksal sie auslösen. Dieser Dualismus illustriert die Verschiedenheit von Werten, methodologischen Techniken und Zielen, die in unterschiedlichem Maße immer in der Wissenschaft existierten. Er illustriert zugleich die Pressionen, die in ebenso unterschiedlichem Maße bewirken, daß diese Verschiedenheit im Zaum gehalten wird.

Im Vorwort zu diesem Buch habe ich geschrieben:

»Die Geschichte der Barbara McClintock gibt uns die Möglichkeit, die Bedingungen zu erforschen, unter denen Dissens in der Wissenschaft entsteht, welche Funktion er hat und welche Vielfalt von Werten und Zielen er spiegelt. Das führt uns zu der Frage: Welche Rolle spielen individuelle und kollektive Interessen für die Evolution der wissenschaftlichen Erkenntnis? Suchen alle Wissenschaftler nach denselben Arten von Erklärungen? Sind die Arten von Fragen, die sie stellen, dieselben? Erlauben methodologische Unterschiede in den einzelnen Subdisziplinen dieselben Arten von Antworten? Und wenn sich tatsächlich bedeutsame Unterschiede in den Fragestellungen, den Erklärungsversuchen und den angewandten Methoden ergeben, wie beeinflussen sie dann die Kommunikation zwischen den Wissenschaftlern? Warum also konnte McClintocks Entdeckung der Transposition nicht von ihren Zeitgenossen aufgenommen werden? Man kann sagen, daß ihre Vorstellung von biologischer Organisation zu weit entfernt war von den Arten von Erklärungen, nach denen ihre Kollegen suchten. Wir müssen aber verstehen, worin diese Distanz besteht und wie sich solche Divergenzen entwickeln.« (S. XII)

Ich hatte wirklich nicht vor, die Geschichte von McClintocks Karriere als eine Romanze aufzufassen – weder »als eine Geschichte der Hingabe, die nach Jahren der Mißachtung, der Vorurteile und der Gleichgültigkeit aufgrund von Mut und Wahrhaftigkeit endlich belohnt wird« (S. XII), noch als die heroische Geschichte einer Wissenschaftlerin, die ihrer Zeit »um Jahre voraus« ist und auf etwas stößt, mit dem sie sich dem annähert, was wir heute als »die Wahrheit« erkannt haben. Vielmehr habe ich sie als eine Geschichte über die Sprachen der Wissenschaft verstanden – über den Prozeß, in dem sich Welten des gemeinsamen Wissenschaftsdiskurses etablieren und endgültig festgelegt werden und doch in ausreichendem Maße durchlässig bleiben, um einem bestimmten Arbeitsergebnis die Möglichkeit zu geben, von Verständnislosigkeit in einem Bereich zur Anerkennung (vielleicht sogar zum völligen Verständnis) in einem anderen Bereich zu gelangen.

In diesem Essay lege ich den Schwerpunkt ganz explizit auf die Differenz. Ich möchte McClintocks Auffassung von der Natur, der Wissenschaft und von der Beziehung zwischen Geist und Natur genauer darstellen, nicht nur, um ihr Abweichen von konventionelleren Sichtweisen vorzuführen, sondern auch, um ihren inneren Zusammenhang aufzuzeigen. Wenn wir uns in dieses Weltbild hineinbegeben, stellen wir fest, daß ihre Fragestellungen, ihre Erklärungsversuche und die Methoden, die sie anwendet, um zu wissenschaftlichen Erkenntnissen zu gelangen, ein Maß an Klarheit und Verständlichkeit haben, das sie von außen gesehen vermissen lassen. Tief im Inneren dieses Weltbildes kommt derselbe Respekt vor der Differenz zum Ausdruck, der auch mich motiviert, diesen Zusammenhang an erster Stelle zu untersuchen. Ich beginne mit einer Erörterung der Implikationen, die der Respekt vor Differenz (und Komplexität) in der allgemeinen Philosophie, die in McClintocks Lebenszeugnis zum Ausdruck kommt, hat. Von da aus beschäftige ich mich mit seiner Bedeutung für Erkenntnisvermögen und Wahrnehmung, für McClintocks Interessen als Genetikerin und für die Beziehung zwischen ihrem Werk und der Molekularbiologie. Ich beschließe diesen Essay mit einer kurzen Darstellung der Relevanz von Geschlechtsspezifik für jede Philosophie der Differenz, besonders aber der von Barbara McClintock.

Komplexität und Differenz

Für McClintock ist die Natur durch eine apriorische Komplexität charakterisiert, die bei weitem das menschliche Vorstellungsvermögen überschreitet. Ihre wiederholte Bemerkung »Alles, was du dir ausdenken kannst, wirst du auch vorfinden«[2] ist eine Feststellung über die Fähigkeiten der Natur, nicht über die Fähigkeiten des Geistes. Sie ist nicht als Beschreibung unseres Erfindungsreichtums als Entdecker zu verstehen, sondern als Stellungnahme zum Reichtum der natürlichen Ordnung; Reichtum nicht im Sinne der Verwendbarkeit, sondern im Sinne der überreichen Gaben und der verschwenderischen Fülle. Organismen haben ein Eigenleben und eine ihnen eigene Ordnung, die Wissenschaftler erst zu ergründen beginnen. »Sie werden falsch dargestellt und nicht richtig eingeschätzt... und überschreiten unsere kühnsten Erwartungen... Sie machen alles, was wir denken können, aber sie machen es besser, wirkungsvoller und wunderbarer.« Im Vergleich zum Einfallsreichtum der Natur erscheint unsere wissenschaftliche Intelligenz recht blaß. Daraus folgt die lapidare Feststellung, daß »der Versuch, alles einem gesetzten Dogma anzupassen, nicht funktioniert... Es gibt nicht so etwas wie ein zentrales Dogma, in das alles hineinpaßt.«

Im Zusammenhang mit McClintocks Naturauffassung erscheinen jene Haltungen zur wissenschaftlichen Forschung konsequent, die unter anderen Bedingungen romantisch klingen würden. Die Notwendigkeit, »auf das Material zu hören«, folgt aus ihrem Sinn für die Ordnung der Dinge. Gerade weil die Komplexität der Natur unser Vorstellungsvermögen überschreitet, ist es so entscheidend wichtig, »das Experiment sagen zu lassen, was man tun soll«. Ihre Hauptkritik an der gegenwärtigen Forschung beruht auf dem, was sie als unangemessene Bescheidenheit ansieht. Sie hat das Gefühl, daß »ein Großteil der geleisteten Arbeit darum getan worden ist, weil man eine Antwort auferlegen will – sie haben die Antwort schon parat und wissen genau, was das Material ihnen sagen soll; alles, was es ihnen nicht sagt, erkennen sie nicht als wirklich existent an, oder sie halten es für einen Fehler und werfen es raus... Wenn man doch einfach nur das Material sprechen ließe.«

Respekt vor der Komplexität verlangt vom Beobachter der Natur genauso eine besondere Aufmerksamkeit für den Ausnahmefall, wie McClintocks Beispiel als Wissenschaftlerin sie von den Beobachtern der Wissenschaft verlangt: »Wenn das Material dir sagt, ›es kann so sein‹, dann laß es zu. Leg es nicht beiseite und nenn es nicht Ausnahme, Abweichung, Verunreinigung... Genau das ist auf dem ganzen langen Weg mit so vielen richtigen Fingerzeigen passiert.«

Gerade der Respekt für die individuellen Unterschiede ist ein Kernpunkt in McClintocks wissenschaftlichem Engagement. »Das Entscheidende ist, die Fähigkeit auszubilden, ein (Mais)Korn zu entdecken, das anders ist, und das verständlich zu machen«, sagt sie. »Wenn etwas nicht paßt, dann gibt es einen Grund dafür, und du mußt herausfinden, was es ist.« Die vorherrschende Konzentration auf Gruppen und Zahlen, vermutet McClintock, verführen die Forscher dazu, Unterschiede zu übersehen, dazu, sie »Ausnahmen, Abweichungen und Verunreinigungen« zu nennen. Die Folgen davon kommen teuer zu stehen, sagt sie, »sie verpassen, was rechts und links von ihnen vorgeht«.

Sie beschreibt hiermit die Geschichte ihrer eigenen Forschungen. Tatsächlich begann ihre Arbeit über die Transposition mit der Beobachtung eines abweichenden Musters in der Pigmentierung einiger Körner, die von einer einzigen Maispflanze stammten. Ihr fester Glaube an die Signifikanz dieses einzigartigen Musters hielt sie sechs Jahre lang in einer einsamen und harten Forschungsarbeit aufrecht, die nur das eine Ziel hatte, die Differenz, die sie festgestellt hatte, verständlich zu machen.

Die Differenz verständlich zu machen, bedeutet nicht, sie zum Verschwinden zu bringen. In McClintocks Weltbild kann das Verstehen der Natur mit Differenz in Einklang gebracht werden. »Ausnahmen« sind nicht dazu da, »die Regel zu bestätigen«; sie haben in und für sich selbst eine Bedeutung. In diesem Sinne stellt Differenz ein Prinzip zur Ordnung der Welt dar, das sich grundlegend von dem Prinzip der

Spaltung von Dichotomisierungen (Subjekt-Objekt, Geist-Materie, Gefühl-Verstand, Unordnung-Gesetz) unterscheidet. Während diese Oppositionen sich auf eine kosmische Einheit richten, in der bezeichnenderweise ein Element des Paares ausgeschlossen oder beseitigt wird, was auf ein einziges, allumfassendes Gesetz abzielt, begnügt sich die Anerkennung von Differenz mit der Vielfalt als einem Selbstzweck.

Da der Erkenntnisbegriff, der durch Differenz zum Ausdruck kommt, abgegrenzt werden kann von dem Erkenntnisbegriff, der durch Spaltung zum Ausdruck kommt, kann auch der Ausgangspunkt für Erkenntnis festgestellt werden. Entscheidend ist, daß Differenz in diesem Weltbild nicht Spaltung als eine erkenntnistheoretische Voraussetzung postuliert – sie beinhaltet nicht die Notwendigkeit nach klaren und feststehenden Aufteilungen in der Natur oder im Denken oder in der Beziehung zwischen Geist und Natur. Spaltung löst Verbindungen auf und erzwingt Distanz; die Anerkennung von Differenz liefert die Basis dafür, von einem Beziehungsgefüge auszugehen. Sie dient als Wegweiser für neue Verbindungszusammenhänge in der Natur und als Aufforderung, sich mit der Natur zu beschäftigen. Für McClintock erfüllt die Anerkennung der Differenz diese beiden Funktionen. Wenn sie sieht, daß etwas nicht zu passen scheint, so ist das eine Herausforderung für sie, das nächstgrößere vieldimensionale Muster herauszufinden, in das es hineinpaßt. Abnorme Körner einer Maispflanze sind nicht ein Beweis für Unordnung oder Ungesetzmäßigkeit, sondern für ein übergeordnetes Ordnungssystem, das nicht auf ein einziges Gesetz reduziert werden kann.

Differenz erfordert also eine Art der Beschäftigung und des Verstehens, die den Schutz des Individuellen ermöglicht. Die Integrität jedes einzelnen Kornes (oder Chromosoms oder jeder Pflanze) übersteht alle unsere Versuche, Muster zu bilden. Die Ordnung der Natur überschreitet unsere Fähigkeiten zur Herstellung von Ordnungen. Dieses Überschreiten zeigt sich an der ständig sich wiederholenden Einzigartigkeit eines jeden Organismus: »Zwei Pflanzen sind niemals vollkommen gleich. Sie sind alle verschieden, und folglich muß man diese Unterschiedlichkeit kennen«, erklärt McClintock. »Ich fange mit dem Sämling an und möchte ihn nicht aus den Augen lassen. Ich habe nicht das Gefühl, daß ich den Vorgang wirklich kenne, wenn ich die Pflanze nicht die ganze Zeit beobachte. So kenne ich jede Pflanze auf dem Feld. Ich kenne sie aus nächster Nähe, und ich habe ein großes Vergnügen daran, sie zu kennen.« Es benötigt Tage, Wochen und Jahre geduldiger Beobachtung, was so aussieht, als seien es privilegierte Einsichten: »Wenn ich Dinge sehe, kann ich sie sofort einordnen.« Ein Kollege beschrieb es so, daß das Ergebnis dessen ihre Fähigkeit sei, von jeder Pflanze, mit der sie arbeitet, eine »Autobiographie« zu schreiben.

McClintock spricht hier nicht von der Beziehung zu anderen Menschen, doch die Parallelen sind nicht zu übersehen. Bei den Beziehungen zu Pflanzen, die sie beschreibt, wie bei den zwischenmenschlichen Beziehungen stellt der Respekt für die Differenz eine Grundbedingung für unser Interesse an anderen dar und ebenso für unsere Fähigkeit zum Mitgefühl – das heißt für die höchste Form der Liebe: einer Liebe, die Intimität gestattet, ohne die Unterschiedlichkeit zunichte zu machen. Ich gebrauche das Wort *Liebe* weder oberflächlich noch sentimental, sondern in Übereinstimmung mit der Sprache McClintocks, die es zur Beschreibung einer bestimmten Form von Aufmerksamkeit verwendet, zur Beschreibung einer bestimmten Denkweise. Ihr Vokabular ist konsequent ein Vokabular der Zuneigung, der Verwandtschaft und der Empathie. Selbst von Puzzlespielen sagt sie: »Für eine gewisse Zeit war einem das Ding lieb, man empfand wirkliche Zuneigung. Dann verschwand es nach einer Weile und hat dich überhaupt nicht mehr gekümmert. Für eine kurze Zeit fühlt man sich stark hingezogen zu diesem kleinen Spielzeug.« Der springende Punkt für uns ist, daß McClintock es wagen kann, die Grenzen zwischen Subjekt und Objekt aufzugeben, ohne die Wissenschaft zu gefährden, weil für sie Wissenschaft gerade nicht auf dieser Spaltung beruht. Die Intimität, auf die sie sich mit den Objekten ihrer Forschung einläßt, eine Intimität, die aus einer ein ganzes Leben hindurch ausgebildeten Aufmerksamkeit erwachsen ist, stellt die eigentliche Quelle ihrer Stärken als Wissenschaftlerin dar.

Die lebendigste Illustration dieses Prozesses stammt von ihr selbst, und zwar aus ihrem Bericht über den Durchbruch in einem besonders hartnäckigen Fall einer zytologischen Analyse. Sie beschreibt den Geisteszustand, der mit der entscheidenden Orientierungsverlagerung einhergeht, die es ihr ermöglichte, Chromosomen zu identifizieren, die sie früher nicht hatte feststellen können: »Ich hatte das Gefühl, je mehr ich mich mit ihnen beschäftigte, desto größer und größer wurden die Chromosomen, und wenn ich wirklich mit ihnen arbeitete, dann war ich nicht außen vor, ich war mitten drin. Ich war ein Teil des Systems. Ich war dort drinnen bei ihnen und alles wurde groß. Ich war sogar in der Lage, die inneren Bereiche der Chromosomen zu sehen – es war tatsächlich alles da. Ich war überrascht, weil ich wirklich das Gefühl hatte, mitten drin zu sein, und da waren meine Freunde... Wenn man diese Dinge betrachtet, werden sie ein Teil von dir. Und du vergißt dich selbst.«

Erkenntnisvermögen und Wahrnehmung

In dieser Welt der Differenz wird die Spaltung aufgegeben, ohne Chaos zu erzeugen. Das Selbst und der Andere, Geist und Natur überdauern nicht in gegenseitiger Entfremdung oder in symbiotischer Verschmelzung, sondern in struktureller Vollständigkeit. »Das Gefühl für den Organismus«, das McClintock zur conditio sine qua non für eine erfolgreiche Forschung erhebt, braucht nicht als »participation mystique« verstanden zu werden; es ist ein Verfahren – das durch die Zeit und die menschliche Erfahrung, wenn auch nicht durch die in der Wissenschaft herrschenden Konventionen, seine Anerkennung findet – zum Erwerb eines verbindlichen Wissens über die Welt um uns her, das alle Wissenschaftler anstreben. Es ist eine Form der Aufmerksamkeit, die deutlich an den Begriff der »zentrierten Aufmerksamkeit« erinnert, den Ernest Schachtel geprägt hat, um »die Fähigkeit des Mannes [sic!], seine Aufmerksamkeit so vollkommen auf ein Objekt zu *zentrieren*, daß er es von *vielen Seiten* so vollständig wie möglich wahrnehmen oder verstehen kann« (S. 251), zu kennzeichnen. Mit Schachtel gesprochen, ist die »zentrierte Aufmerksamkeit« in Verbindung mit unserem natürlichen Interesse an Gegenständen überhaupt das wichtigste Instrument, das uns befähigt, vom reinen Wünschen und Wollen zum Denken und Wissen fortzuschreiten. Sie gibt uns das Rüstzeug für ein möglichst umfassendes Erkennen der Wirklichkeit als solcher. Eine solche »objekt-zentrierte« Wahrnehmung setzt voraus, daß »der Wahrnehmende zeitweilig alle egozentrischen Gedanken und Bestrebungen, jede Beschäftigung mit dem Selbst und der Selbstachtung ausschaltet und sich völlig dem Gegenstand zuwendet... was nicht zum Selbst*verlust* führt, sondern zu einem gesteigerten Gefühl von Lebendigkeit«. (S. 181) Objekt-zentrierte Wahrnehmung steht im Dienst einer Liebe, so argumentiert Schachtel weiter, »die andere in ihrem totalen und einzigartigen Dasein bestätigen möchte«. Es ist eine Bestätigung des Objekts als »Teil derselben Welt, deren Teil der Mensch ist« (S. 226). Es erfordert

»ein durch Erfahrung gestütztes Anerkennen der Verwandtschaft zwischen einem selbst und dem anderen... ein Anerkennen, das durch

Angst und Arroganz erschwert wird – durch Angst, weil dadurch das Bedürfnis, sich durch Flucht, Beschwichtigung oder Angriff zu schützen, ausgelöst wird; durch Arroganz, weil dadurch der andere nicht mehr als ähnlich wahrgenommen wird, sondern als einem selbst untergeordnet.« (S. 227)

Der Unterschied zwischen Schachtel und McClintock besteht in dem, was Schachtel der Wahrnehmungscharakteristik des Dichters zuschreibt, nicht aber der des Wissenschaftlers, die McClintock gleichermaßen für die Wissenschaft beansprucht. Sie spricht von einem »Gefühl für den Organismus« – nicht nur für lebende Organismen, sondern für jeden Gegenstand, der völlig unsere Aufmerksamkeit beansprucht – zur Erreichung des Zieles, das alle Wisssenschaftler im Blick haben: ein verbindliches (das heißt, ein mitteilbares und reproduzierbares) Wissen über die natürliche Ordnung.

Diese Differenz spiegelt unmittelbar die Begrenztheit von Schachtels Wissenschaftsbild. Es stammt nicht aus der Beobachtung von Wissenschaftlern wie McClintock, sondern aus der Beobachtung des typischen Wissenschaftlers, der »mit einer oder mehreren Hypothesen im Sinn... auf seinen Gegenstand blickt und ihn *benutzt*, um eine Hypothese zu erhärten oder zu entkräften, aber er zieht nicht das Objekt als solches in Betracht, das Objekt in seiner umfassenden Eigenart.« Für Schachtel

»hat die moderne Naturwissenschaft die Voraussage zum Hauptziel, das heißt die Macht, Objekte in der Weise zu manipulieren, daß bestimmte vorausgesagte Ereignisse tatsächlich eintreten werden... Daher tendiert der Wissenschaftler im allgemeinen dahin, das Objekt in erster Linie unter dem Gesichtspunkt (dieser) Macht zu betrachten... Das soll heißen, daß seine Auffassung vom Objekt durch die Zwecke festgelegt ist, die er mit seinen Experimenten verfolgt... Er kann auf diese Weise großartige Ergebnisse erzielen und unserem Wissen wichtige Daten hinzufügen, doch in dem Maße, wie er innerhalb der Grenzen dieser Sichtweise befangen bleibt, wird er das Objekt nicht in seiner Eigenart wahrnehmen.« (1959, S. 171)

Für McClintock hat die Wissenschaft ein anderes Ziel: nicht die Voraussage als solche, sondern das Verstehen; nicht die Macht zu manipulieren, sondern die Befähigung, eine Form der Macht, die aus dem Verstehen der uns umgebenden Welt resultiert und die unsere Verbindung zu dieser Welt widerspiegelt und zugleich bestätigt.

Was zählt als Wissen?

Diese Differenz zwischen McClintock und dem typischen Wissenschaftler wurzelt in jenem unerforschten Ausgangspunkt der Wissenschaft: dem Benennen der Natur. Es gibt eine weitreichende Annahme über die Beschaffenheit des Universums, die jeder Diskussion über Wissenschaft und jeder wissenschaftlichen Diskussion zugrunde liegt, in deren Grenzen diese Diskussionen stattfinden. Die Bedeutung dieses unsichtbaren Untergrundes läßt sich nicht an seinem Einfluß auf ein bestimmtes Argument in der Wissenschaft feststellen, sondern an seiner Festlegung der Argumentationsweise – indem diese Grundvoraussetzung die stillschweigenden Zwecke und Ziele der Wissenschaft definiert. Wie ich schon in der Einführung zu diesem Abschnitt festgestellt habe, können Wissenschaftler ein fruchtbares Berufsleben durchlaufen, Naturtheorien aufstellen, die in ihrer vorausweisenden Bedeutung höchst erfolgreich sind, ohne jemals das Bedürfnis zu empfinden, über diese grundlegenden philosophischen Fragen nachzudenken. Wenn wir aber Fragen stellen wollen über diesen Erfolg, über den Wert alternativer wissenschaftlicher Beschreibungen der Natur oder über die Möglichkeiten für alternative Erfolgskriterien, so müssen wir nur jene allergrundsätzlichsten Voraussetzungen untersuchen, die normalerweise nicht angesprochen werden.

Wir müssen uns darüber im klaren sein, daß das allgemeine Streben nach Wissen, das alle Wissenschaftler verbindet, zwangsläufig zur Folge hat, daß das, was als Wissen zählt, auch allgemeiner Zustimmung unterliegt. Die Wissenschaftsgeschichte fördert eine weitreichende Vielfalt von Fragestellungen, Erklärungsversuchen und Methodologien zutage, die auf dieser allgemeinen Suche nach Erkenntnis der natürlichen Welt angewandt worden sind. Diese Vielfalt spiegelt sich ihrerseits in den Formen von Wissen, die bereits erworben worden sind, und in dem, was tatsächlich als Wissen zählt. Die Arten von Fragen, die jemand stellt, und die Erklärungen, die jemand befriedigend findet, sind in hohem Grade davon abhängig, welche apriorische Beziehung er zu seinen Forschungsobjekten hat. Ich will damit sagen, daß solche Fragen, die man zu den Gegenständen stellt, zu denen man eine Verwandtschaft empfindet, sich deutlich unterscheiden von jenen Fragen, die man zu Gegenständen stellt, die man als unabänderlich fremd ansieht. Ebenso erscheinen uns Erklärungen weniger selbstverständlich, die uns befriedigende Antworten hinsichtlich einer natürlichen Welt geben, die als »blind, einfach und stumm« angesehen wird und ontologisch gesehen unterlegen, als solche Erklärungen, die uns hinsichtlich einer Welt befriedigen, die als komplex und in sich selbst erfindungsreich angesehen wird. Ich bin der Ansicht, daß individuelle und allgemein verbindliche Naturauffassungen daraufhin untersucht werden müssen, welche Rolle sie in der Geschichte der Wissenschaft spielen, nicht als kausale Determinanten, sondern als Bezugsrahmen für die Ausbildung aller wissenschaftlichen Programme. Ich will damit sagen, daß der Unterschied zwischen McClintocks Naturauffassung und jener, die im Wissenschaftsbetrieb in ihrem Umfeld vorherrschte, ein Schlüssel dafür ist, die Geschichte ihres Lebens und ihres Werkes zu verstehen.

Diese Geschichte liefert beispielhaft den Kontext dafür, die Unterschiede zwischen McClintocks Interessen *als Genetikerin* und dem Interessenschwerpunkt zu untersuchen, der historisch gesehen die klassische und die Molekulargenetik bestimmt hat – Unterschiede, die entscheidend sind für den speziellen Weg, den sie in ihrer Forschung eingeschlagen hat. Für die meisten Genetiker ist das Problem der Vererbung dadurch gelöst, daß sie den Mechanismus und die Struktur der Gene kennen. Für McClintock jedoch, wie für viele andere Biologen, sind Mechanismus und Struktur niemals ausreichende Antworten auf die Frage gewesen »Wie funktionieren die Gene?« Ihr Schwerpunkt lag woanders: auf der Funktion und der Organisation. Für sie müßte ein adäquates Verstehen, der Definition des Wortes entsprechend, in Betracht ziehen, wie die Gene im Verhältnis zum Rest der Zelle funktionieren und natürlich zum Organismus als einem Ganzen.

Mit ihren Worten gesprochen, ist die Zelle selbst ein Organismus. »Jeder Bestandteil des Organismus ist genauso ein Organismus wie alle anderen Teile.« Wenn sie also sagt, daß »man das Gen als solches nicht als das allerwichtigste ansehen kann – wichtiger noch ist der umfassende Organismus«, dann meint sie das Genom als ganzes, die Zelle, die Gesamtheit von Zellen, den Organismus selbst. Gene sind weder »Perlen auf einer Schnur«, noch funktional voneinander getrennte Teile der DNS. Sie sind organisierte funktionale Einheiten, deren eigentliche Funktion durch ihre Position in der Organisation als ganzer bestimmt ist. Gene funktionieren, wie sie sagt, »nur unter Berücksichtigung der Umgebung, in der sie sich befinden«.

Das Interesse an der Funktion und an der Organisation ist historisch und begrifflich gesehen aufeinander bezogen. Traditionell sind beides vorrangige Fragestellungen der Entwicklungsbiologie, und McClintocks eigenes Interesse an der Entwicklung ist aus diesem Interessenschwerpunkt erwachsen und hat ihn unterstützt. Es entspricht ebenso der Tradition, daß Genetik und Entwicklungsbiologie zwei getrennte Gebiete sind. Doch für einen Genetiker, für den die Antwort auf die Frage, wie Gene funktionieren, auch Funktion und Organisation einschließen muß, ist das Problem der Vererbung nicht von dem Problem der Entwicklung zu trennen. Diese Spaltung, mit der die meisten Genetiker glauben, leben zu müssen (ob glücklich oder nicht), konnte McClintock nicht akzeptieren. Für sie galt die Entwicklung als Koordination von Funktionen als integraler Bestandteil der Genetik.

McClintocks Sichtweisen sind heute deutlich gespeist von ihrer Arbeit über die Transposition, und ihre Arbeit über die Transposition war ihrerseits gespeist von diesen Interessen. Ihre eigenen Äußerungen darüber, wie sie zu dieser Arbeit gekommen ist und wie sie den Anhaltspunkten, die sie lebhaft vor Augen hatte, gefolgt ist, geben ein genaues Bild von der Art und Weise, in der ihr Interesse an Funktion, Organisation und an der Entwicklung ihre Aufmerksamkeit auf jene Muster konzentriert hat, die sie wahrgenommen hatte, und die Fragen eingrenzte, die sie zur Bedeutung dieser Strukturen zu stellen hatte. Ich nehme an, daß diese Interessenlenkung auch zur Festlegung der Begriffe geführt hat, die mit einer befriedigenden Erklärung in Einklang zu bringen sind.

Eine solche Erklärung hatte sich weniger damit zu befassen, wie die Transposition vor sich geht, als vielmehr damit, warum sie passierte. Die Muster, die sie sah, zeigten eine programmatische Unterbrechung in der normalen entwicklungsmäßigen Funktion an. Als es ihr gelang, diese Unterbrechung mit der Lage (und der Veränderung der Lage) bestimmter genetischer Elemente in Verbindung zu bringen, dann war es eben diese Verbindung, die ihr Interesse wachrief. Sie wußte, daß sie »auf dem Weg zu etwas Entscheidendem« war. Die Tatsache, daß eine Transposition stattfand – die Tatsache, daß genetische Sequenzen nicht festgelegt sind –, war natürlich auch interessant, aber nur in zweiter Linie. Ihr übergeordnetes Interesse war gerichtet auf die Bedeutung dieses Geschehens, auf die Anhaltspunkte, die die Transposition für die Beziehung zwischen Genetik und Entwicklung bereithielt. Notwendigerweise müßte eine befriedigende Erklärung für diesen Zusammenhang die Komplexität der Gesetzmäßigkeiten des Ablaufs in der richtigen Weise in Betracht ziehen.

Transposition und zentrales Dogma

Zwei Jahre, nachdem McClintock ihre Arbeit über die Transposition zum erstenmal öffentlich vorgestellt hatte, trat das krönende Ereignis auf der langen Suche nach dem Vererbungsmechanismus ein. Watsons und Cricks Entdeckung der Struktur von DNS machte es ihnen möglich, eine überzeugende Darstellung von den wesentlichen genetischen Funktionen der Reproduktion und der Steuerung zu liefern. Nach ihrer Darstellung ist die lebensnotwendige Information der Zelle in der DNS enkodiert. Von dort wird sie auf die RNS kopiert, die ihrerseits als Blaupause für die Produktion von Proteinen dient, die für die genetischen Merkmale verantwortlich sind. In dem daraus entstehenden Bild – von DNS zu RNS zu Protein (was Crick selbst als das »zentrale Dogma« bezeichnete) – wird DNS als der zentrale Akteur in der Zelle postuliert, als der Beherrscher der zellulären Organisation, der selbst gegen Einflüsse von den untergeordneten Elementen, über die er befiehlt, unempfindlich ist. Einige Jahre später wurde Watsons und Cricks ursprüngliches Modell von Jacques Monod und François Jacob verbessert, um eine Kontrolle der Geschwindigkeit der Proteinsynthese durch die äußeren Bedingungen zu ermöglichen. Doch selbst mit dieser Modifikation blieb die grundsätzliche Autonomie von DNS unangefochten: Information floß nur in einer Richtung, immer ausgehend von DNS, niemals hin zu DNS.

Während der fünfziger und sechziger Jahre waren die Erfolge der Molekulargenetik immens. Mit dem Ende der sechziger Jahre war es möglich zu sagen (wie Jacques Monod es auch tat): »Das Geheimnis des Lebens? Das ist größtenteils bekannt – im Prinzip, und sogar im Detail.« (zitiert bei Judson 1979, S. 216) Eine Reihe von Wertungen und Interessen, die völlig anders als die McClintocks waren, schienen ihr Recht behauptet zu haben. Die Kompliziertheit und die Schwierigkeiten der Genetik von Maispflanzen behielt nur wenig Faszination, verglichen mit den schnellen Forschungsergebnissen aus dem bei weitem einfacheren und offensichtlich unkomplizierteren Gebiet der Bakterien und Bakteriophagen. Das hatte zur Folge, daß die Kommunikation zwischen McClintock und ihren Kollegen immer schwieriger wurde. Immer weniger Biologen hatten das erforderliche Fachwissen, um auch nur annähernd ihre Forschungsergebnisse zu verstehen.

Natürlich hatte McClintock Anteil an der allgemeinen Erregung dieser Epoche, aber sie teilte nicht den allgemeinen Enthusiasmus für das zentrale Dogma. Das Modell, das so vielen ihrer Kollegen so unmittelbar und in überwältigender Weise einleuchtend erschien, befriedigte sie nicht. Obwohl sie ziemlich beeindruckt war von seinem Erklärungsvermögen, blieb sie doch höchst wachsam für das, was es nicht erklärte. In dem Modell waren weder die Fragen angesprochen, die für sie von höchstem Interesse waren – in bezug auf das Verhältnis von Genetik und Entwicklung –, noch zog es die Komplexität der genetischen Organisation in Betracht, von der sie immer ausgegangen war und über die sie sich durch ihre Arbeit über die Transposition nun im klaren war.

McClintock macht den entscheidenden Fehler des zentralen Dogmas an seinen Voraussetzungen fest: Es behauptete, zu vieles erklären zu wollen. Frei heraus gesagt, was für *Escherichia coli* (das am häufigsten erforschte Bakterium) gilt, gilt nicht für den Elephanten, wie Monod (und andere) gesagt hätten (Judson 1979, S. 613). Gerade weil höhere Organismen multizellulär sind, müssen sie eine andere Ökonomie haben. Das zentrale Dogma war ohne Frage außerordentlich erfolgreich und wissenschaftlich produktiv. Die Tatsache, daß es sich letztlich als unzureichend erwiesen hat, auch für die Dynamik von *Escherichia coli*, ist ein Beleg dafür, daß seine Schwierigkeiten tiefer liegen als nur in einer allzu voreiligen Verallgemeinerung vom Einfachen zum Komplexen; ich nehme an, daß die ihm zugrunde liegenden Mutmaßungen in seine Erklärungsweise eingegangen sind.

Das zentrale Dogma ist ein gutes Beispiel für das, was ich an anderer Stelle (Nanney 1957 folgend) die Master-Molekül-Theorien genannt habe (Keller 1982). Indem sie den Sitz der genetischen Kontrolle in einem einzelnen Molekül ansiedeln, postulieren sie eine Struktur der genetischen Organisation, die ihrem Wesen nach hierarchisch ist. In Lehrbüchern wird das oft durch Organisationstabellen illustriert, ähnlich denen von Gesellschaftsstrukturen. In diesem Modell wird genetische Stabilität durch den nur in einer Richtung verlaufenden Informationsfluß garantiert, ebenso wie in vielen Bereichen politische und soziale Stabilität zur Voraussetzung genommen wird, um die nur in einer Richtung erfolgende Machtausübung zu rechtfertigen.

Für McClintock erbrachte die Transposition den Beweis, daß die genetische Organisation komplexer sein muß und in viel umfassenderer Weise ineinandergreifend, als ein solches Modell es voraussetzt. Die Transposition zeigte, daß die DNS selbst Umordnungen unterworfen ist, und das bedeutet, auch Umprogrammierungen. Obwohl sie diese Behauptung nicht explizit aufstellte, lag die verborgene Häresie ihrer Argumentation in der Schlußfolgerung, daß eine solche Umorganisation durch Signale herbeigeführt werden könnte, die außerhalb der DNS liegen – aus der Zelle, dem Organismus oder sogar aus der Umgebung.

Mehr als fünfzig Jahre haben moderne Biologen heroisch daran gearbeitet, das biologische Denken von den letzten Überresten einer Teleologie zu reinigen, vor allem insoweit, als sie in Lamarcks Gedanken zur Anpassungsevolution auftauchten. Obwohl McClintock keine Lamarckianerin ist, sieht sie in der Transposition einen Mechanismus, der genetische Strukturen befähigt, auf die Bedürfnisse des Organismus zu reagieren. Da Bedürfnisse in Relation zu den Umgebungsbedingungen stehen und daher Veränderungen unterworfen sind, gibt die Transposition indirekt die Möglichkeit, von der Umgebung eingeleitete und genetisch übertragene Veränderungen herbeizuführen. Für McClintock ist diese Möglichkeit keine Ketzerei – sie ist nicht einmal überraschend. Im Gegenteil, sie steht in direkter Übereinstimmung mit ihrem Glauben an den Erfindungsreichtum der natürlichen Ordnung. Da sie nicht von der Passivität der Natur überzeugt ist, erscheint ihr die Möglichkeit einer intern erzeugten Ordnung auch nicht bedrohlich für die Fundamente der Wissenschaft. Die Fähigkeit der Organismen, ihre eigene DNS neu zu programmieren, beinhaltet weder Vitalismus und Magie, noch eine Widerrufungsabsicht. Sie bestätigt vielmehr die Existenz von Ordnungsformen, die komplexer sind, als wir, jedenfalls bis jetzt, zu erklären in der Lage sind.

Das erneute Interesse an McClintocks Werk heute ist eine unmittelbare Folge der Entwicklungen (die in den frühen siebziger Jahren begannen) vor allem in den Forschungsprogrammen, die in philosophischer Hinsicht ihrer Position ganz und gar entgegengesetzt erschienen waren; die Beweglichkeit der Gene wurde in der Molekularbiologie selbst wiederentdeckt. Diese Tatsache war von größter Bedeutung, vielleicht sogar notwendig, um McClintocks Frühwerk die entsprechende Legitimation zu verleihen, weil gerade jetzt der Haupteinfluß in den Naturwissenschaften bei der Molekularbiologie lag. Ein Nebenprodukt dieser Legitimierung ist, daß sie auch McClintocks Auffassungen von Wissenschaft und ihrer Haltung gegenüber der Forschung etwas mehr Glaubwürdigkeit unter Berufsbiologen verleiht. Beobachtern der Wissenschaft dient gerade dieser Geschichtsabschnitt als eine deutliche Mahnung daran, daß die Wissenschaftssprache, wie in sich selbst beschränkt sie auch scheinen mag, nicht in sich geschlossen ist. McClintocks

»endlich erfolgte Ehrenrettung beweist die Fähigkeit der Wissenschaft, die für sie typischen Kurzsichtigkeiten zu überwinden, und erinnert uns daran, daß ihre Begrenztheit sich nicht unendlich selbst reproduziert. Ihre Methodologie gestattet es den Wissenschaftlern, ja sie verpflichtet sie dazu, sich ständig aufs neue mit Phänomenen zu beschäftigen, die selbst ihre besten Theorien nicht fassen können. Jedoch – um die Sache von der anderen Seite zu betrachten – auch wenn die Kommunikation zwischen Wissenschaft und Natur stark behindert werden kann durch die Vorurteile aus einer bestimmten Zeit, irgendwelche Wege bleiben immer offen; und auf ihnen findet die Natur Möglichkeiten, sich wieder zur Geltung zu bringen.« (Keller 1983, S. 197)

In diesem Sinne ist die Geschichte von Barbara McClintock glücklich verlaufen.

Es ist jedoch wichtig, das Maß der Annäherung, das stattgefunden hat, nicht zu überschätzen. McClintock ist in reichem Maße Genugtuung widerfahren: Die Transposition wurde anerkannt, höhere Organismen und Fragen der Entwicklung sind wieder verstärkt ins Blickfeld der Biologen gerückt, und so gut wie jeder stimmt zu, daß die genetische Organisation erwiesenermaßen komplexer ist, als man ursprünglich gedacht hatte. Aber nicht jedermann teilt ihre Überzeugung, daß wir uns mitten in einer Revolution befinden, die »die Art, wie wir Dinge betrachten, und die Art, wie wir Forschung betreiben, ganz neu organisieren wird«. Viele Forscher sind weiterhin zuversichtlich, daß das Phänomen der Transposition irgendwie in eine verbesserte Version des zentralen Dogmas integriert werden kann, sie wissen allerdings noch nicht, wie. Ihre Anhänglichkeit an diesen Glauben ist vielsagend. Hinter dem anhaltenden Skeptizismus gegenüber McClintocks Interpretation der Rolle, die die Transposition in Entwicklung und Evolution spielt, verbirgt sich eine breite Kluft, die sich zwischen ihren Interessen und Bindungen und denen der meisten ihrer Kollegen auftut.

Das Problem der Geschlechtsspezifik

Ein wie großer Teil dieser andauernden Differenzen ist ein Zeichen dafür, daß McClintock eine Frau ist in einem Bereich, der noch immer von Männern beherrscht wird? In welchem Maße ist ihre Sichtweise bezeichnend für eine Vorstellung der Art, wie Erik Erikson sie 1964 in einer Frage formulierte (1965, S. 243): »Was wird mit der Wissenschaft passieren, wenn Frauen wirklich in ihr vertreten sind, und zwar nicht durch ein paar glorreiche Ausnahmen, sondern in einer Reihe mit anderen aus der Wissenschaftselite?«

Angesichts dessen wäre es wirklich verlockend, McClintocks Auffassung von Wissenschaft »eine feministische Wissenschaft« zu nennen. Ihre Betonung der Intuition, des Gefühls, der Bindung und Verbundenheit, all das scheint unsere vertrauten Typisierungen der Frauen zu bestätigen. In dem Maße, wie sie das tatsächlich tun, können wir erwarten, daß die bloße Anwesenheit von mehr Frauen in der Wissenschaft das Gleichgewicht des Gemeinschaftsgefühls verlagern wird und zu einer Bestätigung dieser Vorahnung führt. Es gibt jedoch allgemeine und spezielle Gründe, die entschieden gegen diese simple Auffassung sprechen.

Das allgemeine Argument ist im wesentlichen dasselbe, das ich gegen den Gedanken einer »anderen Wissenschaft« in der Einführung zum dritten Teil vorgebracht habe. In dem Maße, wie Wissenschaft durch die in der Vergangenheit und gegenwärtig Praktizierenden festgelegt ist, muß jeder, der eine Mitgliedschaft in dieser Gemeinschaft anstrebt, sich ihrem bestehenden Kodex anpassen. Folglich kann die Aufnahme neuer Mitglieder, selbst wenn sie aus einer völlig anderen Kultur stammen, keine sofortige oder direkte Veränderung bewirken. Um ein erfolgreicher Wissenschaftler zu sein, muß man zunächst einmal entsprechend sozialisiert sein. Darum ist es unsinnig, eine scharfe Unterscheidung zwischen Wissenschaftlerinnen und ihren männlichen Kollegen zu treffen, und sicher wären die meisten Wissenschaftlerinnen über einen solchen Vorschlag entsetzt.

McClintock ist in dieser Hinsicht keine Ausnahme. Sie würde jede Analyse ihrer Arbeit als die Arbeit einer Frau ablehnen und ebenso jede Vermutung, daß ihre Ansichten eine weibliche Sichtweise darstellten. Für sie ist Wissenschaft nicht eine Frage der Geschlechtsspezifik, sei sie männlich oder weiblich, sondern im Gegenteil ein Ort, wo (zumindest ideell) »die Frage der Geschlechter aus der Sicht gerät«. Vielmehr ist ihre Bindung an die Wissenschaft gleichbedeutend mit ihrem lebenslangen Wunsch, die Geschlechtsspezifik überhaupt zu transzendieren. Ihre unerbittliche Ablehnung weiblicher Klischees scheint eine Voraussetzung dafür gewesen zu sein, daß sie überhaupt Wissenschaftlerin geworden ist (siehe Keller 1983, Kap. 2 und 3). Nach dem Bild, das sie von sich selbst hat, ist sie in jeder Hinsicht eine Außenseiterin – als Frau, als Wissenschaftler und als weiblicher Wissenschaftler.

Schließlich möchte ich noch einmal darauf hinweisen, daß es nicht nur irreführend wäre, sondern sogar der Wahrheit widerspräche, wenn man annähme, daß McClintocks Wissenschaftsbild von keinem ihrer Kollegen geteilt worden ist. Wäre es so gewesen, dann hätte sie nicht einmal eine marginale Bedeutung als Wissenschaftlerin erlangt. Es ist wichtig zu verstehen, daß die wissenschaftliche Tradition in der Praxis weit pluralistischer ist, als eine einzelne Darstellung es vermuten läßt, und sicherlich pluralistischer als ihre herrschende Ideologie. Um als Wissenschaftlerin anerkannt zu werden, mußten die Positionen, die McClintock vertrat und die nicht repräsentativ waren, als zugehörig zu jener Wissenschaftstradition erkennbar sein, und das waren sie.

Obwohl McClintock nicht eine absolute Außenseiterin in der Wissenschaft ist, ist sie ebenso eindeutig kein Insider. Und wie atypisch sie als Frau sein mag, auf jeden Fall ist sie kein Mann. Zwischen diesen beiden Tatsachen besteht ein bedeutsamer Zusammenhang – ein Zusammenhang, der sich aus der Erkenntnis verstehen läßt, daß die Frage der Geschlechter, wie McClintock selbst zugibt, niemals wirklich aus dem Blick gerät.

Ich vermute, daß der radikale Kern von McClintocks Haltung genau hierin gesucht werden muß: Weil sie in einer Welt von Männern selbst kein Mann ist, war ihre Verpflichtung gegenüber einer von Geschlechtsspezifik freien Wissenschaft zwingend; weil die Auffassungen von Geschlechtsspezifik die grundlegenden Kategorien der Wissenschaft so tiefgreifend beeinflußt haben, daß die Verpflichtung eine verändernde gewesen ist. Das heißt, die Bedeutung, die McClintocks Geschlecht in dieser Geschichte hat, läßt sich nicht daran festmachen, welche Rolle es in ihrer Sozialisation gespielt hat, sondern daran, welche Rolle die Geschlechtsspezifik im Aufbau der Wissenschaft spielt.

Natürlich haben sich nicht alle Wissenschaftler die Auffassung zu eigen gemacht, daß die Wissenschaft »die Natur auf die Folter spannt und die Antworten aus ihr herauspreßt«. Genausowenig haben sich alle Männer die Auffassung zu eigen gemacht, daß Männlichkeit kühle Distanz und Überlegenheit erfordere. Und nicht alle Wissenschaftler sind Männer gewesen. Aber die meisten. So unterschiedlich die Haltungen einzelner männlicher Wissenschaftler zur Wissenschaft und zur Männlichkeit auch sein mögen, die Metapher der Ehe zwischen Geist und Natur bedeutet für sie natürlich nicht dasselbe, was sie für Frauen bedeutet. Und das ist der entscheidende Punkt.

In einer Wissenschaft, die darauf basiert, daß das Benennen von Objekten (Natur) als weiblich und das parallele Benennen von Subjekten (Verstand) als männlich angesehen wird, ist jeder Wissenschaftler, der zufällig eine Frau ist, mit einem apriorischen Widerspruch in der Begrifflichkeit konfrontiert. Daraus ergibt sich ein grundlegendes Identitätsproblem: Jeder Wissenschaftler, der kein Mann ist, beschreitet einen Weg, der auf der einen Seite durch Inauthentizität und auf der anderen durch Subversion begrenzt ist.

Ebenso sicher, wie die Inauthentizität der Preis ist, den eine Frau zu zahlen hat, wenn sie sich Männern bei frauenfeindlichen Scherzen anschließt, muß eine Frau auch den Preis dafür zahlen, daß sie sich mit einem Bild vom Wissenschaftler identifiziert, das nach dem Vorbild des patriarchalischen Ehemannes gezeichnet ist. Nur wenn sie eine radikale Desidentifikation vom Selbst vollzieht, kann sie die männliche Lust an der Beherrschung einer Natur, die nach dem Bild der Frau als passiv, schwerfällig und blind entworfen ist, teilen. Ihre Alternative ist der Versuch einer radikalen Neudefinition der Begriffe. Die Natur muß umbenannt werden als nichtweiblich oder zumindest als ein nicht entfremdetes Objekt. Mit demselben Recht muß der Verstand, sofern der weibliche Wissenschaftler einen haben sollte, umbenannt werden als nicht notwendig männlich und entsprechend mit mehr Subjektivität ausgestattet werden. Das soll nicht heißen, daß der männliche Wissenschaftler nicht ähnliche Neudefinitionen anstreben könnte (sicherlich haben es viele getan), aber im Gegensatz zum weiblichen Wissenschaftler macht seine Identität dies nicht erforderlich.

Wissenschaftlerin zu sein und kein Mann, mit einer dennoch intakten Identität, hieß für McClintock, ihre besondere Verpflichtung gegenüber der persönlichen Integrität vorausgesetzt, daß sie auf einer anderen Bedeutung für Verstand, Natur und für die Beziehung zwischen den beiden bestehen mußte. Ihr Bedürfnis, für sich selbst die Beziehung zwischen Subjekt und Objekt und auch die Begriffe selbst zu definieren, resultierte nicht aus einem feministischen Bewußtsein oder gar aus einem weiblichen Bewußtsein. Es rührte daher, daß sie auf ihrem Recht bestand, Wissenschaftlerin zu sein – von ihrer Entscheidung, Wissenschaft als eine menschliche und nicht als eine männliche Angelegenheit zu betrachten. Für ein solches Ziel gibt die Differenz der Welt in einer Weise Sinn, wie die Spaltung das nicht kann. Es gestattet ihr, Verwandtschaft mit anderen Wissenschaftlern zu empfinden, ohne zugleich verpflichtet zu sein, alle ihre Auffassungen zu teilen.

So gesehen ist McClintocks Haltung weitaus radikaler, als die in Eriksons Frage implizierte. Sie beinhaltet, daß das, was der Wissenschaft passieren könnte, »wenn Frauen wirklich in ihr vertreten wären«, nicht einfach oder gerade »die Hinzufügung der weiblichen

Sichtweise zu der männlichen Art von kreativer Sicht« (S. 243) ist, sondern, wie ich vermute, eine durchgreifende Veränderung der Möglichkeiten von kreativen Sichtweisen, und zwar für jedermann. Es beinhaltet, daß die Art der Veränderung, auf die wir hoffen, nicht eine direkte oder sofort wahrnehmbare ist, sondern eine indirekte und unsichtbare. Ein erster Schritt zu einer solchen Veränderung wäre die Untergrabung der Bindung von Wissenschaftlern an die Männlichkeit ihres Berufes. Das wäre eine unentbehrliche Voraussetzung für die Mitwirkung einer großen Anzahl von Frauen.

Wir dürfen jedoch nicht vergessen, daß die Aushöhlung männlicher oder anderer ideologischer Bindungen keine ausreichende Garantie für Veränderungen ist, solange der Erfolg in der Wissenschaft keine Selbstreflexion erfordert. Doch die Natur selbst ist eine Verbündete, auf die man sich verlassen kann; sie wird den Anstoß für Veränderungen geben: Die Antworten der Natur fordern immer wieder zu Überprüfungen der Begriffe auf, die unserem Verständnis von Wissenschaft zugrunde liegen. Die genaue Beachtung dieser Antworten – »auf das Material hören« – kann uns helfen, unser Verständnis von Wissenschaft mit solchen Begriffen neu zu begründen, die aus dem reichen Spektrum der menschlichen Erfahrung kommen, und nicht aus dem engen Spektrum, das unsere Kultur als männlich etikettiert hat.

Epilog

Im Laufe des vergangenen Jahrzehnts hat die innere Logik der feministischen Kritik, wie auch die der feministischen Forschung im allgemeinen, dazu geführt, daß die Naturwissenschaften sich verändert haben – rückblickend kann man sagen, unwiderruflich – und zwar innerhalb eines Spektrums von liberal bis radikal (siehe Keller 1982). Frühe feministische Arbeiten konzentrierten sich fast ausschließlich auf die Abwesenheit von Frauen in der Wissenschaft und auf die Barrieren, die für diese Abwesenheit verantwortlich waren. Die frühe Forschung war unmittelbar mit der politischen Forderung nach Gleichheit gekoppelt. Schon bald richtete sich die Aufmerksamkeit naturgemäß auf die wissenschaftlichen Folgen der historischen Unterrepräsentiertheit von Frauen in den Wissenschaften. Forscherinnen stellten sich die Frage, wie diese Unterrepräsentiertheit Entscheidungen für Probleme beeinflußt hat und wie unbeabsichtigte Vorurteile sich in die Gestaltung von Experimenten und die Interpretation von Daten eingeschlichen haben, vor allem in die Human- und Tierwissenschaften (das heißt in die »weicheren« Wissenschaften). Soweit diese Kritik ganz einfach darin bestand, bestehende wissenschaftliche Standards mit erhöhter Aufmerksamkeit anzuwenden, blieb sie im Bereich dessen, was ich liberal nenne. Die Befangenheit in dieser (androzentrischen oder sonst einen) Sicht ist das Ergebnis mangelhafter Rigorosität, eines Mangels, dem die »härteren« Wissenschaften vermutlich nicht zum Opfer fallen würden. Durch was, wird man sich fragen, sind »hart« und »weich« definiert? Dem Vorbild in anderen Disziplinen folgend, mußten feministische Forscherinnen zunächst damit beginnen, die Geschlechtsneutralität der Kriterien in Frage zu stellen, die die Bedeutung von »wissenschaftlich« festlegten (vgl. Keller 1978, Harding 1979 und 1982 und Merchant 1980): Objektivität selbst geriet in den Verdacht, ein androzentrisches Ziel zu sein. Einige Autoren kamen zu dem Schluß, daß die Wissenschaft vielleicht doch und trotz allem ein männlicher Entwurf *ist*.

Die Essays in diesem Buch gehören zum radikalen Pol eines solchen Spektrums. Ein Strang in der radikalen feministischen Kritik geht von der Hypothese aus, daß der Androzentrismus in der Wissenschaft so tief verwurzelt ist, daß man die Wissenschaft entweder insgesamt ablehnen oder aber die Forderung stellen muß, daß sie – als ganze – durch eine radikal andere Wissenschaft ersetzt werde. Da ich Wissenschaftlerin bin, ist der erste Vorschlag für mich ganz einfach unhaltbar. Außerdem kommt er mir selbstmörderisch vor. Ich habe an anderer Stelle gesagt: »Indem man die Objektivität als ein männliches Ideal ablehnt, leiht man seine Stimme einem Chor von Feinden und verurteilt die Frauen dazu, sich aus der Realpolitik der modernen Kultur herauszuhalten. Damit wird eben das Problem verschärft, das hierdurch gelöst werden sollte.« (Keller 1982, S. 593)

Der zweite Vorschlag erscheint mir ebenso problematisch, vielleicht auch, weil ich Wissenschaftlerin bin. Die Annahme, daß die Wissenschaft durch eine andere ersetzt werden *könnte,* und zwar von grundauf, zeigt eine Auffassung von Wissenschaft als einem rein sozialen Produkt, das dem moralischen und politischen Druck von außen Folge zu leisten hat. Unter diesem extremen Relativismus löst sich die Wissenschaft in Ideologie auf; jede emanzipatorische Funktion der modernen Wissenschaft wird negiert, und die Entscheidungsgewalt über Wahr oder Falsch wird in den politischen Bereich verlegt. Meine Auffassung von Wissenschaft – und von den Möglichkeiten einer zumindest teilweisen Sonderung des Kognitiven vom Ideologischen – ist optimistischer. Entsprechend verfolgt das Ziel dieser Essays einen anderen Anspruch: Es ist die Einforderung einer Wissenschaft, von innen her gesehen, die ein menschlicher und nicht ein männlicher Entwurf ist, und der Verzicht auf die Spaltung zwischen emotionaler und intellektueller Arbeit, einer Spaltung, die die Wissenschaft als ein männliches Reservat aufrechterhält.

Alle Essays beschäftigen sich in der einen oder anderen Weise mit der androzentrischen Einflußnahme auf die vorherrschenden Definitionen von Wissenschaft; ihr Ziel ist es, diese Einflußnahme zu überschreiten. Ich habe mich einer feministischen Analyse bedient, um besser die Substrukturen der Wissenschaft verdeutlichen zu können, um die Dinge, die wir von der Wissenschaft gelernt haben, zu erhalten und um möglichst objektiv sein zu können.

Meine Vorstellung von einer von geschlechtsspezifischer Prägung befreiten Wissenschaft ist nicht eine Nebeneinanderstellung oder gegenseitige Ergänzung von männlichen und weiblichen Sichtweisen, noch will sie eine Art von Engstirnigkeit durch eine andere ersetzen. Sie basiert vielmehr auf einer Umformulierung der Kategorien des Männlichen und Weiblichen und dementsprechend von Geist und Natur.

Zugleich ziehe ich ernstlich die Lehren aus der Philosophie der Differenz, die ich an McClintocks Beispiel gelernt habe. Diese Philosophie hat mich gelehrt, nach einer Wissenschaft zu suchen, die nicht durch Geschlechtsspezifik oder gar durch Androgynie gekennzeichnet ist, sondern durch viele verschiedene Arten der Kennzeichnung. Die Wissenschaft ist dann gesund, wenn sie das produktive Fortbestehen unterschiedlicher Auffassungen von Geist und Natur und von entsprechend unterschiedlichen Strategien zuläßt. Nach meiner Vorstellung von Wissenschaft ist es nicht die Zähmung der Natur, die angestrebt werden sollte, sondern die Zähmung der Hegemonie.

Die Geschichte der Wissenschaft zu kennen, heißt, die Endlichkeit jedes Strebens nach universeller Wahrheit anzuerkennen. Jede bisherige Vorstellung von wissenschaftlicher Wahrheit, jedes Modell von Naturphänomenen hat im Laufe der Zeit bewiesen, daß sie beschränkter sind, als es der Anspruch war, den ihre Anhänger erhoben hatten. Das Fortbestehen von produktiven Differenzen in der Wissenschaft erfordert, daß wir alle Ansprüche auf intellektuelle Hegemonie an die richtige Stelle rücken und daß wir verstehen, daß solche Ansprüche ihrem Wesen nach politisch und keineswegs wissenschaftlich sind.

Anhang

Anmerkungen

Erster Teil
Historische Verbindungen von Geist und Natur

1. Kapitel:
Liebe und Sexualität in Platons Erkenntnistheorie

1 Dieses Argument ist ausführlicher behandelt bei Keller und Grontkowski (1980).
2 »Vereinigt« ist die Übersetzung des griechischen Wortes *suneimi*, das auch verwendet wird, um Geschlechtsverkehr zu bezeichnen (Seth Schein, Privatgespräch).
3 In den späteren Dialogen (vor allem im *Sophistes*, im *Politikos* und am Ende des *Phaidros*) wird Einteilung ausdrücklich als die einzig richtige Methode bezeichnet, um sich der Einheit der Erkenntnis anzunähern.

2. Kapitel:
Baconische Wissenschaft:
Die Kunst von Herrschaft und Gehorsam

1 Eine andere Lesart wird im nächsten Kapitel behandelt.
2 Auch, in fast identischem Wortlaut, in *The Grand Instauration* (ed. Anderson 1960, S. 15).
3 In seinem Vorwort zu *History of Winds*, das Bacon zwanzig Jahre später schrieb, setzt er ausdrücklich die »Keuschheit« der Beziehung des Philosophen zur Natur mit der Reinigung des Geistes gleich: »Die Menschen müssen immer wieder inständig gebeten werden... sich demütig und mit Ehrerbietung dem Buch der Natur zu nähern... und darüber nachzudenken und sich dann, gereinigt und sauber, in Keuschheit und Rechtschaffenheit eines Urteils enthalten.« (Farrington 1964, S. 54)
4 Diese Behauptung erscheint mir jetzt zu simpel; siehe 3. Kapitel.

3. Kapitel:
Geist und Verstand bei der
Geburt der modernen Wissenschaft

1 Siehe dazu Christopher Hill 1972: Charles Webster 1975: Margaret Jacob 1976; J. R. Jacob 1977; und die Arbeiten von P. M. Rattansi (1963, 1968) und Allen G. Debus (1972, 1978).

2 Dem Übergang von prämechanistischen »Neuen Philosophien« in der hermetischen Tradition zur mechanistischen Philosophie im England des 17. Jahrhunderts wird ausgezeichnet Rechnung getragen in P. M. Rattansi (1968).
3 Brian Easlea (1980, S. 131) stellt fest, daß um 1640 »mehr Paracelsische und alchimistische Werke ins Englische übersetzt worden sind als in den voraufgehenden 100 Jahren«.
4 Elias Ashmole bildete eine Ausnahme; aber, wie van den Daele (1977, S. 47) bemerkt, der radikalere und sehr viel einflußreichere Samuel Hartlib wurde niemals für eine Mitgliedschaft bei der Royal Society vorgeschlagen, noch taucht sein Name in offiziellen Berichten oder geschichtlichen Abrissen auf.
5 Ich schulde Michele le Doeuff Dank, mich auf eine wichtige Ambiguität an dieser Stelle aufmerksam gemacht zu haben. Wie das Verb *verheiraten* zweierlei bedeuten kann, nämlich Mann und Frau zu verbinden (wie es ein Priester tut), und sich jemandem zu verbinden, so kann Ehe als Metapher dienen für die Vermählung verschiedener Aspekte der Natur und für die Vermählung des Geistes mit der Natur. Ich bin der Meinung, daß für die Alchimisten beides gilt – manchmal überwiegt die erste Bedeutung – doch zumeist ohne deutliche Unterscheidung zwischen den Bedeutungen.
6 Diese Ähnlichkeit in der Rhetorik hat Easlea dazu bewogen, die Kontinuität von Alchimie und moderner Wissenschaft hervorzuheben. Easlea geht davon aus, daß beiden Traditionen derselbe Wunschtraum gemeinsam ist: die Natur zu enthüllen, in sie einzudringen, sie zu durchdringen, und dabei zu beherrschen. Im Gegensatz dazu ist mein Ansatz für diesen Zusammenhang, die Unterschiede zwischen den beiden Traditionen hervorzuheben, ohne die tatsächlichen Überschneidungen und Ähnlichkeiten, die Easlea festgestellt hat, zu negieren. Trotz der Unterschiede in der Akzentsetzung und stellenweise in der Interpretation deckt Easleas Werk große Bereiche desselben Feldes ab, mit dem ich hier befaßt bin.
7 Die Ausdrucksweise von Unsauberkeit und Besudelung in Mores Angriff ist nicht nur bezeichnend für die Strenge seines Empfindens, sondern, in einem allgemeineren Sinne, für eine bedeutsame Verlagerung seiner Haltung sowohl zur Sexualität als auch (wie Katherine Hayles mir auseinandergesetzt hat) zu einem grundsätzlichen Verhältnis dessen, was man »gesetzmäßig« nennt. Die sexuelle Leidenschaft, die früher (und auch noch für die Alchimisten) im Einklang gestanden hatte mit der sakramentalen Vereinigung, wurde nun zunehmend als ungesetzlich und unrein angesehen. Was hier bezweckt wird, zumindest zum Teil, ist die Frage, wie sinnliche Begierde mit Rationalität in Einklang gebracht werden kann. More nennt eine wachsende Empfindung, mit der all das definiert wird, was nicht streng rational ist, »wildeste Halluzination«, »unrein«, »besudelt« und schließlich »ungesetzlich«. Hayles geht davon aus (in einem Privatgespräch), daß diese Verlagerung wesentlich gebunden ist an die Einrichtung der patrimonialen Abstammung, die Legitimation und Erbschaft. Ebenso muß die Bedeutung

der Keuschheit in Bacons »keuscher und gesetzmäßiger Ehe« im Kontext der Definition von »ungesetzmäßig« verstanden werden, die Nachfolge und Anwachsen zuläßt – also einen vererbbaren Fortschritt. In einer Weise, die die alchimistische Tradition nicht zuließ, durften »Zwerge nicht auf den Schultern von Riesen stehen«.

8 *Wille* wurde im 17. Jahrhundert gemeinhin verwendet, um fleischliche Begierde oder Appetit zu bezeichnen (siehe *Oxford English Dictionary*; auch Eric Partridge 1969, S. 218–19). Ich danke Katherine Hayles, die mich auf diese Bedeutung aufmerksam machte.

9 Sally Allan und Joanna Hubbs (1980) formulieren einen wichtigen Gesichtspunkt mit ihrer Feststellung, daß das Begehren, das in alchimistischen Schriften offensichtlich ist, die weibliche schöpferische Rolle mit einbezieht. Ein ähnliches Begehren läßt sich in Bacons Schriften auch feststellen (siehe 2. Kapitel).

10 Siehe Anmerkungen zum 2. Kapitel.

11 Carolyn Merchant hat ihrer umfassenden Studie über die sich verändernden Naturbilder, die sich in der wissenschaftlichen Revolution widerspiegeln (*The Death of Nature* 1980), gezeigt, daß der entscheidende Vorstoß der wissenschaftlichen Revolution darin lag, die Frauen aus der Natur herauszunehmen und die Natur als reine Maschine zurückzulassen. Bei genauer Untersuchung des Streits zwischen Alchimisten und Mechanisten erhält man ein leicht verändertes Verständnis. Statt zu sagen, daß die Frauen aus der Natur herausgenommen wurden, müßte man besser davon sprechen, daß die tatsächliche Auswirkung der wissenschaftlichen Revolution darin bestand, in einem einzigen Schritt Gott aus der Frau *und* aus der materiellen Natur zu entfernen. In seinem Werk *A Free Inquiry into the Vulgar Notion of Nature* (ed. Shaw, 1738, Vol. 2, S. 107) erhebt Robert Boyle leidenschaftlichen Einspruch gegen »die Ehrfurcht, die Menschen gewöhnlich vor dem haben, was sie Natur nennen, und die die Herrschaft des Menschen über die niederen Kreaturen behindert und eingeschränkt hat«. Neben anderen Empfehlungen dringt er darauf, daß wir, »anstatt das Wort Natur zu gebrauchen, das für eine Göttin steht oder eine Art von Halbgottheit, es völlig ablehnen sollten oder es nur sehr selten verwenden«. (S. 110–11). Die Wirkung einer solchen »Säkularisierung« der Natur war, daß die Gleichsetzung von Natur und Frau unangetastet blieb: Beide waren jetzt zum Teil mechanistisch und zum Teil dämonisch. In dieser Argumentation erscheint die Natur – immer noch weiblich – erst dann als reine Maschine, nachdem der Glaube an die Hexerei nachgelassen hat.

12 Wissenschaftliche Bedeutung und Einfluß der alchimistischen Forschung sind in der jüngsten Forschung Gegenstand beachtenswerter Überprüfung geworden. Vgl. etwa Allen G. Debus (ed.) 1972 und Dobbs 1975.

13 Eine exzellente und umfassende Diskussion dieser Debatte findet sich bei Jobe 1981.

14 Keith Thomas (1971, S. 591) zitiert den Cambridger Platoniker Ralph

Cudworth als Beispiel: »Wenn dereinst sichtbare Geister oder Gespenster als bestehende Dinge anerkannt werden, wird es nicht leicht sein, eine Begründung dafür zu geben, warum es nicht auch einen obersten Geist geben sollte, der über sie alle und über die ganze Welt herrscht.«

15 Zur Erklärung des Niedergangs der Magie im späten 17. und frühen 18. Jahrhundert sagt Keith Thomas (1971), daß »in dieser Epoche das Aufkommen eines neuen Glaubens in die Fähigkeiten des menschlichen Unternehmungsgeistes erkannt wurde« und ein allgemeines Anwachsen des »menschlichen Selbstvertrauens« (S. 661, 650). Mein Argument ist, daß in dieser Epoche vor allem ein neuer Glaube in den männlichen Unternehmungsgeist und ein Anwachsen des männlichen Selbstbewußtseins erkannt worden ist und daß die Vorstellung von der neuen Wissenschaft, die vorherrschend war, eine Schlüsselrolle für das Anwachsen des männlichen Selbstbewußtseins gespielt hat.

16 Das Entstehen des Protestantismus ist natürlich ein entscheidender Gesichtspunkt für diese Transformationen, der in meiner Analyse fast völlig fehlt und der unbedingt einbezogen werden müßte.

17 Brian Easlea vertritt einen ähnlichen Standpunkt, indem er argumentiert, daß die moderne Wissenschaft weniger die männliche Tüchtigkeit neu definiert hat, als sie sie vielmehr effektiver gemacht hat. Er schreibt: »Seit die wissenschaftliche Macht über die natürlichen Prozesse, anders als bei der magischen Sprachgewalt, nicht nur ›funktioniert‹, sondern in hohem Maße wirksam ist, haben Wissenschaftler, Technologen und Manager der kapitalistischen Gesellschaft *reale* Mittel zur Verfügung, um ihre Virilität vorzuführen und sich ihrer ›überlegenen‹ Männlichkeit selbst zu versichern.« (1980, S. 225)

Zweiter Teil
Die innere Welt der Subjekte und Objekte

1 (*men* = Menschen, Männer): Ich verwende absichtlich den männlichen Oberbegriff, aus dem einfachen Grund, weil die moderne Wissenschaft tatsächlich nicht von der Menschheit, sondern von Männern entwickelt worden ist.

2 Dieser Punkt ist von Carol Gilligan öffentlich und privat besonders hervorgehoben worden.

3 Die Arbeiten von Nancy Chodorow, Carol Gilligan und Jean Baker Miller sind hier von besonderer Bedeutung. Die drei Autorinnen haben in ihren Schriften wichtige Beiträge zu diesen notwendigen Überprüfungen und Neuformulierungen geleistet.

4. Kapitel:
Geschlechtsspezifik und Wissenschaft

1 Zur weiterführenden Behandlung dieses Themas siehe *Women in Science: A Social Analysis* (Keller 1974).
2 Seit dieser Artikel zum erstenmal erschienen ist, haben neue Forschungen im Bereich der kindlichen Entwicklung ernstzunehmende Ergebnisse erbracht, die diese Annahmen mit einem Schlag in Frage stellen (s. Stern 1983). Dennoch verändern diese Ergebnisse nicht die wesentliche Struktur meiner Argumentation, sie geben aber ohne Zweifel Anlaß für künftige Modifikationen in unserem Verständnis von Entwicklungsdynamik, die über die in Kapitel 4 und 5 diskutierten Modifikationen hinausgehen.
3 Siehe z. B. Kernberg (1977) zur psychoanalytischen Diskussion der Liebe.
4 In dem Maße, in dem die Mutter die Natur personifiziert, bleibt sie, im wissenschaftlichen Sinne, auch das letzte Objekt.
5 Diese Studien stammen, das ist offensichtlich, von männlichen Wissenschaftlern. Es ist jedoch bemerkenswert, daß die Studien von relativ wenigen weiblichen Wissenschaftlerinnen ein ähnliches, vielleicht ein noch ausgeprägteres Muster von der Distanz in der Mutterbeziehung aufzeigen. Bei den meisten erweist sich der Vater als der Elternteil, der die vorrangige emotionale und intellektuelle Bedeutung hatte (siehe z. B. Plank und Plank 1954).
6 An früherer Stelle habe ich darauf hingewiesen, in welcher Weise Bacons eheliche Bildsprache eine Aufforderung zur »Beherrschung der Natur« darstellt. Eine umfassendere Diskussion dieser Position erforderte auch ein Nachdenken über die Rolle der Aggression in der Entwicklung von Objektbeziehungen und symbolischen Denkprozessen (ein Aspekt, der aus der vorliegenden Diskussion ausgeklammert ist). Winnicott hat angemerkt, daß der Akt der Trennung von Subjekt und Objekt vom Kind als ein Akt der Gewalt erfahren wird und daß er in gewissem Grade die Gefühlslage der Aggression auf immer mit sich bringt. Winnicott stellt fest, daß »es der Destruktionstrieb ist, der die Art der Objektvierung bestimmt« (S. 93), daß in der Erschaffung und Erkennung des Objekts immer und unvermeidlich ein impliziter Akt der Zerstörung liege. Er sagt dazu: »Es ist die Zerstörung des Objektes, die das Objekt außerhalb des Bereichs der allmächtigen Kontrolle des Subjekts verlagert« (S. 90). Sein letztliches Fortbestehen ist für die Entwicklung des Kindes von entscheidender Bedeutung. »Mit anderen Worten, weil das Objekt weiterhin besteht, kann das Subjekt nun anfangen, in der Welt der Objekte zu leben, und so ist das Subjekt in der Lage, grenzenlos zu gewinnen; doch der Preis dafür besteht in der Akzeptanz der fortlaufenden Destruktion in der unbewußten Phantasie in bezug auf Objektbeziehungen.« (S. 90) Es scheint naheliegend, daß die aggressive Kraft, die in diesem Akt der Objektivierung enthalten ist, in der Folge wieder auftauchen muß in der Beziehung zwischen dem Wissenschaftler und seinem Objekt, das heißt, zwischen Wissenschaft und Natur.

7 In diesem Punkt bin ich glücklich, mit Dorothy Dinnerstein (1976) einig zu gehen, die eine außerordentlich provokante Analyse von den Konsequenzen aus der Tatsache liefert, daß es die »Hand der Mutter ist« und immer war, »die das Kind wiegt«. Obwohl ihre Analyse sehr viel weiter geht als meine hier vorgelegte Skizze, erhärtet sie im wesentlichen meine Analyse in den Punkten, wo Überschneidungen stattfinden. Sie kommt zu dem Schluß, daß das menschliche Unbehagen, das aus den gegenwärtigen sexuellen Übereinkünften resultiert, nur dadurch behoben werden kann, daß die Ernährung und Versorgung des Kindes gleichmäßig zwischen Vater und Mutter aufgeteilt wird. Vielleicht ist das richtig. Ich bin jedoch der Meinung, daß für die speziellen Konsequenzen, von denen ich hier gesprochen habe, andere Veränderungen eine unmittelbare Wirksamkeit hätten.

5. Kapitel:
Dynamische Autonomie: Objekte als Subjekte

1 Es steht kaum in Frage, daß die Ablehnung einer wechselseitigen Verbundenheit von Subjekt und Objekt dazu führt, bestimmte moralische Beschränkungen aufzuheben; sie gestattet bestimmte Arten der Vergewaltigung (sogar des Raubes) des anderen, die durch die Anerkennung einer Subjekt-Objekt-Beziehung ausgeschlossen wären. Gleichzeitig sollte sie verständlicherweise als Schutz gegen die Arten von Gewalt dienen, die durch die Subjekt-Objekt-Beziehung hervorgerufen werden, die als bedrohlich für das Subjekt erfahren werden.
2 Georg Simmel argumentiert für eine umgekehrte Beziehung: »Von jeher hat jede auf subjektiver Übergewalt beruhende Herrschaft es sich angelegen sein lassen, sich eine objektive Begründung zu geben, das heißt: Macht in Recht zu transformieren... Nach dieser Analogie und oft in eben diesem Zusammenhang entwickelt sich die psychologische Superiorität, die das Herrschaftsverhältnis zwischen Männern und Frauen den männlichen Wesensäußerungen verschafft, sozusagen in eine logische; diese verlangen normative Bedeutung daraufhin, daß sie die sachliche, für alle, ob männliche, ob weibliche Individuen gleichmäßig gültige Wahrheit und Richtigkeit offenbaren.« (1911, wiederabgedruckt 1983, S. 65f.)
3 Die Verwendung des Wortes *Objekt* zur Bezeichnung eines anderen Subjekts (vor allem der Mutter) – eine Verwendung die die Objektbeziehungstheorie von Freud übernommen hat – ergibt die Schwierigkeit, die in der Einführung zu diesem Abschnitt bereits erwähnt worden ist, die selbst Objektbeziehungstheoretiker bei der Anerkennung der Mutter als eigenständigem Subjekt haben.
4 Siehe Ruddick 1983, eine besonders gedankenreiche Beziehung dieses Themas.
5 Jean Baker Miller, unveröffentlichtes Manuskript; siehe auch Miller 1976.

6 In ihrem Versuch, den Zusammenhang von Abgrenzung und Herrschaft zu verstehen, deckt J. Benjamin weitgehend dasselbe Feld ab, wie ich es getan habe. Die Zielsetzung ihres hochinteressanten Essays unterscheidet sich jedoch etwas von meiner: Sie richtet sich mehr auf die inneren Widersprüche, die durch die Angleichung der Autonomie an die Autorität hervorgerufen werden, und weniger auf die Behandlung der Phänomenologie und der Konsequenzen dieser Angleichung.

7 Die Reproduktion von Aggressionsverhalten von einer Generation zur nächsten ist durch Beobachtungen an Kindern dokumentiert; siehe Bellak und Antell 1974.

8 Wenn jedoch, wie Jessica Benjamin in ihrer erhellenden Analyse der erotischen Herrschaft (1980) feststellt, die Willenlosigkeit oder Unterwerfung des anderen ein wirksames Aphrodisiakum sein soll, muß sie (oder er) ausreichend Subjektivität behalten, um ihre oder seine eigene Vergewaltigung zu wollen.

9 Die möglichen Folgen dieser Dynamik für die Mutter-Tochter-Beziehung sind in einem frühen Thesenpapier von Jane Flax (1978) erhellend dargelegt.

10 Eine ausführliche Analyse der psychischen und politischen Anlage von Autorität findet sich bei Hartsock 1983.

11 Jessica Benjamin behandelt mehrere dieser Gesichtspunkte in *The Oedipal Riddle* (1982) in einer Sprache, die von meiner wesentlich abweicht, indem sie um einiges strikter ist und stärker polarisiert. Sie schreibt: »Das Akzeptieren der ödipalen Lösung bedeutet, diese Polarität zu akzeptieren. Entweder grenzen wir uns ab, oder wir bleiben abhängig; entweder beugen wir uns der Realität, oder wir bleiben infantil; entweder negieren wir unsere Bedürfnisse oder wir werden von ihnen versklavt. Der Ödipuskomplex institutionalisiert und konkretisiert diese Polarität, gibt ihr soziale Gestalt und weist ihr eine Geschlechtsspezifik zu.« (S. 202)

12 Die ganze reale Liebe, die der typische Sohn seinem Vater entgegenbringt, eine Liebe, die durch Furcht und Respekt gemäßigt ist, ist ausreichend eingeschränkt, um nicht gefährlich zu sein oder sich der väterlichen Autonomie in kritischer Weise entgegenzusetzen.

13 Ein ausgezeichneter Überblick über das Fortbestehen solcher Phantasien selbst in der feministischen Literatur findet sich bei Chodorow und Contratto 1982.

14 Eine hochinteressante Diskussion zum Thema der »Romanze« der Tochter mit ihrem Vater findet sich bei Contratto 1983.

15 Ein Ausdruck dieser Verwirrung ist die unter Frauen weitverbreitete Annahme, daß jede Unangemessenheit, die sie in der männlichen Persönlichkeit feststellen, von ihnen selbst bewirkt ist. Was haben wir getan, fragen sie sich, um Männer so zu machen, wie sie sind? Und was hätten wir also anders machen sollen? Tatsächlich sind Mütter weder so mächtig, wie solche Gefühlsäußerungen es nahelegen, noch so ohnmächtig, wie die Kultur es zuläßt. Die Ausbildung einer Geschlechtsspezifik (und das Sosein der

Mütter) liegt nicht an ihnen allein, sondern ist eine Folge des gesamten Gewebes psychischer Kräfte. Ein umgekehrter Ausdruck derselben Verwirrung ist das Fehlen jeglicher Aufmerksamkeit für die (positive) aktive Rolle der Mütter, das für die traditionelle psychoanalytische Theorie charakteristisch ist. Autonomie, Abgrenzung und Inzesttabu werden dem Handlungsbereich des Vaters zugeschrieben. Gleichzeitig können Mütter in gefährlicher Weise verführerisch, überwältigend oder abweisend sein. Ihre Macht, Schaden zuzufügen, wird als schier unbegrenzt angesehen.

16 Dorothy Dinnersteins Tendenz, diesem Irrtum zu erliegen, ist der einzige Mangel ihrer sonst glänzenden Analyse über die Konsequenzen unserer gegenwärtigen Elternschaftsvereinbarungen (1976). Eine ausführlichere Kritik findet sich bei Chodorow und Contratto (1982). Dasselbe Problem zeigt sich in Isaac Balbus' neuestem Werk (1981), in dem er die wichtige Aufgabe unternimmt, Dinnersteins Analyse in ihren sozialen und historischen Kontext einzuordnen. Balbus' Sprache ist ein Indiz für seine durchgängig inflationäre Einschätzung der mütterlichen Macht (vgl. dazu *Mother-Monopolized Child Rearing*). Diese Voreingenommenheit spiegelt sich in der Form seines Erklärungsschemas. An späterer Stelle in diesem Buch (8. und 9. Kapitel) gehe ich davon aus, daß das zentrale Dogma der Molekularbiologie als ein Beispiel für »Master-Molekül-Theorie« angesehen werden kann – Theorien, die schon in ihrer Struktur eine vorherige Beschäftigung mit Macht und Herrschaft zum Ausdruck bringen. In diesem Zusammenhang kann Balbus' Theorie als eine kleinere Variante derselben Art gesehen werden – als eine Art von »Mistress-Molekül-Theorie«. Es ist erstaunlich, daß Balbus für seine These Unterstützung sucht, daß »innerhalb der Symbolsprache die Weise der Kinderaufzucht dominierend sei«, indem er die Weise der Kinderaufzucht mit DNS (Desoxyribonukleinsäure) gleichsetzt: »Die Weise der Kinderaufzucht ist die soziale Analogie zum DNS-Molekül: Beide bestimmen das allumfassende Programm oder den Plan zur Entwicklung des Systems, von dem sie ein Teil sind, einschließlich der Grenzen, innerhalb derer von anderen Teilen Beiträge zu dieser Entwicklung geleistet werden können.« (S. 349)

17 Eine Fallstudie ist bei Fred Pine zitiert (1979): Eine gerade geschiedene junge Frau beschrieb ihr Gefühl des »Nihiliertwerdens«: »Ich fühle mich so hilflos und verletzt, als wenn ich leicht zerstört werden könnte, wenn ich Ich selbst werde. Darum werfe ich mein Ich ab und werde die andere Person. Dann fühle ich mich mächtig und habe mich unter Kontrolle.« Über ihre Nichten, für die sie Verantwortung übernommen hat, sagt sie: »Die Fähigkeiten der Mädchen rechne ich mir als Verdienst an, aber für ihre schlechten Seiten mache ich sie verantwortlich. Ich fühle, daß ich Kontrolle über sie habe... Es kommt mir vor, als hätten sie keine Verantwortung für sich selbst.«

18 Siehe vor allem Nancy Chodorow, *Beyond Drive Theory: Object Relations and the Limits of Radical Individualism*« (Jenseits der Trieb-Theorie:

Objektbeziehungen und die Grenzen eines radikalen Individualismus) (unveröffentlichtes Manuskript), eine umfassende Behandlung dieses Themas.
19 Da Schachtel ein besonderes Interesse an der Wechselbeziehung von kognitiver und emotionaler Entwicklung hat, wird sein kritischer Ansatz als Ausgangspunkt für die Fortsetzung dieser Diskussion im nächsten Essay (6. Kapitel) genommen.
20 Diese Hoffnung wird durch die anthropologischen Untersuchungen von Peggy Reeves Sanday (dargestellt in Benderly 1982, S. 40–43) gestützt. Aufgrund einer kultur-übergreifenden Analyse kommt Sanday zu dem Schluß, daß Gesellschaften mit einer großen Vergewaltigungsquote (etwa ein Drittel ihrer Erhebung) »Gewalt tolerieren und Knaben und Männer ermutigen, hart, aggressiv und auf Konkurrenz eingestellt zu sein... Männer verspotten oder verachten von Frauen geäußerte Urteile. Sie würdigen herab, was sie als Frauenarbeit ansehen, und halten sich fern von Gebären und Kinderaufzucht. Diese Gruppen verfolgen gewöhnlich von Anfang an einen Weg zu einem überlegenen männlichen Dasein«. (S. 42) Im Gegensatz dazu führen Sandays Ergebnisse, daß »vergewaltigungsfreie Gesellschaften die weiblichen Fähigkeiten zur Fruchtbarkeit und Kindererziehung glorifizieren. Viele dieser Völker glauben, daß sie die Nachkommenschaft einer männlichen und weiblichen Gottheit sind oder daß sie einem universalen Schoß entstammen«. (S. 43) Zur Illustration gibt Benderly das Beispiel der Mbuti-Pygmäen, die »in kleinen kooperativen Verbänden leben, in denen Männer und Frauen Arbeit und Entscheidungen teilen. Kein Mbuti versucht, einen anderen zu beherrschen, noch versucht die Gruppe als ganze, die Natur zu beherrschen. Sie sprechen vom Wald in liebevollen Worten, als würden sie zu den Eltern oder einem Geliebten sprechen.« (S. 42)
21 Das Werk von Jean Baker Miller, Sara Ruddick und Nancy Hartsock ist ein überzeugendes Argument für die Möglichkeit und für die Notwendigkeit einer solchen Neubestimmung.
22 Sehr sorgfältig untersucht von Hartsock 1983.

6. Kapitel:
Dynamische Objektivität:
Liebe, Macht und Erkenntnis

1 Bedenken wir zum Beispiel das bei Bacon zitierte Sprichwort »Es ist unmöglich, zu lieben und weise zu sein«, oder, noch zugespitzter, »Amore et sapere vix Deo conceditur« (ed. Spedding 1869, 12; S. 110).
2 Die Relevanz der subjektiven Notwendigkeit für eine bestimmte Interpretation ist dann schwer zu beurteilen, wenn die Interpretation in sich stimmig ist. Folglich kann die Falschheit einer »guten« paranoiden Interpretation erst durch die Makellosigkeit ihrer Logik deutlich werden.

3 »I'll beat the bastard« (Ich werd' den Kerl fertigmachen!) war der häufig gebrauchte Satz eines Wissenschaftlers, zitiert bei Anthony Storr in *The Dynamics of Creation* (1972).

Dritter Teil
Der Einfluß von Theorie, Praxis und Ideologie
auf das Entstehen von Wissenschaft

1 Die hier eingeführte Unterscheidung zwischen Gesetz und Ordnung weist große Ähnlichkeiten auf mit der Unterscheidung zwischen Macht und Herrschaft, die von zahlreichen Autoren getroffen worden ist (siehe besonders Hartsock 1983) und auch im 5. Kapitel dieses Buches behandelt wird. Macht – einschließlich der verschiedenen Bedeutung von *in jemandes Macht stehen, Machtinteressen ausüben* und *über jemanden Macht haben* – ist ein umfassenderer Begriff als Herrschaft, in einem ähnlichen Sinne, wie Ordnung ein umfassenderer Begriff ist als Gesetz.

2 Man könnte noch weiter gehen und sagen, daß das Modell, das wir für die Beziehungen der Wissenschaftsdisziplinen untereinander akzeptieren, dieselbe Beschäftigung mit Hierarchien enthüllt wie das Modell, das sich in der Struktur von Theorien manifestiert. Die theoretischen Wissenschaften nehmen den Vorrang vor den empirischen ein; auf einer absteigenden Rangskala plazieren wir die Physik ganz oben, die Chemie unterhalb der Physik und die Biologie unterhalb der Chemie. Diese hierarchische Struktur erstreckt sich, wie Sharon Traweek anmerkt, bis in die Physik hinein. Sie zitiert einen Hochenergiephysiker, der die Disziplinen pyramidenförmig anordnet: an der Spitze die Hochenergiephysik, unmittelbar darunter folgen die anderen Zweige der Physik, dann kommen die angewandten Wissenschaften, gefolgt von Chemie und Biologie an der Basis der Pyramide (1984; siehe auch 1982).

7. Kapitel:
Kognitive Verdrängung in der heutigen Physik

1 Objektivierbar bedeutet an dieser und anderer Stelle sowohl objektiv, das heißt unabhängig von unserer subjektiven Erkenntnis, als auch objekthaft, das heißt, eine genau bestimmte Position in Raum und Zeit zu haben. Wie ich schon früher angemerkt habe, sind beide Bedeutungen meistens gleichzeitig gemeint.

2 Newton z. B. hat zeitweise ganz explizit von der Übereinstimmung des wissenschaftlichen Denkens mit Gottes »Sensorium« gesprochen: »Es gibt ein Wesen, körperlos, lebendig, verständig und allgegenwärtig, das im unendlichen Raum, wie er nach seinem Sinnesvermögen unendlich sein kann, die Dinge in ihrer Vertrautheit sieht... von diesen Dingen sind nur die Abbil-

der... dort zu sehen und werden von dem betrachtet, was in uns erkennt und denkt.« (Opticks, ³1921, S. 344)

3 Zur neuesten Deutung des Schrödingerschen Katzen-Paradoxes und zu den Deutungsproblemen der Quantentheorie insgesamt vgl. C. F. v. Weizsäcker, *Aufbau der Physik*, München 1985, ²1986, bes. Kapitel 11.

4 Obwohl es nicht allgemein realisiert wird, ist es tatsächlich möglich, die Quantenmechanik vollständig in Form von Ja-Nein-Urteilen zu formulieren, ohne je von Wahrscheinlichkeit Gebrauch machen zu müssen; siehe z. B. Finkelstein (1964).

8. Kapitel:
Die Bedeutung des Schrittmacherbegriffs in Theorien zur Aggregation beim zellulären Schleimpilz

1 Ein ähnlicher Ansatz wurde von Hagan (1981) und Kopell (1981) für die Zhabotinsky-Reaktion gewählt, wo, wie auch hier, unterschiedliche Morphologien gezeigt wurden, die hauptsächlich aus Differenzen im Parameterniveau entstehen und nicht aufgrund verschiedenartiger Parameter. Die ersteren sind relativ leicht zu erklären, zum Beispiel kann das Gas, das sich an der Oberfläche von praktisch jedem festen Teilchen findet, örtlich die Frequenz der chemischen Oszillation ändern und dadurch Zielmuster entstehen lassen.

2 Für diese Anregung bin ich Nancy Kopell zu Dank verpflichtet.

9. Kapitel:
Eine Welt der Differenz

1 Einen ausgezeichneten Überblick über die Möglichkeiten, die Frauen in den zwanziger und dreißiger Jahren als Wissenschaftlerinnen hatten, gibt Rossiter 1982.

2 Alle zitierten Äußerungen von Barbara McClintock stammen aus privaten Interviews, die zwischen dem 24. September 1978 und dem 25. Februar 1979 geführt worden sind; die meisten sind in Keller 1983 wiedergegeben.

Literaturverzeichnis

Ainsworth, Mary, 1969, Object Relations, Dependency and Attachment. *Child Development* 49, S. 969–1025.
Allen, Sally und Hubbs, Joanna, 1980, Outrunning Atalanta: Feminine Destiny in Alchemical Transmutation. *Signs* 6, S. 210–29.
Anderson, F. H., ed., 1960, *Francis Bacon: The New Organon and Related Writings*. Indianapolis.

Baines, Barbara J., ed., 1978, *Three Pamphlets on the Jacobean Antifeminist Controversy*. Delmar.
Balbus, Isaac, 1981, *Marxism and Domination*. Princeton.
Bataille, Georges, 1977, *Death and Sensuality*. New York.
Beauvoir, Simone de, 1951, *Das andere Geschlecht*. Hamburg.
Bellak, Leopold, und Antell, Maxine, 1974, An Intercultural Study of Aggressive Behavior on Children's Playgrounds. *American Journal of Orthopsychiatry* 44, 4, S. 503–11.
Benderly, Beryl Lieff, 1982, Rape Free or Rape Prone. *Science 82*, Oktober, S. 40–43.
Benjamin, Jessica, 1980, The Bonds of Love: Rational Violence and Erotic Domination. *Feminist Studies* 6, 1, S. 144–74.
Benjamin, Jessica, 1982, The Oedipal Riddle: Authority, Autonomy and the New Narcissism. In *The Problem of Authority in America*, ed. John P. Diggens und Mark E. Kahn. Philadelphia.
Bonner, J. T. et al., 1969, Acrasin, Acrasinase, and the Sensitivity to Acrasin in Dictyostelium Discoideum. *Developmental Biology* 20, S. 72–87.
Bowlby, John, 1969, *Attachment and Loss*. 3 vols. London.
Boyle, Robert, 1690, A Free Inquiry into the Vulgar Notion of Nature. Reprinted in *Philosophical Works*, ed. Peter Shaw. London 1738.

Charleton, Walter, 1659, *The Ephesian Matron*. London. William Andrews Clark Memorial Library, Univ. of California, 1975.
Chodorow, Nancy, 1974, Family Structure and Feminine Personality. In *Woman, Culture and Society*, ed. M. Z. Rosaldo und L. Lamphere. Stanford.
Chodorow, Nancy, 1978, *The Reproduction of Mothering: Psychoanalysis and the Sociology of Gender*. Berkeley.
Chodorow, Nancy, 1979, Feminism and Difference: Gender, Relation and Difference in Psychoanalytic Perspective. *Socialist Review* 46.
Chodorow, Nancy und Contratto, Susan, 1982, The Fantasy of the Perfect Mother. In *Rethinking the Family: Some Feminist Questions*, ed. Barrie Thorne with Marilyn Yalom. New York.
Cixous, Hélène, 1975, Sorties. In *New French Feminisms*, ed. Elaine Marks und Isabelle de Courtivron. New York 1981.

Clark, Alice, 1919, *Working Life of Women in the Seventeenth Century*. London. Reprints of Economic Classics. New York 1968.

Cohen, M. und Hagan, P., 1981, Diffusion-Induced Morphogenesis in *Dictyostelium, Journal of Theoretical Biology* 93, S. 881–908.

Cohen, M. und Robertson, A. 1971a, Chemotaxis and the Early Stages of Aggregation in Cellular Slime Molds. *Journal of Theoretical Biology* 31, S. 119–30.

Cohen, M. und Robertson, A., 1971b, Wave Propagation in the Early Stages of Aggregation in Cellular Slime Molds. *Journal of Theoretical Biology* 31, S. 101–18.

Collingwood, R. G., 1945, *The Idea of Nature*. Reprinted by Oxford University Press, New York 1981.

Contratto, Susan, 1983, Father Presence in Women's Psychological Development. In *Studies in Psychoanalytic Sociology*, ed. J. Rabow, M. Goldman und G. Platt. Melbourne, Fla.

Davis, Natalie, 1975, *Society and Culture in Early Modern France*. Stanford.

Davis, Natalie, 1977, Men, Women, and Violence: Some Reflections on Equality. *Smith Alumnae Quarterly* April, S. 12–15.

Debus, Allen G., ed., 1972, *Science, Medicine and Society in the Renaissance*. New York.

Debus, Allen G., 1978, *Man and Nature in the Renaissance*. New York and Cambridge.

Dinnerstein, Dorothy, 1976, *The Mermaid and the Minotaur*. New York.

Dobbs, Betty Jo Teeter, 1975, *The Foundations of Newton's Alchemy or »The Hunting of the Greene Lyon«*. Cambridge.

Dover, K. J., 1980, *Greek Homosexuality*. New York.

Easlea, Brian, 1980, *Witch Hunting, Magic and the New Philosophy*. Brighton.

Ehrenreich, Barbara und English, Deirdre, 1978, *For Her Own Good: 150 Years of the Experts' Advice to Women*. Garden City, N.Y.

Eisenstein, Hester, 1979, Workshop 12. *The Second Sex: Thirty Years Later*. New York, Sept. 28.

Elias, Norbert, 1978, *The History of Manners* (1939). New York.

Ellman, Mary, 1968, *Thinking About Women*. New York.

Erikson, Erik H., 1965, Concluding Remarks. In *Women in the Scientific Professions*, ed. J. Mattfeld und C. van Aiken. Cambridge.

Erikson, Erik H., 1968, *Identity: Youth and Crisis*. New York.

Fairbain, W. R. D., 1952, *An Objekt-Relations Theory of the Personality*. New York.

Farrington, Benjamin, 1951, Temporis Partus Masculus: An Untranslated Writing of Francis Bacon. *Centaurus*. 1.

Farrington, Benjamin, 1964, *The Philosophy of Francis Bacon*. Chicago.

Feynman, Richard, 1963, *The Feynman Lectures on Physics*, ed. Richard Feynman et al., Reading, Mass.

Finkelstein, David, 1964, *Transactions of the N.Y. Academy* 6, S. 21.

Flax, Jane, 1978, The Conflict between Nurturance and Autonomy in Mother-Daugher Relationships and Within Feminism. *Feminist Studies* 4. Juni, S. 171–89.

Freud, Sigmund, 1930, *Civilization and its Discontents*. New York.

Freud, Sigmund, 1940, *Outline of Psychoanalysis*. New York.

Freud, Sigmund, 1949, A Special Type of Object-Choice. *Collected Papers*, ed. J. Riviere. 5 vols. London.

Freud, Sigmund, 1957, *The Ego and the Id*. In *A General Selection From the Works of Sigmund Freud*. New York (Leipzig 1923).

Fromm, Erich, 1973, *The Anatomy of Human Destructiveness*. New York.

Gay, Peter, 1984, *The Education of the Senses*. Oxford.

Gilligan, Carol, 1982, *In a Different Voice: Psychological Theory and Women's Development*. Cambridge.

Glanvill, Joseph, 1661, *The Vanity of Dogmatizing*. London. Reprinted by Facsimile Text Society, 1931. New York.

Glanvill, Joseph, 1668, *A Blow at Modern Sadducism*. London.

Glanvill, Joseph, 1689, *Sadducismus Triumphatus: or, Full and Plain Evidence Concerning Witches and Apparitions*. London. Reprinted by Scholars' Facsimiles and Reprints, Gainesville, Fla. 1966.

Golden, Mark, 1981, *Aspects of Childhood in Classical Athens*. University of Toronto, unpublished thesis.

Goodfield, June, 1981, *An Imagined World*. New York.

Greenson, R., 1968, Disidentifying from Mother: Its Special Importance for the Boy. *Explorations in Psychoanalysis*. New York 1978.

Guntrip, Harry, 1961, *Personality Structure and Human Interaction*. New York.

Hagan, P., 1981, Target Patterns in Reaction-Diffusion Systems. *Advances in Applied Mathematics* 2, S. 400–16.

Halperin, David M., 1983, Plato and Erotic Reciprocity. Unpublished manuscript.

Hanson, Norwood, 1959, *Patterns of Discovery*. Cambridge.

Harding, Sandra, 1979, »Is Science Objective?« presented at the annual meeting of the American Association for the Advancement of Science, Houston, Texas, Januar 6, 1979.

Harding, Sandra, 1982, Is Gender a Variable in Conceptions of Rationality? *Dialectica* 36, S. 225–42.

Hartsock, Nancy, 1983, *Money, Sex and Power*. New York.

Hill, Christopher, 1975, *The World Turned Upside Down: Radical Ideas During the English Revolution*. London.

Holton, Gerald, 1974, On Being Caught Between Dionysians and Apollonians. *Deadalus*, Sommer 1974, S. 65–81.

Horney, Karen, 1926, The Flight from Womanhood. In *Women and Analysis*, ed. J. Strouse. New York 1975.

Hudson, L., 1972, *The Cult of the Fact*. New York.

Jacob, J. R., 1977, *Robert Boyle and the English Revolution*. New York.

Jacob, Margaret, 1976, *The Newtonians and the English Revolution, 1689–1728*. Ithaca.

Jacob, Margaret, 1981, *The Radical Enlightenment: Pantheists, Freemen and Republicans*. London.

Jacobi, Jolandt, ed. 1951, *Paracelsus: Selected Writings*. Princeton.

Jobe, Thomas Harmon, 1981, The Devil in Restoration Science: The Glanvill-Webster Debate. *ISIS* 72, S. 343–56.

Judson, Horace, 1979, *The Eighth Day of Creation: Makers of the Revolution in Biology*. New York.

Jung, Carl G., 1985, *Erlösungsvorstellungen in der Alchemie*. Olten 1985.

Keller, Evelyn Fox, 1974, Women in Science: A Social Analysis. *Harvard Magazine* Oktober, S. 14–19.

Keller, Evelyn Fox, 1978, Gender and Science. *Psychoanalysis and Contemporary Thought* 1, 409–33.

Keller, Evelyn Fox, 1982, Feminism and Science. *Signs: Journal of Women in Culture and Society* 7, 3, S. 589–602.

Keller, Evelyn Fox, 1983, *A Feeling for the Organism: The Life and Work of Barbara McClintock*. New York.

Keller, Evelyn Fox und Grontkowski, Christine R., 1983, The Mind's Eye. In *Discovering Reality*, ed. S. Harding und M. Hintikka. Dordrecht, Holland.

Keller, Evelyn Fox und Segel, Lee A., 1970, Initiation of Slime Mold Aggregation Viewed as an Instability. *Journal of Theoretical Biology* 26, S. 399–415.

Kelly, Joan, 1982, Early Feminist Theory and the *Querelle des Femmes*. *Signs* 8, 1, S. 1–28.

Kernberg, O., 1977, Boundaries and Structure in Love Relations. *Journal of the American Psychoanalytic Assocation* 25, S. 81–114.

Kohut, Heinz, 1971, *The Analysis of the Self*. New York.

Kohut, Heinz, 1977, *The Restoration of the Self*. New York.

Kopell, Nancy, 1980, Patterns in Nature: The Character of Mathematical Modelling. Boston: Robert D. Klein University Lecture, Northeastern University.

Kopell, Nancy, 1981, Target Pattern Solution to Reaction-Diffusion Equations in the Presence of Impurities. *Advances in Applied Mathematics* 2, S. 389–99.

Koyré, Alexandre, 1968, *Newtonian Studies*, Chicago.

Krämer, H. und Sprenger, J., 1486, *Malleus Maleficarum*. New York 1970.
Kuhn, Thomas S., 1962, *The Structure of Scientific Revolutions*. Chicago.

Lasch, Christopher, 1979, *The Culture of Narcissism: American Life in an Age of Diminishing Expectations*. New York.
Leiss, William, 1972, *The Domination of Nature*. Boston.
Levinson, Daniel J., 1978, *The Seasons of a Man's Life*. New York.
Loewald, Hans, 1951, Ego and Reality. *International Journal of Psycho-Analysis* 32, S. 10–18.
Loewald, Hans, 1979, The Waning of the Oedipus Complex. *Journal of the American Psychoanalytic Association* 27, 4, S. 751–75.

McClelland, D. C., 1962, On the Dynamics of Creative Physical Scientists. In *The Ecology of Human Intelligence*, ed. L. Hudson. Harmondsworth.
Mack, Phyllis, 1982, Women as Prophets During the English Civil War. *Feminist Studies* 8, 1, S. 19–46.
MacKinnon, Catherine A., Feminism, Marxism, Method and the State: An Agenda for Theory. *Signs* 7, S. 515–44.
Marcus, Steven, 1977, *The Other Victorians: A Study of Sexuality and Pornography in Mid-Nineteenth Century England*. New York.
Marx, Jean L., 1981, A Movable Feast in the Eukaryotic Genome. *Science* 211, S. 153.
May, Robert, 1980, *Sex and Fantasy*. New York 1981.
Merchant, Carolyn, 1980, *The Death of Nature*. San Francisco.
Miller, Jean Baker, 1976, *Toward a New Psychology of Women*. Boston.
Miller, Jean Baker, 1983, Development of the Sense of Self in Women. Presented at the American Academy of Psychoanalysis, Oktober.
Milner, Marion, 1957, *On Not Being Able to Paint*. New York.
More, Henry, 1650, *Observations upon Anthroposophia Theomagica and Anima Magic Obscondita*. London.
More, Henry, 1656, *Enthusiasmus triumphatus*. London.
More, Henry, 1678, Postscript to letter to Jos. Glanvill, 25. Mai 1678. In: Glanvill, *Sadducismus Triumphatus*.
More, Henry, 1712, Scholia on the Antidote against Atheism. In *A Collection of Several Philosophical Writings of Dr. Henry More*. London.
Mott, N. F., 1964, *Contemporary Physics* 5, S. 401–18.

Nanney, David L., 1957, The Role of the Cytoplasm in Heredity. In *The Chemical Basis of Heredity*, ed. W. D. McElroy und H. B. Glass. Baltimore.
Newton, Isaac, 1706, *Opticks*. London 1921.

Painter, T. S., 1971, Chromosomes and Genes Viewed from a Perspective of Fifty Years of Research. *Stadler Genetics Symposium* 1, S. 33.
Partridge, Eric, 1969, *Shakespeare's Bawdy*. New York.

Peres, Asher, 1974, *American Journal of Physics* 42, S. 401.
Perry, Ruth, 1980, *Women, Letters and the Novel.* New York.
Piaget, Jean, 1972, *The Child's Conception of the World.* Totowa, N.J.
Piaget, Jean, 1973, The Affective Unconscious and the Cognitive Unconscious. *Journal of the American Psychoanalytic Association* 21, S. 249–61.
Pine, Fred, 1979, On the Pathology of the Separation-Individuation Process as Manifested in Later Clinical Work: An Attempt at Delineation. *International Journal of Psycho-Analysis* 60, S. 225–42.
Plank, E. N. und Plank, R., 1954, Emotional Components in Arithmetic Learning as Seen Through Autobiographies. *The Psychoanalytic Study of the Child* 9. New York.
Platon, *The Symposium.* Trans. Walter Hamilton, Harmondsworth 1955.
Platon, *The Republic.* Trans H. D. P. Lee. Harmondsworth 1955.
Platon, *Phaedrus.* Trans. Walter Hamilton. Harmondsworth 1973.
Polanyi, Michael, 1967, *The Tacit Dimension.* Garden City, N.Y.

Rattansi, P. M., 1963, Paracelsus and the Puritan Revolution. *Ambix* 11, S. 24–32.
Rattansi, P. M., 1968, The Intellectual Origins of the Royal Society. *Notes and Records of the Royal Society of London* 23, S. 129–43.
Robertson, J. H., 1905, *Valerius Terminus of the Interpretation of Nature.* In *The Philosophical Works of Francis Bacon.* London.
Roe, A., 1953, *The Making of a Scientist.* New York.
Roe, A., 1956, *The Psychology of Occupations.* New York.
Rossi, Paolo, 1968, *Francis Bacon: From Magic to Science.* Chicago.
Rossiter, Margaret W., 1982, *Women Scientists in America.* Baltimore.
Rowbotham, Sheila, 1974, *Hidden from History: Rediscovering Women in History from the 17th Century to the Present.* New York.
Ruddick, Sara, 1983, Preservative Love and Military Destruction: Some Reflections on Mothering and Peace. In *Mothering: Essays in Feminist Theory,* ed. Joyce Tribilcot. Totoya, N.J.

Schachtel, Ernest, 1959, *Metamorphosis,* New York.
Schrödinger, Erwin, 1954, *Nature and the Greeks.* New York/Cambridge.
Schrödinger, Erwin, 1967, *Mind and Matter.* New York/Cambridge.
Shaffer, B. M., 1962, The Acrasina. *Advances in Morphogenesis* 2, S. 109–82.
Shapiro, David, 1965, *Neurotic Styles.* New York.
Shapiro, David, 1981, *Autonomy and Rigid Character.* New York.
Simmel, Georg, 1911, Das Relative und das Absolute im Geschlechter-Problem. In *Philosophische Kultur.* Berlin 1983.
Spedding, J., Ellis, R. L. und Heath, D. D., eds., 1857–74, 14 vols., *The Works of Francis Bacon.* Reprinted 1963, Stuttgart.
Sprat, Thomas, 1667, *The History of the Royal Society of London, for the Improving of Natural Knowledge,* ed. J. I. Cope und H. W. Jones, London 1966.

Stern, Daniel, 1977, *The First Relationship*. Cambridge.

Stern, Daniel, 1983, »The Early Development of Schemas of Self, Other, and ›Self with Other.‹«. In *Reflections on Self Psychology*, ed. J. D. Lichtenberg und S. Kaplan, New York.

Storr, Anthony, 1972, *The Dynamics of Creation*. New York.

Thomas, Keith, 1971, *Religion and the Decline of Magic*. New York.

Thomas, Keith, 1958, Women and the Civil War Sects. *Past and Present* 13, S. 42–62.

Thomas, Keith, 1959, The Double Standard. *Journal of the History of Ideas* 20, S. 195–216.

Traweek, Sharon, 1982, *Uptime, Downtime, Spacetime and Power: An Ethnographic Study of the High Energy Physics Community in Japan and the United States*. Unpublished dissertation, UCSC.

Traweek, Sharon, 1984, The Consequences of the Absence of Women in Science. Lecture MIT, 19. März.

Turing, Alan M., 1952, The Chemical Basis of Morphogenesis. *Proceedings of the Royal Society of London [Biology]* 237.

Vaughan, Thomas, 1650a, *Anthroposophia Theomagica, or A discourse of the nature of man and his state after death*. In *The Works of Thomas Vaughan*, ed. Arthur E. Waite. London 1919.

Vaughan, Thomas, 1650b, *Anima Magica Abscondita: Or A Discourse of the universall Spirit of Nature*. In *The Works of Thomas Vaughan*, ed. Arthur E. Waite. London 1919.

Van den Daele, Wolfgang, 1977, The Social Construction of Science: Institutionalisation and Definition of Positive Science in the Latter Half of the Seventeenth Century. In *The Social Production of Scientific Knowledge*, eds. E. Mendelsohn, P. Weingart und R. Whitley. Dordrecht, Holland.

Vlastos, Gregory, 1970, Equality and Justice in Early Greek Cosmologies. In *Studies in Presocratic Philosophy*, ed. D. J. Furley und R. E. Allen, vol. I. London.

Vlastos, Gregory, 1981, *Platonic Studies*. Princeton.

Watson, James, 1966, Growing Up in the Phage Group. In *Phage and the Origins of Molecular Biology*, ed. J. Cairns, G. Stent und J. Watson. Cold Spring Harbor, N.Y.: Cold Spring Harbor Laboratory of Quantitative Biology.

Webster, Charles, 1975, *The Great Instauration*. New York.

Webster, John, 1654, *Academiarum Examen*. London.

Weinberg, Steven, 1974, Reflections of a Working Scientist. *Daedalus*, S. 33–46.

Wigner, Eugene, 1975, The Nature of Consciousness. Seminar at Vassar College, 10. Oktober.

Winfree, A., 1980, *The Geometry of Biological Time*. New York.

Winnicott, D. W., 1971, *Playing and Reality*. New York.

Yates, Frances, 1969, *Giordano Bruno and the Hermetic Tradition.* New York.
Yates, Frances, 1978, *The Rosicrucian Enlightenment.* Boulder.

Personenregister

Agrippa, Marcus Vipsanius 51, 56
Ainsworth, Mary 119
Aischylos 28
Allen, Sally 197
Anderson, F.H. 41, 43f., 195
Antell, Maxine 201
Aristoteles 27, 46, 53, 57
Ashmole, Elias 196
Astro, Dean 8

Bacon, Francis 14, 25, 38, 40ff, 43ff, 46ff, 49f, 53, 56, 61, 84, 99, 101, 121, 140, 195ff, 199, 203
Baines, Barbara J. 69
Balbus, Isaac 202
Bataille, Georges 111
Beauvoir, Simone de 9, 111
Bellak, Leopold 201
Benderly, Beryl 203
Benjamin, Jessica 78, 109, 111, 116, 201
Bohr, Niels 99
Bonner, John 161
Bowlby, John 119
Boyle, Robert 18f, 54, 140, 197
Burns Kuhn, Jehane 8

Casaubon, Meric 64
Charleton, Walter 54, 67
Chevigny, Bell 7
Chodorow, Nancy 78, 95, 107, 113, 116, 198, 201f
Cixous, Hélène 50
Clark, Alice 70
Cohen, Carolyn 7
Cohen, Marcus 162, 165f
Coleridge, Samuel Taylor 168
Collingwood, R.G. 28
Contratto, Susan 8, 201f
Crick, Francis 181
Cudworth, Ralph 197

Daele, Wolfgang van den 55, 62
Davis, Natalie 69
Debus, Allen G. 195, 197
Descartes, René 54
Dinnerstein, Dorothy 78, 200, 202
Dobbs, Betty Jo 197
Dœuff, Michele le 196
Dover, Kenneth J. 30, 32f

Easlea, Brian 58ff, 61, 67, 196, 198
Ehrenreich, Barbara 130
Einstein, Albert 18
Eisenstein, Hester 101
Elias, Norbert 75
Ellmann, Mary 17
Emerson, R.A. 168
English, Deirdre 130
Erikson, Erik 115, 184, 187

Fairbairn, W.R.D. 107
Farrington, Benjamin 43ff, 47, 56, 195
Feynman, Richard 141
Finkelstein, David 205
Flax, Jane 78, 201
Freud, Sigmund 48, 86, 92, 107, 115, 119, 124f, 200
Fromm, Erich 110

Galen 46f, 53
Gassendi, Pierre 54
Gay, Peter 71
Gilligan, Carol 107, 198
Glanvill, Joseph 60f, 63ff, 66, 68
Goldberg, Rube 153
Golden, Mark 33
Gomperz, Theodor 27
Goodfield, June 121, 132
Greenson, Ralph 94
Grontkowski, Christine 7, 195
Guntrip, Harry 107

Hagan, Pat 165f, 205
Halperin, David 34
Hanson, Norwood R. 133
Harding, Sandra 189
Hartlib, Samuel 196
Harris, Lebert 7
Hartsock, Nancy 201, 203f
Hayles, N. Katherine 7, 196f
Hein, Hilde 7
Hill, Christopher 66, 70, 195
Hippokrates 46
Holton, Gerald 18
Hubbs, Joanna 197
Hudson, Liam 83
Hunt, Robert 63

Jacob, François 181
Jacob, J.R. 195
Jacob, Margaret 195
Jacobi, J. 51, 57, 60
James I., König von England 69
Jehlen, Myra 7
Jobe, Thomas 64f, 197
Judson, Horace 181f
Jung, Carl G. 75

Kaysen, Carl 8
Kelly, Joan 69
Kernberg, Otto 199
Kohut, Heinz 107, 119
Kopell, Nancy 163, 205
Koyré, Alexandre 150
Krieger, Martin 7
Kuhn, Thomas S. 7f, 10ff, 133

Lamarck, Jean Baptiste de 183
Lasch, Christopher 119
Le Dœuff, Michèle 196
Leiss, William 42f
Loewald, Hans 89, 92, 119

Mack, Phyllis 70
Marcus, Steven 71
Marx, Jean 170

May, Robert 112
McClelland, David 97
McClintock, Barbara 134, 145ff,
 164, 168ff, 171ff, 174ff, 177ff,
 180ff, 183ff, 186f, 190, 205
MacKinnon, Catherine 15
Merchant, Carolyn 57, 189, 197
Miller, Jean Baker 107, 110, 198,
 200, 203
Milner, Marion 88
Moglen, Helene 7f
Monod, Jacques 181f
More, Henry 54, 59, 63ff, 66, 68,
 196
Morgan, T.H. 168f
Mott, N.F. 154

Nanney, David 164, 182
Newton, Isaac 61, 65, 140f, 204

Oldenburg, Henry 59

Painter, T.S. 130
Paracelsus 51, 53f, 57, 60, 64
Partridge, Eric 197
Peres, Asher 154
Perry, Ruth 7, 70
Piaget, Jean 86f, 123, 148, 157
Pine, Fred 202
Plank, E.N. 199
Plank, R. 199
Platon 25, 27ff, 30f, 33, 35ff, 38ff,
 41, 46f, 101, 141, 151
Poincaré, Henri 123
Polanyi, Michael 132
Porta, Giambattista della 57
Popper, Karl R. 133

Rattansi, P.M. 54, 195f
Rilke, Rainer Maria 125
Robertson, J.H. 42, 162
Roe, Anne 97f
Rossi, Alice 44, 54
Rossiter, Margaret 205

Rowbotham, Sheila 70
Ruddick, Sara 7f, 200, 203
Ruddick, William 8

Sanday, Peggy Reeves 203
Schachtel, Ernest 23, 119, 124ff, 127, 130, 176f, 203
Schein, Seth 7, 195
Schrödinger, Erwin 27, 150f, 153, 155f
Schweber, Silvan S. 8
Segel, Lee 161f, 164
Shaffer, B.M. 162
Shapiro, David 107ff, 110ff, 127, 129
Simmel, Georg 80f, 200
Spedding, J. 43, 140, 203
Sprat, Thomas 61
Stadler, Lewis 168
Stern, Daniel 115, 199
Storr, Anthony 204

Thomas, Keith 65, 70, 197f
Topkis, Gladys 8

Torshell, Samuel 70
Traweek, Sharon 7, 204
Turing, Alan 160f

Updike, John 112

Vaughan, Thomas 57ff, 64
Vlastos, Gregory 28f, 33, 36

Watson, James 138, 181
Webster, Charles 62, 195
Webster, John 53, 63f
Weinberg, Stephen 12
Weizsäcker, C.F. von 205
Wigner, Eugene 155
Winfree, Arthur 163
Winnicott, D.W. 88f, 105, 107f, 199

Xenophon 32

Yates, Frances 51, 55f

Zhabotinsky 162